MPR出版物链码使用说明

本书中凡文字下方带有链码图标"———"的地方，均可通过"泛媒关联"的"扫一扫"功能，扫描链码获得对应的多媒体内容。

您可以通过扫描下方的二维码下载"泛媒关联"APP

洞见：教育暖点

黄日暖 著

·广州·

版权所有　翻印必究

图书在版编目（CIP）数据

洞见：教育暖点/黄日暖著. —广州：中山大学出版社，2020.4
ISBN 978 – 7 – 306 – 06836 – 1

Ⅰ. ①洞…　Ⅱ. ①黄…　Ⅲ. ①地方教育—教育改革—研究—中国　Ⅳ. ①G527

中国版本图书馆 CIP 数据核字（2020）第 023546 号

出 版 人：王天琪
策划编辑：张　蕊
责任编辑：张　蕊
封面设计：林绵华
责任校对：潘惠虹
责任技编：何雅涛
出版发行：中山大学出版社
电　　话：编辑部 020 – 84111997，84110779，84113349
　　　　　 发行部 020 – 84111998，84111981，84111160
地　　址：广州市新港西路 135 号
邮　　编：510275　　　　　传　真：020 – 84036565
网　　址：http://www.zsup.com.cn　　E-mail：zdcbs@ mail.sysu.edu.cn
印 刷 者：佛山市浩文彩色印刷有限公司
规　　格：787mm×1092mm　1/16　17.5 印张　260 千字
版次印次：2020 年 4 月第 1 版　2020 年 4 月第 1 次印刷
定　　价：50.00 元

如发现本书因印装质量影响阅读，请与出版社发行部联系调换

序一　勤读力耕　立己达人

当前，举国上下奋力抗击新型冠状病毒肺炎疫情，广大媒体工作者以昂扬的姿态投入到防疫抗疫这场没有硝烟的阻击战中，充分发挥媒体舆论宣传作用。黄日暖写的诗歌<u>《最美的脸庞》</u><u>《生命在武汉接力》</u>文采斐然，耐人寻味，感人至深，使我读后眼前一亮，甚为感动。为黄日暖与时俱进，讴歌医务人员逆行抗疫的伟大形象和大爱精诚点赞，脑海里也浮想联翩起曾经的往事。

2007年，黄日暖到广东教育杂志社应聘文字编辑，我记得面试时，看到黄日暖的简介材料丰厚有干货，附有在公开刊物发表的文章10多篇，其中有好几篇在《广东教育》发表。我故意问他："你是不是认识广东教育杂志社里的编辑呀，一年发表几篇文章，不多见啊。"他显得腼腆拘束，极其认真地回答道："不认识，是通过正规渠道投稿发表的。"还指出简介里附录的材料还有10多篇是发表在全国各地教育教学媒体上的。黄日暖不靠关系，而是靠质量发表文章。这一点给我留下很深的印象，结果他也在10多个应聘者中脱颖而出被录用。

"勤读力耕，立己达人。"这是黄日暖的人生座右铭。黄日暖当过教师，热爱教育，喜欢写作，他把自己对教育的深厚情怀渗透到工作之中，并灌注于笔尖，撰写出一批言简意赅、笔酣墨饱、洞见教育热点的好文章。有一次，我和他一起到粤东地区中小学校采访。白天，他深入学校听课、采访，晚上思考撰写文章，很快就写出了优质采访稿。他虚心好学，博览群书，笔耕不辍，发表了一批讴歌教育工作者敬业奉献、立德树人、匠心育才的好文章：有彰显深圳特色教育的"年度教师"观察四篇《年度教师：深圳教育的形象代言人》《"年度教师"的深圳风范》《深圳"年度教师"：因教育个性而出彩，因教育情怀而卓越》《深圳"年度教师"：塑造一批有理念有行动有成长的教师形象》，有宣传普宁创新教育的《树"学在普宁"品牌　谱"强教圆梦"华章——普宁市教育创强纪实》《书道深处是成人——普宁市深入推进中小学书法教育纪实》《学在普宁涵养人——普宁市推进教育现代化启示录》，有推介湛江开发区"觉民教育"的《点燃式引领——湛江开发区"觉民教育"创生与践行启示录》《觉悟和谐之道——湛江开发区"生态文明教育"启示录》，还有《"上品"教育 教育"上品"——广州市番禺区教育转型升级路径透视》《学校新样态 教育新生态——深圳市盐田区新样态教育实践启示录》《立德创新 德胜大道——德胜学校教育改革启示录》《把教育做宽 让个性绽放——南海实验小学"宽教育"的建构性解读》《寻梦文化根，展示教育能——佛山市南海区民乐小学"飞鸿教育"特色办学探幽》《耕耘在智慧教育的田园上——深圳市龙华区教科院附属小学"自然体验教育"探访记》《行走的"非遗博物馆"——华南师范大学附属小学"非遗进校园"特色探寻》等一批让读者耳目一新、深受启迪的特色报道文章。

"立志要如山，行道要如水。"黄日暖深知要写好教育报道文章必须创新，要下苦功夫。近年来，黄日暖创作了一批或古体或现代的诗歌，比如《咏万绿湖》《游湖光岩》等，最近还以策划人与词作者的身份主导创作了《最美的脸庞》《生命在武汉接力》两首致敬抗疫者公益歌曲，讴歌白衣战士，为武汉加油。谙熟诗歌简洁凝练、朗朗上口、感染力强特点的他，开始尝试将人生哲理、教育理论、教学方法、育人经验与诗歌相融合，创作出一批有利于读者在阅读中产生联想与共鸣，文章内容丰富，视觉多元，风格独特的好文章，如《唱响"乡村教师专业发展"之歌》《教育创新有力量》《这是一次崇道尚术的青年教师技能总决赛》等。他还与深圳市木棉湾小学探讨了"和悦"教育理念内涵并创作《致木棉湾小学（其一）》诗歌："木棉湾里学习之，木棉花开会有时。和而不同小雏鹰，悦仁向善大志启。"他专门为东莞市清溪中学创作的"琅琅书声清溪里，呦呦鹿鸣杏坛中"对联，被用到了学校"雅园"校园文化景观的打造上。

"春种一粒粟，秋收万颗子。"10多年来，黄日暖在从事教育采编宣传工作中，作品颇丰，获奖不少。他挑选了一批观点鲜明、理性色彩浓厚的文章以及采访报道稿件中独具教育观察与评论色彩的文字，编辑成《洞见：教育暖点》一书，为办好人民满意的教育鼓与呼。值得一提的是，《洞见：教育暖点》是MPR出版物，即多媒体印刷阅读出版物，读者通过书中的"扫一扫"标识，还可以阅览黄日暖推荐的优质采访稿全文。

《洞见：教育暖点》全书主要包括"建构点""反思点""影响点"三部分。基于"立己达人"视角，"建构点"这一部分主要收录的是他对教育宏观实践活动与教学微观实践生活的所行、所感、所思、所观；"反思点"这一部分主要收录的是他对教育教学实践与问题的反思性评论；"影响点"这一部分主要收录的是他对教育宣传报道稿件的导向性评论。这些实践、思考与评论，汇集了黄日暖工作以来对教育现代化进程中教育发展变革的深思力作，既有对区域教育改革发展的洞察，又有对学校教育特色凝练的点拨，也有对教育教学实践生活的见解，彰显了黄日暖作为教育媒体采编工作者"立己达人"式的观察视角与宣导担当。面对丰富多彩的教育现实，黄日暖认为媒体采编工作者所要做的教育宣导，不仅仅是单向度的教育宣传，还要与教育实践工作者进行互动交流才能建构起相辅相成的双向度的教育宣导生态。正如黄日暖自己所说："探寻现实教育的脉搏，需要走进活生生的教育现场，进行鲜活的面对面交流与碰撞。由此，才能体悟到个性化的教育特质，才能把对于教育生活的体悟融入个性化的表达之中，写出动人的好文章。"

"立己达人，风和日暖。"这是黄日暖浓浓的教育情怀与人生志向。他给自己这样的定位："立己达人，既是我对于编辑与教师成长之路的共同定义，也是我在教育宣传中所要传达的价值导向。"接他这句话，我说："因为立己达人，所以风和日暖。"关于这一点，可以从他对学校与教师的教育理念的影响看得出来。比如广州市先烈东小学的"先贤"教育，深圳螺岭外国语实验学校的"爱·生活"教育，佛山市顺德区容里中学"容·展"教育，东莞市清溪中学"清和"教育，廉江市廉江一中"仁德"教育等理念的提出与完善；深圳市木棉湾小学"和悦"教育，深圳市坪山区中山小学"习性"教育，佛山市南海区实验小学"宽"教育等理念以及广东顺德德胜学校"立德创新"办学宗旨的内涵优化与深入解读；2017年广东省基础教育成果特等奖获得者陈洪义的"情思历史教学"理念与深圳第二外国语实验学校主任林良展"善格"历史教育理念的协助探讨、挖掘推进、宣传推介，所有这些，都可以看到黄日暖以一个研讨者、观察者以及采写者的角色融入中小学创新教育实践中去，点燃教育希望，燃亮师者智慧，为新时代教育积极发声，在全省中小学教育发展中产生了良好效应。

有耕耘就有收获。黄日暖从事教育期刊采编工作10多年，砥砺前行，勤读力耕，成果丰硕，受到教育同行和读者的关注点赞。

教育部主管、东北师范大学主办的《现代中小学教育》主编江桂珍说："读黄日暖老师的文章，如同在基础教育的百花园中徜徉，领着你欣赏美景的是黄日暖老师对教育充满爱和期待的教育情怀。首先，你看到的是爱心。从小学到中学，从城区学校到乡村学校，无不看到黄日暖老师为爱奔走、为教育事业奉献的身影。其次，你看到的是才华。黄日暖老师用他的诗歌、散文、教育通讯、学术论文精彩呈现给人一幅幅教育世界的美丽画卷。再次，你看到的是正能量。在广东基础教育的各个领域都能看到黄日暖老师忙碌的身影，为中小学生全面个性化发展倾情宣传，为教师的专业化发展献计献策，为中小学校的特色教育提炼升华……传播现代教育之音，建构未来教育美景。"

清华大学教育研究院长聘副教授李锋亮说："中华民族要实现伟大复兴，

教育一方面是重要的促进因素,另外一方面也是重要的表现指标。而其中往往被大家说重要却又容易让人忽视的就是乡村教育。翻阅《洞见:教育暖点》书稿,我感觉最暖的就是里面关于乡村教育的论述与报道。这体现了作者的洞见与情怀。"

深圳市盐田区教育局局长李志利说:"黄日暖这样的媒体人就是媒体新样态的榜样!集学者、朋友、参与者于一体,点面结合,耐心冷静,发于至真,止于至善!"

肇庆学院教师教育学院院长肖起清说:"用心采访、用情叙事、用诗言情,有如此给力的教育新闻工作者支持,广东教师教育工作与乡村教师发展必然日新月异。"

最后,借用普宁教育人吴望《赠黄日暖先生》一诗结尾:"蓝田玉树嘉,教育是专家。洞见和风起,催开遍地花。"让我们用爱心传递教育希望之火,不忘教育初心,携手落实习近平总书记有关新时代教育发展的指示,催开教育创新快速发展之花,为实现中国梦而多做贡献!

以此共勉,权作序语。

陈湘年　编审
广东省教育系统关心下一代工作委员会常务副主任
广东省期刊协会会长
广东教育杂志社原社长

序二　温暖人心的教育洞见

何谓"洞见"？"洞见"对应的英文是"insight"，也就是面对一大堆复杂的事物，能够清楚地看到其中的关键所在。

关于教育，每个人都能侃侃而谈，似乎人人都能以"砖家"的身份发表自己的"见解"。然而，有"见解"不等于有"洞见"。

那么，对教育的洞见是怎么来的呢？从广东教育杂志社总编室副主任黄日暖的身上，我们看到这至少需要三个方面的条件。

一是立己达人的人生追求。

2002年，黄日暖从华南师范大学本科毕业后，来到台山一所普通中学任思想政治课教师。教育、教学和科研工作业绩突出，备受师生赞赏；后来，通过公开招考来到了广东教育杂志社，从任《广东教育》（综合）文字编辑开始，到成为总编室副主任，兼任《广东教育》（综合）A版统筹策划。

有些人认为，编辑与教师一样，似乎都是成全他人的职业。但在黄日暖看来，这二者都不只是成全他人，更是成就自己。他说："请记住：你一定不是在'牺牲'，也不仅是在'奉献'；其实，你是在生活，积极一点说，你是在'立己达人'，你是在'成人成己'。所以，编辑与教师一样，获得感不能仅仅依赖于他人的成长，更一定要有来自自身的专业成长与生活体验。"

在与黄日暖的交流中，我了解到：一个当年的同事受他影响，与他一起指导学生做研究性学习；一个10多年没联系并已退休多年的老教育工作者被他的文章感动，专门打电话给他；一个再择业的大学生因为看了他的文章而选择到学校做宣传岗位的老师；一个昔日的学生在发表于《台山教育》的《致黄日暖老师》一文中回忆了他们一起做过的公益活动、研究性学习等活动；还有一个学生就读大学后，告诉黄日暖，他获得了"义工奖"。

正所谓："夫仁者，己欲立而立人，己欲达而达人。"黄日暖的教育洞见，正是在立己达人中不经意地产生了：有了对教育实践生活的积极思考，他洞见了研究性学习、人本化教育；有了对推进教育现代化的宣传参与，他洞见了传承创新、特色发展、创新驱动；深入采访了普宁市书法教育实践后，他洞见了"书道深处是成人"的教育本质；深入了解了深圳市螺岭外国语实验学校的特色后，他洞见了"爱·生活"的教育理念；深入梳理了广州市先烈东小学的发展脉络后，他洞见了"先贤·国魂"的教育特质；等等。

二是见微知著的多维观察。

"不识庐山真面目，只缘身在此山中。"我们很多人虽然一直浸泡在教育之中，却没有产生教育洞见。一个重要的原因可能是，我们被熟悉的环境和事务锁死了眼界和思维。

黄日暖在中学当教师的时候就博览群书。那些"靠心灵而伟大的人"，让他依然坚守"对生命对人类的信仰"。偏居一隅的普通教师身份并没有限制他的思考与向往。阅读，让他更热爱智慧，更趋于向善，也成了他不断地认识自身的良好通道。阅读是一种观察的高度。或许，正是这样的观察高度，让黄日暖善于对教育发展与学校特质见微知著。

在采编岗位上，黄日暖没有仅仅停留在"接纳式宣传报道"，而是肩负着使命到学校与校长、师生深度交流。从他的教育宣导文章中，我们可以看到：既有学生、教师和校长的视角，也有社会公众、教育主管和专家学者的视角；既有对区域教育改革发展的洞察，也有对教育教学实践生活的见解。由内而外，内外关联，见微知著，融宏观视点于微观叙事之中，字里行间闪烁着吉光片羽式的洞见。

三是实践生成的思考写作。

黄日暖一开始做教师的时候，就把教学研究与写作当作自己的一个重要目标。在当教师期间，他积极指导学生开展研究性学习、社区服务等综合实践活动，他的多个研究性学习课例都获得了江门市一等奖。他还把研究性学习与政治课日常教学结合起来，初步总结出了"信息技术背景下'问题、探究、实践'的教学模式"，获得认可。5年普通教师生涯，他共有10多篇论文或课例得以在国家级刊物上发表，其中2篇发表在核心刊物上。2007年8月，随着由教师行业转到编辑行业，黄日暖对高考加以关注与研究，两年多就发表了约10篇基于高考试题文本评析的高考命题研究论文。

转为采编后为什么没有继续做研究性学习，而转向高考命题分析研究？黄日暖这样说："2007年8月，随着由教师行业转到采编行业，我不得不放弃研究性学习研究领域，因为做了编辑，就没有了教育教学一线研究性学习实践这一根基，而高考命题分析研究领域则可以依赖高考试题文本进行。"正是有了实践生成的思考，黄日暖的教育教学研究才更鲜活、鲜明、真实、真心，精要、精彩。

在阅读《洞见：教育暖点》这一书稿后，我发现，黄日暖把这种基于实践生成的思考、写作极好地带入教育宣传工作之中。你看，在"影响点"这一部分，多么丰富多彩的教育特色被一一发掘出来，并得到精妙的点评。"建构点""反思点""影响点"，每一点都展现了一个有着深厚教育底蕴的采编工作者的精彩洞见。正是对教育实践的切身经历与深刻理解，对教育宣传的孜孜以求与创新思考，让这些文章经得起品读，让这些洞见无惧于检视。

在黄日暖的职业生涯中，我们可以看到"阅读、研究、写作"这三个关键词是贯穿始终的。不管是作为教师、编辑，还是记者，都一如既往。

可知，洞见，不是随意就能"制造"出来的。洞见是一个"奇异的恩典"，它总是愿意眷顾那些有准备的人。如果你能够怀揣立己达人之心对待人生、对待教育，如果你能够多维度观察教育现象并探寻其本质联系，如果你能够坚持不懈地阅读、研究和写作，或许你也能获得教育洞见。

黄日暖老师的《洞见：教育暖点》，文笔流畅，情真意切，感人至深，朴实的文字中闪耀着智慧的光芒。我好喜欢。

闫德明　博士

广东第二师范学院教授

广东教育学会学校特色研究专业委员会理事长

前言　我们需要什么样的教育宣导

"教育是万物相互影响的一种活动，它可以是跨时空的。"在与广东省深圳市坪山区中山小学校长曾宇宁的采访交流中，这句话让我感触颇深。或许，我们可以把"教育"置换为"生活"："生活是万物跨时空的相互影响。"

是的，生活，你只有走入生活，才能体悟生活，才能影响生活。教育生活如此，宣传生活如此，教育生活与宣传导向的结合——教育宣导也是如此！自从2007年从教师岗位走向采编一线，我一直在思考：我们需要什么样的教育宣导？

一、正面宣传的力量

2016年2月19日，习近平总书记在党的新闻舆论工作座谈会上的讲话让我有了一个全新的认知。习近平指出，在新的时代条件下，党的新闻舆论工作的职责和使命是：高举旗帜、引领导向，围绕中心、服务大局，团结人民、鼓舞士气，成风化人、凝心聚力，澄清谬误、明辨是非，联接中外、沟通世界。要承担起这个职责和使命，必须把政治方向摆在第一位，牢牢坚持党性原则，牢牢坚持马克思主义新闻观，牢牢坚持正确舆论导向，牢牢坚持正面宣传为主，强调要"坚持以人民为中心的工作导向，尊重新闻传播规律，创新方法手段，切实提高党的新闻舆论传播力、引导力、影响力、公信力"。这一论断，引起了我对教育宣导的新思考，带来了一种对教育正面宣传的新实践。

也恰好，2017年年初，在广东省佛山市南海区石门实验学校采访时，我发现学校教育生活倡导正面管教，让学生在和谐的氛围里扬长成长，效果极为明显。这一次对学校特色办学经验的采访，一下子就让我联想到了"牢牢坚持正确舆论导向，牢牢坚持正面宣传为主"这一要求，并引起了我对教育宣传报道的深刻反思以及践行。2017年，对于我的教育宣传导向事业也是一个关键的节点，正是在这一年，已经步入教育采编行业足足10年的我成为《广东教育》（综合）A版，也就是宣传报道板块的统筹策划。作为统筹策划人，我的职责促使自己对教育宣传报道风格做更加深入的思考，以期深入触及教育宣导的本质，彰显教育宣导的力量。

细数起来，从 2007 年到 2017 年，10 年来，我对广东教育领域的各类型宣传报道文章也有近百篇，并逐渐形成一种在教育宣传报道中融入教育观察与评价的文风。但是，对教育领域正面宣传的作用确实还缺乏深刻的内在认识，总以为没有批评的正面宣传报道难有切实的效果，也难以推进现实中教育的实践革新。于是，对宣传报道的作用多少有一点无力感。在这种正面宣传的且行且思中，10 年来的教育正面宣传经历不断累积着我对正面宣传的量的认知，而习近平总书记在党的新闻舆论工作座谈会上的讲话打开了我宣传视野上的一个早该突破的结。不经意间，在石门实验学校采访时感受到的正面管教的教育力量又从一个侧面触动了我对正面宣传的理解。一年后的 2018 年，两件小事进一步让我体悟到正面宣传的力量。一件是一天晚上，一个 10 多年没联系并已退休多年的广东省台山市教育局教研室副主任突然打电话给我，说看了我写的《点燃式引领——湛江开发区"觉民教育"创生与践行启示录》一文，觉得观点很有新意，特地要跟我聊一聊。一篇正面宣传的文章居然引起了一个 10 多年未见的退休教师的注意，这不就是正面宣传的力量吗?! 另一件是有一天，我的同事跟我说了一件让我颇感自豪的事情，说我几年前的一篇文章居然影响到她的一个大学同学的再择业，她说她同学看了我写的《立德创新　德胜大道——德胜学校教育改革启示录》一文后，觉得我们报道的广东顺德德胜学校教育办得很不错，后来该校招聘宣传人员，她就毅然决然去应聘了，现在成了该学校的一员。或许，"这就是好文章的力量"。犹记得，我在这篇曾获得广东教育好新闻（好作品）一等奖的《立德创新　德胜大道——德胜学校教育改革启示录》一文结尾处这样评价道：

广东顺德，既是务实之地，亦是创新之所。它有着发达的经济社会体系、深厚的岭南文化积淀，也有着改革创新、先行先试的胆识与雅量。可以说，基于文化传承的改革创新之因子，成就了顺德辉煌，也凝聚成顺德本色。德胜学校正是在这样的环境熏陶下生长起来的，由是，德胜学校可堪当两个示范性样本来加以研究与剖析，并给我们的教育改革带来启示与借鉴：一是德胜学校的"立德创新"之道，是一种可资借鉴的教育改革创新发展的德胜范式；二是德胜学校的"和而不同"之道，是一种可供参照的民办教育特色发展的德胜样本。

事实上，采访者的观察视角与评论高度，对正面宣传报道文章能够起到画龙点睛的作用。所以，2017 年之后，我在宣传报道稿件的写作中，不仅仅把教育评价隐现于采访稿的字里行间，还常常直接以"记者观察""采访手记"

等显现于采访稿结尾处。要发挥正面宣传的作用,彰显正面宣传的力量,就要在正确舆论导向下,不仅仅客观总结一个新闻事件或报道对象,更要把采访报道者的感触、观察、见解、情感贯穿其中。在这样的正面宣传中,宣传报道主旨鲜明、凝练,以一个观察点作为核心,有一条主线贯穿其中,让整篇报道文章就如同一条线串连起的珍珠项链,看似每一篇章都各自独立,却又不可分割,从而达到浑然一体的效果。

二、教育宣导的跨时空影响

最近与一个教育媒体同行交流,在谈到如何做教育宣传时,他提到曾经有一个采访对象给他提出这样的问题:"如果学校的办学理念你不认同,你会怎么来做这篇报道?"他说:"这好办,如果这样,我们就少谈理念,多讲故事,通过案例、细节来呈现报道主题。"他说,这一回答让他的采访对象颇为认同。或许,这不失为一种好的回答与做法。但是,如果让我来应对这样的问题,我不会这样去做。一个采访者既然不认同宏观理念上的东西,讲再多的故事也是徒有其表,叙事得再动情也是白搭。所以,我觉得任何宣传报道都要有采访者的立场,并在宏观上做好真正认可的梳理与建构。这不能急于一时,而应该与采访对象充分沟通,甚至可以抛出观点让实践去生成,让时间去打磨,只有这样基于深度立场认同与观点沟通的宣传叙事,才能有助于正面宣传展现真正的时度效。

是的,我们不仅仅要有故事,还要有提纲挈领的观点交流,要在宏观视点中融入微观叙事,这样,才能充分发挥教育正面宣传的影响力。正如习近平总书记在党的新闻舆论工作座谈会上所强调的,"团结稳定鼓劲、正面宣传为主,是党的新闻舆论工作必须遵循的基本方针。做好正面宣传,要增强吸引力和感染力。真实性是新闻的生命。要根据事实来描述事实,既准确报道个别事实,又从宏观上把握和反映事件或事物的全貌"。在一篇宣传报道文章中,如果一味宏观地概述主题,即使内容再突出,也往往会"面目可憎,味同嚼蜡";如果只是描述一个个的微观场景,即使细节再典型,也常常会"只见树木,不见森林"。唯有二者有机融合,方能发挥各自的特长,达到相融相生的成效。点面结合,就是宏观立论与微观描述有机融合的重要呈现方式,它能让正面宣传主旨更有逻辑,报道内容更加全面,报道形式更加丰富。

2017年11月13日至14日,短短的两天时间,我在深圳市连续走了3个区,再访了3所学校。一是在罗湖区的螺岭外国语学校探讨"爱·生活"教育。爱的教育与生活教育的组合创新成就学校新意,爱让教育生活更美好,生活让爱的教育更丰满。二是在盐田区乐群小学现场观察主题式跨学科整合课程之三（7）班"森林"展示课例。据了解，该课程已实行一年多，每学期足足两周的"探·研生态"主题式跨学科课程整合学习，是对原有课程的一种创生性建构，某种意义上也呼应了教育部2017年9月颁布的《中小学综合实践活动课程指导纲要》，因为这里确实有太多的"价值体认""责任担当""问题解决""创意物化"。三是在坪山区中山小学体悟习性教育。习性成就生命个性，教育需要相互引发，它既是一种教育导向，也是一种教育方略，还是一种教育尺度。

这一次再会深圳3所极具个性与创意的学校，从某种意义上来说，就是一种教育媒体人与教育实践者的对话之旅，而这3所学校丰富的教育生活及其校长的开放开阔视野，又实实在在地促发了我的教育思考，让我的教育宣传报道有了更鲜活的样态。

螺岭外国语实验学校，爱的教育做得很好，生活教育同样做得丰富。在那天的采访交流中，学校校长杜小宜说，她很认可我半年多前与学校第一次交流时的一个提法，那就是把爱的教育与生活教育结合起来，彰显学校教育个性。我还依稀记得，在浏览学校的各样材料并了解学校的办学情况后，我第一次与学校交流时说过类似的话：不要只就生活教育提生活教育，作为实验者、践行者，应该要有立足于学校实际的独特建构。既然学校曾提过爱的教育，又做了那么多关于爱的教育的课程与活动，现在虽然重心放在生活教育的实验上，但是，作为教育，爱与生活是相融相通的，我们可以从中寻找到爱与生活的结合点，做出原创性的教育理念建构。如果有难度的话，也可退而求其次，做一种组合创新，比如，直接把爱的教育与生活教育做一个联结，倡导"爱·生活"教育，也未尝不是一种更为自觉、更具主动性的教育理念建构。半年多来，我已淡忘了这件事，想不到，这一次杜校长让我来学校座谈交流的，恰恰就是"爱·生活"教育。这不就是一种"跨时空的相互影响"?!学校丰富的办学历程与活动创意让我想到了这样一个词，而这一个词不经意间在某种意义上打开了学校的办学视野，为学校办学历程的梳理提供了一个核心建构。而这，是在我全然不知的情况下发生的，如果不是学校主动让我过来交流，希望协助梳理宣传，我们依然是两条平行线。但是，半年前第一次与学校交流过程中提及的一点想法已然与学校生活有了某种联系。后来，在与学校的不断交流与采访中，不仅产生了一篇名为《爱即生活：深圳市螺岭外国语实验学校"爱·生活"教育范》的采访报道稿件，还因为对学校"爱·生活"教育实践的深入感知，协助并促成杜小宜整理出版了《爱·生活：发现教育的曼妙》一书，书名也是我在一次与学校采访交流中闪现的，而且这本书还入选了"中国新样态学校探索"书系。

乐群小学，在生态教育理念的引领下，学校的样貌确实让人耳目一新，无论是它的校园文化、它的个性课程，还是它的"探·研生态"主题式跨学科课程整合学习，它的创意、精致与活力，足以让你我驻足体悟与反思。这一次的"探·研生态"主题式跨学科整合课程"森林"展示课例，我全程全身心沉下来听完。这一次的近距离采访式深入接触，让我对深圳教育人的敢为人先与创新做法有了极具个性支撑的案例式思考。这一次的深入学校，我并没有给学校的"探·研生态"主题式跨学科课程整合学习带来什么思考与反思，我纯粹是以一个学习者的身份来了解、学习并试图感悟现实教育中这些敢于创新、能够创新的学校的教育担当，并为不久前深圳市盐田区"新样态教育"的主题采访报道补充采集足够鲜活的现实教育生活素材。但是，我们依然"跨时空"发生着相互影响！乐群小学校长王树宏对我说："我在会上的一次发言中引用了您的一句话，给区长留下深刻印象，他又在重复这句话！"我大约猜到是哪一句，也确实是这一句，那就是我2017年11月2日采访完深圳盐田"新样态"代表性学校，返程回来的当晚所写的《未来已来：感悟深圳盐田"新样态"教育》里的一句话："未来已来？不管教育的未来有没有来，教育个性已来，学校边界已开。"《未来已来：感悟深圳盐田"新样态"教育》这篇文章，我推送在自己的个人微信公众号中，并顺手推给了采访过的盐田区相关学校校长、教师，那时已经将近凌晨了，10多分钟后居然收到了王校长的微信点赞，并说"在写稿，最后收尾时，引用了您的一句话"，我猜到就是这一句，之后，她告诉我她在第二天参加的全区教育会议发言时用上了。其实，这种会议发言，她不说，我也不会知道。这实在也是一种奇妙的"跨时空的相互影响"！

不久后，《学校新样态　教育新生态——深圳市盐田区新样态教育实践启示录》采访文章在《广东教育》（综合）2018年第2期刊登。这一次走进"探·研生态"主题式跨学科整合课程现场写实的案例，水到渠成地成了这篇6000多字盐田新样态教育通讯稿的一个鲜活个案：

不仅在学校治理方面，在美丽校园、智慧教育、课程再造、魅力课堂、家校共育等方面，盐田区各学校也有着创新性的研究与实践。尤其是在课程再造上，盐田区各学校立足校本实际与学生情况，不约而同地走向各具特色的融合创新之路。

2017年11月14日，记者走进乐群小学"探·研生态"主题式跨学科整合课程教学现场。这是三年级"探秘森林"主题探研周的展示阶段，之前几周，三年级师生已经就此做了相关的活动准备，比如确定探研主题，制订活动方案、走出校门开展九龙山研学活动，学习制作七彩叶脉等。我们观察的是三(7)班"探秘森林"主题展示课，由语文、数学、科学三个学科共同完成。在由班主任扮演的卡通小熊助教的串场下，语文教师、数学教师、科学教师通力协作，围绕学习目标与学生兴趣点设计的探研活动环环相扣，有小兴安岭的一年四季，有奇妙的历法，有叶子的一生。整整一个半小时的展示课，学生注意力全程集中，参与度极高。

围绕同一个主题，全年级教师共同备课，多学科教师同台授课。这就是乐群小学"探·研生态"主题式跨学科整合课程创新。在这为期三周的"探·研生态"主题整合课程上，乐群小学对课程深度整合，一至六年级依次开展了以"草原动物园""山水田园""探秘森林""深海精灵""湿地——鸟的天堂""沙·漠地之约"为主题的生态项目学习。这时的学校，铃声不会响起，课时不定长短，课堂不止步于教室，学生走出校门，走向户外，在活动中收集素材，进行创意表达，生成实践作品。王树宏如此解读主题式跨学科整合课程的效用："课程设计以课程标准为指导，主题选择源于孩子们的兴趣，源于生活，也源于教材，但不唯教材，所以跨学科整合课程改革捕捉到了孩子们的兴奋点，点燃他们的学习热情，满足了他们的学习需求，让学习更有深度和广度。"

这种基于课程融合的课程再造新样态，在盐田教育界不是一个点的故事，而是一个面的存在。

这种融宏观视点于微观叙事之中的宣传报道风格，得到了深圳乃至广东教育人的认可，也得到了教育媒体专家、同行的认可，该文获得了中国教育期刊优秀作品评选三等奖，并被读者通过微信投票票选为"广东教育杂志社2018年十大年度报道"。

坪山区中山小学校长曾宇宁所倡导的习性教育，我关注多年了，也一直认可他的这种教育追求，同时见证了习性教育的逐渐完善与实践建构。这一次，"生活是万物跨时空的相互影响"的观点就是在对他的采访交流中产生的。而对习性教育的交流，曾校长也是颇多感触，说每一次与我的交流都或多或少引发了对习性教育研究与实践的进一步思考。比如以前我对习性之"习"的理解，它不仅是练习、温习、学习——这只是输入；"习"还是输出，是习作、实践，是创意表达，价值体认。又如现在我对习性的理解，认为习性不仅是教育输入与教育输出的桥梁，习性本身就是一种教育导向，是一种教育方略，是一种教育尺度；在习性教育的引导下，学生可以通过学习产生创意，并通过实践去发现，去表达，去体悟，去检验，改善自己，甚至影响他人，从而获得更好的发展。这一次的采访交流，最终形成了《习性现场话习性》一文，并在广东教育杂志社官微"广东教育传媒"2018年1月13日进行了推送。凭借长达十几年对习性教育的深入研究与一线实践，曾宇宁被评为深圳市教育科研专家，2019年，他的"小学'习性教育'校本探索与实践"成果获得广东省教育教学成果奖（基础教育类）一等奖。

三、教育宣导是为了成就教育的更美好实践

> 大潮起珠江，教育逐浪高。
> 奋进新时代，生活尚美好。

面对活生生的教育现实，教育采编工作者所需要做的教育宣导，或许不仅仅是教育宣传，更多的是教育对话、教育交流。教育采编工作者与教育实践工作者二者不同视野、不同视域、不同视角的教育对话交流，足以带来不同程度的相互启发、相互借鉴、相互影响。甚至，在对话交流中，发现教育的美好；在对话交流后，成就教育的更美好实践。

这种更美好的教育实践，是来自现实的。探寻现实教育的脉搏，需要走进活生生的教育现场，进行鲜活的面对面交流与碰撞。由此，才能体悟到个性化的教育特质。这不是刊发出来的一篇宣传报道文章就足以涵盖的，而且，也应该由教育采访走入交流，由教育交流走向生活交流，甚至由此采访者可以把对学校的体悟融入个性化的表达之中。比如，在对深圳市木棉湾小学校长吴中天采访的过程中，我不仅写作了一篇名为《向上向善：让每一朵木棉花开——深圳市龙岗区木棉湾小学校长吴中天访谈录》的正面宣传文章，还在与学校的深入交流中为学校提出的和悦教育理念做了"和而不同 悦仁向善"的内涵解读，得到了学校的认可。后来，我还就此写了两首《致木棉湾小学》的小诗，与学校共勉：

致木棉湾小学

其 一

木棉湾里学习之，
木棉花开会有时。
和而不同小雏鹰，
悦仁向善大志启。

其　二
木棉胜地一相视，
木棉花开会有时。
木棉正红要赏识，
木棉落英也珍惜。

我认为，教育宣导有三重境界：第一重境界是接纳式宣传报道，这是最初级的、最简单的宣传报道，虽然初级、简单，却常常是每一个教育采编工作者，尤其是有着教育经历的教育媒体人必经的历练阶段，历练久了，视野开阔了，第二重境界的宣传报道才会慢慢产生；第二重境界是解读式宣传报道，需要采访者通过第三方视角去加以提炼报道，加以延展解读；第三重境界是引领式宣传报道，要求采访者作为具有教育情怀的宣传主体，在教育采访交流过程中为采访对象提供一种可供参考的视角，甚至促进教育实践生活的革新。基于此，我认为，只有第二、第三重境界的教育宣传报道，才算得上真正的教育宣导。在采编一线中，我尽可能把握住解读式宣传报道境界，努力走向引领式宣传报道境界。我在对广州市先烈东小学的国魂教育特色进行采访时，就根据先烈东小学的历史底蕴、文化特点与现实做法，写出了《先贤·国魂——广州市先烈东小学"国魂"教育特色解读》一文，成为学校"先贤·国魂"教育理念的重要参照，同时建议学校在"敢为人先"校训中增加"守正尚贤"一词，得到学校认可；在对广东顺德德胜学校采访报道中，我在《立德创新 德胜大道——德胜学校教育改革启示录》一文所凝练出的"立德创新"得到学校的高度认同，并被学校作为办学宗旨写进学校简介之中；在对普宁书法教育进行采访时，我在《书道深处是成人——普宁市深入推进中小学书法教育纪实》一文所凝练出的"书道深处是成人"标题，得到了普宁教育人的赞扬，此后，普宁教育局主办的普宁书法教育展以及宣传片用的也是"书道深处是成人"这个主题。

这种更美好的教育实践也是指向未来的。未来教育是一个让现在的我们津津乐道的主题词，而让未来与现实发生联系的不仅仅是技术，更是对人的关注与回归。所以，未来教育的样子不仅仅取决于未来的变化，更来源于对现实的追求。由此，我在发表于《广东教育》（综合）2019年第5期的《深圳梅沙小学：以"全人成长"教育实践链接未来》一文中说，"现在是怎样的，未来也会怎样"。2019年9月，梅沙小学已搬入新校区并改名为"梅沙未来学校"，校长刘向东说"我们仍在探索未来的样子"。同一年的《广东教育》（综合）第6期，我在《耕耘在智慧教育的田园上——深圳市龙华区教科院附属小学"自然体验教育"探访记》一文中写道："回应现实，需要选择的智慧；面对未来，则需要拥抱的勇气。智慧校园、未来学校、万物互联，这些就是现实联通未来的大趋势。在这种大趋势下，已不是选择的问题，而是有没有勇立潮头的担当。"

目　录

建构点

第一章　教育之道 ······················ 003
　　人本化教育应遵循的基本理念与原则 ·················· 005
　　特色发展是教育现代化的应然之义 ···················· 011
　　聚焦教育现代化，自觉发出广东教育"现代音" ········ 013
　　一份致力于教育现代化的教育规划 ···················· 015
　　在传承中创新推进教育现代化 ·························· 017
　　创新驱动：推进教育现代化的新动能 ·················· 019
　　建议提高粤东西北地区县域内教师工资待遇 ·········· 020
　　推动广东基础教育均衡优质共享发展 ·················· 025
　　教育创新有力量 ·· 028
　　唱响"乡村教师专业发展"之歌 ························ 030
　　这是一次崇道尚术的青年教师技能总决赛 ············ 033
　　线上教育：疫情防控期的最大教育"公约数" ········ 036

第二章　读书之情 ······················ 039
　　我当教师时的读书生活 ···································· 041
　　教育大国的崛起 ·· 045
　　最伟大的教育家 ·· 048
　　直抵心灵的感动 ·· 052
　　务本溯源　源远流长 ······································· 055
　　素质教育"变现"需要政府的有效引导 ················ 057

第三章　树人之品 059
　　品牌是文化的"紫色奶牛" 061
　　新课程高考在观照生活中趋向开放 062
　　命题创新，新课程高考的素质指向 066
　　生活化命题成为高考作文主旋律 071
　　处理教学失误的态度和艺术 074
　　建设"和而不同"的科组 076
　　理性面对心理问题，有效导向健康心态 078

反思点

第四章　现实之问 085
　　为什么推不出奇才、偏才、怪才 087
　　高中新课程改革面临的不良风气 089
　　别了，"师德风暴"年 091
　　为什么不倡导"教书匠" 092
　　所有的"天才"都是后天的加封 094
　　教育路上，告别"晕车" 095

第五章　素质之思 097
　　新的教学质量观离不开实践支撑 099
　　素质教育在尊重、实践的意义上绽放 101
　　在解放思想中追求教育生态的和谐 103
　　探寻创意教学　生成活力课堂 105
　　在创新中坚持　在实践中凝练 107
　　突破源于在创新中主动回应时代发展之需 110
　　寻找突破集体补课依赖的效率路径 112

第六章　立人之见 115
　　高度决定成长 117
　　教育当立人 119
　　永存的师魂 121

教师的教育个性与选择………………………………………… 123
　　立德树人：教之本，师之范…………………………………… 125
　　立己达人：优秀教育者前行的力量之源……………………… 126
　　为师者的担当…………………………………………………… 128
　　以核心建构成为重要他人……………………………………… 130
　　构筑多元化发展之路，激发青年教师活力…………………… 132

影响点

第七章　宣导之范……………………………………………… 137
　　教育国际化的广东路径………………………………………… 139
　　佛山新课改的"校本立交桥"风范…………………………… 140
　　河源教育发展密码：后发河源，先发教育…………………… 145
　　穷县如何办好教育……………………………………………… 146
　　湛江市坡头区教育创强的示范意义…………………………… 147
　　中山教育云之范………………………………………………… 148
　　和平县：教育创强创出"文化软实力"……………………… 154
　　在规范的基础上通向特色发展的优质办园之路……………… 155
　　"上品教化"：番禺教育转型升级的"智慧芯"…………… 156
　　四会市推进教育现代化的启示………………………………… 163
　　韶关市武江区推进教育现代化的示范意义…………………… 165
　　觉民之思：点燃的力量………………………………………… 166
　　生态文明教育范………………………………………………… 168
　　教育创强"普宁经"…………………………………………… 170
　　书道与成人……………………………………………………… 173
　　教育现代化，根在涵养人……………………………………… 174
　　以特色学校系统化建构引领教育更新迭代…………………… 175
　　推进教育现代化的揭东视野与担当…………………………… 176
　　从均衡到特色，从特色到优质………………………………… 177
　　发现盐田新样态教育的美好…………………………………… 178

第八章　特色之窗 ……… 179

"老师"是最高职位 ……… 181
文化重塑之路 ……… 183
德胜学校教育改革的价值示范 ……… 184
国魂教育的价值意义 ……… 187
宽教育之观 ……… 188
"点亮教育"，一次教育治理现代化的校本探索 ……… 190
长在赋能："扬长教育"的价值之思 ……… 191
展示，是一种教育能 ……… 192
仁德之旨 ……… 193
校史文化涵养人 ……… 194
以点滴之日常励志，弘远大之宽宏坚毅 ……… 195
在"爱·生活"中通往教育美好 ……… 196
生长的力量 ……… 198
这里有着未来学校的现实因子 ……… 200
这块田园的出产 ……… 201
以特色学校建设助推学校教育现代化进程 ……… 203
在绿色教育追求中凸显生态育人 ……… 204
"诚正教育"的价值思考 ……… 205
学校，要为文化育人提供文化观照 ……… 207
以棋育人有道 ……… 208
读书报国育英才 ……… 209
致力于养成教育的课程建构 ……… 210
给学生创造体验成功、享受快乐的环境 ……… 211
一所乡村小学的"现代教育心" ……… 212
正大教育，让童年奠基未来 ……… 213
"游于艺"的传承与担当 ……… 214
一所乡镇小学的"书香之道" ……… 215
让诗教文化植根于学校师生的心魂之中 ……… 217
文化创意让乡村小学"洋气"起来 ……… 218
以灯谜之面养博学之底 ……… 219
以乡土情呼应现代心 ……… 220

一所"行如其名"的乡村小学 …………………………………… 221
　　专业引领让师生如凤飞翔 …………………………………… 222
　　容得进来，融入进去，容融共进 …………………………… 223

第九章　成人之美 …………………………………………………… 225
　　"足"以树人 …………………………………………………… 227
　　"足"以载道 …………………………………………………… 228
　　"年度教师"的教育担当 ……………………………………… 229
　　因教育个性而出彩，因教育情怀而卓越 …………………… 231
　　中小学班主任工作的"粤式"智慧 …………………………… 234
　　红心赞：一种源于内心、乐于担当的教育关怀 …………… 235
　　一个校长的文化习性 ………………………………………… 237
　　一群学生的良好习性 ………………………………………… 238
　　一个也不能少，全员育人 …………………………………… 240
　　一处也不能空，全方位育人 ………………………………… 241
　　引领学员成长的教师培训 …………………………………… 243
　　广东省新一轮工作室新在何处 ……………………………… 245
　　教育创新需要责任担当 ……………………………………… 246
　　点灯人的责任担当 …………………………………………… 247
　　因为行走，所以鲜活 ………………………………………… 248

后　记 ……………………………………………………………… 249

建构点

梳理我的教育评论类文章,有教育理念上的思考,有教育阅读上的评点,有教学实践上的剖析,有高考命题上的观察,更多的是教育采写上的导向,似乎有些杂乱无章。但是,一旦自觉并深入反思其中的建构点,我发现"立己达人"这一核心建构点在若隐若现中呼之欲出。

"立己达人"是有出处的。《论语·雍也》云:"夫仁者,己欲立而立人,己欲达而达人。""立己达人",既是作为曾经的教育工作者的我的核心追求,也是转型为教育采编工作者的我对教育实践进行观察的核心视角与根本导向。

"建构点"这一部分,主要收录的就是我基于"立己达人"的角度对教育宏观实践活动与教学微观实践生活的所行、所感、所思、所观。

第一章　教育之道

人本化教育应遵循的基本理念与原则

要实现整个国家与社会的现代化,关键在于实现人本身的现代化。而现代教育就是把"自然人"培养成具有现代价值理性的"社会人"的社会性活动,其根本出发点就是人的发展。为此,以人本身为立足点和归宿点,实现个人的权利、价值以及个性的自由发展,就成了人本化教育的目标导向与价值所在。这也是新课程改革应遵循的核心理念。

人本教育,既是现代素质教育的核心理念,也是现代素质教育的基本价值所在。因为现代教育本身就是培养人的社会性活动,其根本出发点就是人的发展。新课程改革从根本上契合了以人为本的素质教育发展态势。虽然面临着各种各样的现实困境与体制束缚,新课程改革却真正推动着整个基础教育的素质化进程,并有望因此根本变革高考体制,使整个教育体系得以衔接起来,从而影响社会人才观念与运行机制的有效革新。基于此,在新课程改革的运行过程中,我们必须坚定不移地坚持与遵循人本化的素质教育理念与原则。

一、尊重观的教育

尊重观的教育,是人本化教育的首要理念与原则。早在西方文艺复兴时期,由崇拜神转向尊崇人的人文主义者就明确指出了这一点:"尊重,是现代教育的第一原则。"这是一条重要的教育理念和准则。

为什么要坚持尊重的教育原则?因为只有懂得这一点,才能理解人,才会热爱人,才真正懂得实现人自身的自由和发展的重要性。其基础就在于尊重儿童。连身心尚未完全成熟、思想尚未完全独立的儿童都给予尊重,那么,当然,尊重就必然要求存在于一切人之间。这就要求我们变革"以升学论英雄,以分数论成败"的应试教育。在应试教育的大环境下,"听话"与"分数"成了德智的两大标准,这势必造成有百害而无一利的局面,导致教师、学校为了出成绩,手段极尽所能,怪招层出不穷。

当今,应试教育让博大的以尊重为核心的大师之爱异化成了狭隘的以成绩为中心的功利之爱,导致教育者爱的理念与实践出了大问题:因为"爱",各种无视学生尊严的耸人听闻的"恨"与"恶"层出不穷,外在体罚尤其是心理压制几乎成为教育常用的手段(体罚及变相体罚由于法律的强制逐渐减少了,但压制式教育、侮辱人格与心灵的批评呢?显然,没有真正人本精神的教育者必然会漠视受教育者的权益与需要——"徒法不足以自行"），于是，就有了学生听话的虚伪、服从的懦弱与极端的反叛、乖巧的无为。

人是平等的、有尊严的、个性化的，一旦模式化必然贻害无穷。当今，倡导素质教育就应该明确这一点，就应该把以人的尊严为核心的尊重教育融入日常的教育教学过程中去，融入充满互动、丰富多彩的师生关系中去。

二、启蒙观的教育

启蒙观的教育，是人本化教育的重要理念与原则。现代历史，本来就是一部人的尊严、个性、自由、权利等意识不断回归、觉醒、发展的历史。

我们强调平等、尊重，并不是说人与人之间、师生之间是毫无差别的、绝对均等的（这种"绝对平均主义"也是我们所反对的，否则，就没有教育的存在），也并不是说教师教育、启蒙学生就是不平等，就是高高在上，而是说在教育中必须遵循师生间互相尊重的原则，在启蒙中必须遵循自主选择的原则。虽然，"弟子不必不如师，师不必贤于弟子，闻道有先后，术业有专攻，如是而已"，但我们也要承认人与人之间必然存在着各种各样的差异，这是教育、启蒙存在的前提。当然，启蒙教育绝不是教育者高高在上发号施令，专制地决定着受教育者的言论与行为、思想与感情，而是指在教育过程中，教育者把相关的观点、立场、原则、方法、情感、态度以及价值观展示在受教育者面前，并体现民主的精神，强调学生对此的思考、批判、体验、选择和责任、践行——这不仅仅是灌输后的内化，更应该是思考与实践后的内化。

启蒙先哲康德指出，启蒙的座右铭就是"要敢于运用你自己的理解力"。学生能否在教师的启迪下运用自己的理解力、判断力并做出选择与担当将是区别教育是民主还是专制的评判标准。毫无疑问，要使启蒙原则落在实处，必须运用启发的教育理念，否则，即使灌输的是最好、最先进、最符合启蒙要义的理念，也常常只会得到相反的结果。

启发教育，是启蒙学生心智、发展学生能力的教育。这种启发不仅是智力上的，而且是心智上的。启发教育并不像某些人所理解的是"问答式教育（教学）"：教师事先设计好一连串圈套式的牵着学生一步步滑向预设口袋的问题，然后象征式地讨论（更多的时候是直接从书本上找答案）、回答，得到那唯一的预料中的结果即大功告成。这种既没开启，也没发展的"圈套式教育（教学）"如硬要叫作"启发"的话，也只是"单向启发"。因为它不注重过程，不注重提出问题的能力，不注重创新问题的能力。真正的启发教育应该是一种"情境教育（教学）"，是一种注重过程、创新，充分发挥教师主导、学生主体作用的"体验教育"和"思路教学"。而这无疑提高了对教师的素质要求：对过程的调控力、对结论的评判力、对问题的合理化解释力以及对学生发展的导向式指引力。与"单向启发"不同，这是一种"互动启发"。笔者认为互动式启发教育应该注重如下6个方面：①注重学生的提问能力（教师的提问只是引导，目的在于让学生养成提问的能力），培养学生的"敢问"素质；②注重师生的过程互动，培养学生的"敢讲"素质；③注重结果的多样性与一致性的统一，培养学生的"敢错"素质（不断地试错本来就是现代科学的两大方法——证实与证伪——之一）；④注重对学生创新思考的肯定和开启学生对疑问的反思力，培养学生的"敢疑"与创新素质；⑤注重教育（教学）氛围的民主化，让学生在日常的熏陶中习得尊重、民主的习惯，培养学生"吾爱吾师，吾更爱真理"的精神；⑥注重意义的教育，培养学生的"向善"品质。可见，互动式启发教育就是注重在开启、发散、发展中达到过程与结果的有机统一。而现代社会信息的大众化、多元化、快捷化为这种启发教育提供了现实的充分可能性。

毋庸置疑，只有在双向乃至多向的互动过程中，才能够真正了解学生思想变化发展的程度，才能够有利于教育者在共鸣中实施教育，在碰撞中导向启蒙。

三、历史观的教育

历史观的教育，是人本化教育的视野理念与原则。马克思、恩格斯曾说过："我们仅仅知道一门唯一的科学，即历史科学。"当然，这不是指狭隘的历史学，而是一种大历史观：无论过去、现在、将来都是历史；也是一种注重过程、体现开放的历史眼光——关注现在，审视过去，展望未来。它启示我们，任何一门学科（不论文理）都得融入历史的视野（纵横的），从而使我们的教育成为一种拓宽视野的大历史观的教育：现状是怎样，由怎样的过去发展而来，向怎样的未来发展而去；其高峰点、关注点、思考点是什么。

我们不得不承认，不管是科学教育还是人文教育，都只有在我们深刻理解其发展的历史脉络之后，才能更深刻地理解它的现状与未来的意义。而所有这些，当然不应该是单调的灌输式的，而应该是更多注重启发式的。思考与创新无疑是我们大历史观教育的核心，尤其是现代教育改革非常注重横向的整合，这当然是通识教育的要求。但纵向的历史的整合呢？笔者认为，这也不应该忽略。当然，这不可能也不必要把所有学科的全部历史知识整体列入整个逻辑性的学科建构中，但通过以下两种方式来体现是可能的、必要的：一是把主要的、经典的学科发展片段融入学科教材（即扩充思考式）；二是把整体的学科发展史综合编成一本简明的、图文并茂的、创设多种开放性问题的阅读教材，并且在其中重点列入或推荐一些学科经典的必读书、选读书、参考书。让学生感触经典,而不单单是感知教科书,这样才能培养学生独立而完备的自学力,从而让学生得以自主选择、合理把握、主动发展。

因此,大历史观教育的实质是开阔眼界的视野教育,它贯穿着两个主要的原则:一是过程性原则,让学生明白"一切皆流,无物常住",所以必须新益求新、精益求精;二是开放性原则,让学生懂得倾听,学会讨论,心胸宽广,所谓"海纳百川,有容乃大"。

四、意义观的教育

意义观的教育,是人本化教育的目的理念与原则。这里所说的意义观教育,即价值观教育,是指要让学生懂得何种人生、何种生活才是真正值得过的,以及其背后的精神支柱是什么。换句话说,教育的目的就是要让人懂得并体验到人生的意义、活着的价值以及心灵的厚度。当然,意义的体现在于实践。意义观的教育与实践观的教育是不可分离的,假如意义脱离了实践,那是虚无的;假如实践没有了意义,那是恶的实践。

在现代教育中,强调意义观与价值观的教育,这一点无疑是非常必要且十分重要的,它基于一个极为可怕的事实,即人性在异化。在现代社会中,把科学当作目的而导致人异化成工具(即所谓的理性工具),人由目的异化为手段。在我国,现实中依然广泛存在的"智能第一"的应试教育及"分数标准"的评价手段无疑更加强化了这一点。科学以及科学教育本就是一把锋利的双刃剑,而狭隘化的专业教育则无疑更是弊大于利。因此,"科学教育人文化"有其极端重要性。因为它不否认科学,而是以科学为基础,以人的尊严为核心,以人的自由、权利、幸福等价值为目的。

意义的显证的背后支柱是信仰。处于无神论的国度,面对政治与宗教分离的教育现实,我们无疑不应该借助宗教来确立信仰,因为这种信仰是一种服从的、接受的信仰,是一种幻想的安慰剂罢了。因为不明,所以信仰:这是盲目的信。我们应该有效地进行人生选择与担承的责任教育,确立基于人生意义的信仰——理解的、论证的信仰。它以知识理性为基础,以已知驾驭未知,找寻爱的寄托与人的意义。因为洞明,所以信仰:这是理智的信。

在此,笔者引用一个观点来作为本小点的结尾,以期引起我们的进一步思考:

丁林在《开放时代》2002年第5期上发表《拯救信仰的努力》一文。其中说温伯格(Steven Weinberg)在他的著作《最初三分钟》的结尾说,"宇宙越变得可以为我们理解,它就越显得没有意义"。温伯格的意思是,科学给我们描绘的宇宙是一个没有目的的空间,在这个冰冷空间里看不到人类存在的意义。此说法是至今为止科学家做出的最为冷峻的评论。而梵蒂冈天文台的著名天文学家 George Coyne 神父,却坚信宇宙充满意义和目的性,只是科学并不足以洞察这种意义和目的性。他指出,将所有科学的伟大成就统统加在一起也不一定就能显示我们生命的意义和整个宇宙的意义。意义的显示是在科学之外,是在于我们体验到我们作为人生活在世界上。有趣的是,温伯格对此深有同感。他说,虽然他相信科学描述的宇宙是没有意义的,但是人类可以"通过互爱,通过发现自然,通过创造和艺术"为自己创造"一个温暖的,爱的,科学和艺术的小岛",可以通过我们的生活给宇宙以意义。

五、实践观的教育

实践观的教育,是人本化教育的核心理念与原则。思想与实践,是人的独特性之所在,是人之所以为人的证明。思想和实践的互动,能够实现人的意义。只有在实践中、在行动中,才能最终体现人生命的存在价值与意义;才能感受到人的尊严,体验到人的本性;才能获得事实的眼光,受到理性的启迪。如此,怀疑的理性之光方能在实践中发出,创新的人类精神方能在实践中显现。

实践观的教育,一直以来都受到大教育家们的重视。例如,陶行知先生就极其重视实践的作用,提倡"知行合一""生活即教育""教学做合一"等教育要同实践相结合的思想,并且一生都在身体力行,如他创建"晓庄试验乡村师范"来具体实践他的教育理念和原则。事实上,我们的新课程改革实施"综合实践活动"课程也是基于此。

当然,教育不等同于生活,它源于生活本身又指引生活之路;教育也不等同于实践,但要在实践中才能真正体现。素质教育离不开尊重教育、历史教育、启蒙教育、理性教育、意义教育、创新教育等,而所有这些体现现代教育的理念与原则都必须通过实践才能最终完成。我们不断强调理论要紧密联系实践,就是这个意思。可是,在现实的教育中,我们却不断地违反这个原则。其理由往往惊人地一致:一是为了应考(尤其是以高考为标志的升学考),二是安全第一。

丰富多彩的实践教育(不仅仅是接触实践的研究性学习,更重要的是各种实践活动本身),可以养成学生的各种良好素质与能力:①通过社会实践和调查研究,可以拓展学生的思考空间,提高学生发现问题、分析问题和解决问题的能力，促进学生思维的实践性和全面性；②通过科学考察、实验研究等，可以培养学生的科学方法、素养与精神；③在实践活动中，可以让学生养成理论联系实际的学风，提高综合实践能力，在此过程中掌握调查研究的基本方法，强化学生的动手能力，培养学生的"敢做"精神；④通过社区服务等志愿者实践活动，可以培养学生的服务精神和协作精神；⑤通过各种社会实践，比如游学、游历（尤其是对一些壮美的自然景观和庄严的人文景观的游历）、对乡土资源的调查研究和体验等，可以培养学生的人文精神；⑥通过诸如野营、踏青、郊游、远足、露宿、乡村体验、野外探险等实践活动，可以培养学生对自然的亲近感以及吃苦耐劳的意志和勇敢的精神。因此，在基础教育实践中，无论是强调应考，还是保障安全，都不应该以放弃综合实践活动为代价，反而应该通过周全的实践规划、丰富的活动与有效的保障举措，让师生双方在综合实践活动中都能得到包括理性、品行、安全、意志等素养在内的各种素质与能力的实质性提升。

（原载《广东教育》综合版2009年第9期，略有修改）

特色发展是教育现代化的应然之义

特色发展是教育发展到一定阶段的必然要求。《广东省教育发展"十三五"规划（2016—2020年）》明确提出，广东要走一条"治理体系和治理能力现代化、优质化、多样化、信息化和国际化'五化一体'的教育现代化之路"。广东省委教育工委书记、省教育厅厅长景李虎在《以习近平新时代中国特色社会主义思想为指导办好人民满意的教育》学习长文中也指出，"教育现代化体现在优质、公平、均衡、多样、创新、国际化、信息化上"。其中，多样化，来自个性、来自特色，只有足够多的个性、特色，才谈得上多样化。从这个意义上说，特色是衡量一所学校乃至一个地区教育现代化水平的重要标志，是判断一所学校乃至一个地区在全面推进教育现代化大势下有无作为以及是否善于作为的重要标志。

特色发展，核心是凝练好特色发展理念，建构好特色发展路径，以立德树人的教育担当积极回应区域内人民群众的优质教育需求。在这一点上，作为广东教育现代化发展的"领头羊"，经济发达的珠三角地区如广州市、深圳市、珠海市、佛山市、江门市已示范性地探索出了极具地域特色的教育现代化发展路径，较好地满足了当地的教育需求。

从根本上说，经济发展水平制约着教育发展水平。但是，这并不意味着教育发展只能坐等经济发展。只要精准解决好社会发展趋势下区域教育实际与群众教育需求之间的"痛点"，欠发达的粤东西北地区同样能够在教育现代化发展大潮中找到自己的特色定位与发展路径，形成独具特色的教育现代化"生长点"。

2015年1月，以《普宁市中小学书法教育实施方案》的颁布实施为主要标志，普宁市全面深入推进中小学书法教育，让书法成为师生儒雅生活的重要组成部分。"书以立人成人"理念的凝练、"艺术教育中心"的创设、"书法研习社"的建构……让普宁市书法教育渐入佳境，在深入推进书法教育的过程中收获优秀传统文化习性养成之美景。

2015年8月，以《湛江开发区中小学开展"生态文明教育"活动方案》的颁布实施为主要标志，湛江开发区在"觉民教育"特色理念的引领下，推动"生态文明教育"区域实践活动在校园内外生根发芽，开花结果。"生态文明生活实践园""生态文明生活实践示范村""生态文明教育基地"……这一个个极具开拓性的生态文明教育实践活动载体的搭建，正在重构着湛江开发区的教育生态，并重塑着区域内学校的教育内涵。

2015年12月，以《关于在全区中小学全面推进开展特色学校建设的实施意见》的颁布实施为主要标志，汕头市澄海区把培育特色学校工作作为教育系统的全局性工作来抓，引导学校办出特色，鼓励校长改革创新，倡导教师形成风格，推动全区教育均衡、协调、优质、特色发展，全面提升区域教育现代化水平，引领区域教育更新迭代。

特色，即个性，即风格，即风景。《国家中长期教育改革和发展规划纲要（2010—2020年）》就指出，要"树立以提高质量为核心的教育发展观，注重教育内涵发展，鼓励学校办出特色、办出水平，出名师，育英才"。办出特色，就意味着办出水平，就彰显着教育风格，就会有不一样的教育风景。

（原载《广东教育》综合版2017年第12期，略有修改）

聚焦教育现代化，自觉发出广东教育"现代音"

教育宣传，教育态势是源

所谓态势，既包括事物发展的状态，也包括事物发展的形势。教育媒体人不仅要看到教育的现实状态，更要把握住教育的发展大势。

当前，教育发展态势是什么？答案是显明的，那就是教育现代化。就国家层面来说，我国教育事业正行进于教育现代化的伟大征途上，为办好人民满意的教育而努力奋斗。《国家中长期教育改革和发展规划纲要（2010—2020年）》在"战略目标"中提出，"到2020年，基本实现教育现代化，基本形成学习型社会，进入人力资源强国行列"。作为改革开放的先行者与示范者，广东省一直走在全国教育改革发展的前列，不仅率先实现"普九""普高"，而且在全面推进义务教育均衡发展上也走在前列，如今正在为"率先基本实现教育现代化"而奋勇前进。依据国家教育发展态势，立足省情，《广东省中长期教育改革和发展规划纲要（2010—2020年）》提出本省的主要目标是："围绕建设教育强省和人力资源强省，加快实现义务教育均衡化、学前教育到高等教育普及化、终身教育全民化、教育服务多元化、教育合作国际化，在全国率先基本实现教育现代化，为我省当好推动科学发展、促进社会和谐的排头兵作出应有的贡献。"2016年年初，广东省教育工作会议明确提出，"十三五"时期要"全面推进广东教育现代化"，"确保到2018年率先基本实现教育现代化，力争到2020年全面实现教育现代化"。不久前，在全省推进教育现代化动员会上，广东省省长朱小丹强调，全省各地、各有关部门必须切实增强加快推进教育现代化的责任感和紧迫感，始终坚持以提高教育供给质量为主线，坚持以人的现代化为核心，坚持以人民满意为标准，坚持以制度创新为保障，全面推进教育现代化。2017年，作为"十三五"时期承上启下的重要一年，广东省将会随着教育领域"十三五"规划的颁布实施而在教育现代化的画卷上落下更加厚实的一笔。

教育宣传，舆论引导于行

教育发展态势，决定了教育舆论宣传态势。面对生机勃勃的教育现代化发展新态势，教育媒体人理应更主动、更自觉地加以宣传报道，更有意识、更有担当地去传播教育好声音，引导教育大舆论，吹响全力推进教育现代化的号角。

广东在全面推进教育现代化的过程中，由于教育创强和义务教育均衡发展的目标在2016年已基本实现，今后，将会更加注重内涵发展与质量提升，更加凸显特色发展与文化育人，由此必然会涌现出更具创新品质的教育样本，建构出更具广东风格的教育生态。作为广东教育媒体人，我们理应对教育发展态势加以自觉回应，我们有责任也有义务更深入地去挖掘全面推进教育现代化进程中所发生的鲜活故事，更丰富地去报道全面推进教育现代化进程中所形成的崭新成果，更广泛地去宣传全面推进教育现代化进程中所凝练的典型经验，更生动地去诠释全面推进教育现代化进程中所创生的思想理念，更深入地去引领全面推进教育现代化进程中所兴起的舆论风尚。

站在全面推进教育现代化的新起点，我们将一如既往地怀揣"教育现代心"，把握"教育现代性"，聚焦"教育现代行"，绘就"教育现代画"，发出"教育现代音"。

（原载《广东教育》综合版2017年第1期，略有修改）

一份致力于教育现代化的教育规划

2016年12月30日，作为广东省国民经济和社会发展第十三个五年规划纲要在教育领域的细化，《广东省教育发展"十三五"规划（2016—2020年）》（以下简称《规划》）正式印发。《规划》在"总体目标"中明确提出："到2018年，教育结构更加优化，教育服务体系更加健全，教育公平保障、教育发展质量、教育贡献程度、教育治理水平位居全国前列，教育现代化取得重要进展，基本建成教育强省和人力资源强省。到2020年，实现更高水平的普及教育和惠及全民的公平教育，教育现代化发展水平高，基本形成在国内有广泛认同度、在国际上有一定影响力的南方教育高地。"

《规划》针对当前与未来一段时期广东省教育面临的重大挑战与发展态势，紧紧围绕"教育现代化"总目标、"提高教育质量和促进教育公平"战略主题与教育"创强争先建高地"中心任务，准确把握了广东省教育改革发展的新阶段、新特征，明确提出了深入实施素质教育、高水平普及15年基础教育、提升职业教育服务产业转型升级能力、提高高等教育发展质量、构建灵活开放的终身教育体系、提升教师队伍建设水平、积极发展"互联网+教育"、深化教育对外合作与交流八大发展任务与深化教育领域综合改革、调整优化教育空间布局、完善高校创新体系建设三项改革任务，视野开阔，重点突出，路径清晰。

《规划》强调指出："'十三五'是我省建成教育强省和人力资源强省的关键时期，率先全面建成小康社会，迈上率先基本实现社会主义现代化新征程，决定了教育必须走出一条治理体系和治理能力现代化、优质化、多样化、信息化和国际化'五化一体'的教育现代化之路。""五化一体"的教育现代化之路就是广东特色的教育现代化行动路径。这就要求以人的现代化为核心，"牢固树立和贯彻落实创新、协调、绿色、开放、共享的发展理念"，坚持创新发展，增强服务经济社会发展能力；坚持协调发展，提高教育质量；坚持绿色发展，促进学生健康成长成才；坚持开放发展，提升国际影响力和竞争力；坚持共享发展，促进教育公平。

《规划》所描绘的教育现代化，不仅目标、思路、任务明确，而且操作性强。比如，为进一步增强规划的可操作性，《规划》专门编制了学前教育、义务教育、高中阶段教育、高等教育、特殊教育、民办教育、教师队伍建设、教育信息化、教育国际合作与交流等14个专栏，作为八大发展任务与三项改革任务的有效补充和强力支撑。

　　细细阅来，《规划》如同一幅美妙的教育现代化画卷。但是，要让这幅美妙的教育现代化画卷变成美好的教育现代化现实，还需要《规划》印发不久后即召开的2017年全省教育工作会议所突出强调的"抓落实"理念与行动。这样，才能真正确保《规划》所明确的教育现代化目标任务与行动路径落地生根、开花结果。

（原载《广东教育》综合版2017年第2期，略有修改）

在传承中创新推进教育现代化

教育现代化，作为我国教育发展高水平状态的主流共识，是对传统教育的一种升级换代式超越。有鉴于此，立足于我省教育发展的历史积淀、现实状态与未来愿景，《广东省教育发展"十三五"规划（2016—2020年）》提出，广东"必须走出一条治理体系和治理能力现代化、优质化、多样化、信息化和国际化'五化一体'的教育现代化之路"。

作为教化育人的事业，教育要回溯既往，寻根溯源，根植于已有的认知与文化积淀，去探寻更多的文化共识与未来发展的可能性。因此，教育天然具有保守性。从某种意义上说，教育有多保守，其内涵就有多深厚。也正因为教育的保守性，推进教育发展的思想理念、方式方法、措施路径才更应该立足于创新。这种创新，必然注重在传承中创新，既有所舍弃又有所发扬，既有所解构又有所建构。所以，对教育现代化的推进，我们既需要有足够的坚守定力，也需要有敏锐的创新智慧。

广东"五化一体"推进教育现代化，强调的是教育现代化各要素的协同创新、生态建构、系统推进。其实，这种整体化发展模式，在广东教育改革发展进程中早已见端倪。2010年，广东省教育"创强争先建高地"战略目标与总抓手的开创性提出，以工作统筹、资金统筹、考核统筹的省级"三统筹"创新机制，从"碎片化"到"整体化"推进教育发展，实现了教育的集约化发展。在教育"创强争先建高地"的统领下，2016年，广东省基本实现教育创强与义务教育均衡发展目标，由此全面转入教育现代化的创建进程之中。这既是广东省以往教育发展之"果"，也是广东省今后教育发展之"因"。

为适应广东教育面临的这一新形势与新机遇，2017年，省教育厅新一届领导班子审时度势地提出以"争先进、当标兵、建高地"为总抓手，全面推进教育现代化。"争先进、当标兵、建高地"总抓手的提出，不仅仅是对"创强争先建高地"总抓手的"微调整"，更是一种传承式创新。它不仅顺理成章地回应了"后创强时代"粤东西北地区全面转向争创推进教育现代化先进县（市、区）的发展现实，而且很好地关照到了"后争先时代"珠三角地区的教育后续发展方向与动力问题，同时，也是对分类指导、协同发展与整体推进这一广东教育发展典型经验的创新性传承。

2017年5月，蕉岭县获得"广东省推进教育现代化先进县"称号，成为粤东西北首个推进教育现代化先进县（市、区）。这标志着广东省全面推进教育现代化取得了良好的开篇。与此同时，更多的推进教育现代化先进县（市、区）正在积极创建中，推进教育现代化标兵县（市、区）的衡量指标也正在紧锣密鼓地研究中。

我们有理由相信，广东教育在"争先进、当标兵、建高地"的统领下，会建构出一个更加优质均衡、更具个性特色、更有文化底蕴的教育现代化图景。

（原载《广东教育》综合版 2017 年第 7 期，略有修改）

创新驱动：推进教育现代化的新动能

创新，是教育改革发展的重要助推器。

近年来，教育改革发展的重心已越发聚焦于"教育现代化"上。以创新驱动推进教育现代化，可以说是创新驱动发展战略在教育领域的集中体现。

从省级层面来说，广东省教育厅提出以"争先进、当标兵、建高地"为总抓手，通过治理体系和治理能力现代化、优质化、多样化、信息化和国际化"五化一体"全面推进教育现代化，极好地彰显了创新驱动对广东省推进教育现代化的重要意义。

不仅省级层面如此，市县层面也是如此。例如，江门市以教育现代化为核心目标，牢牢把握高标准普及15年教育和全面提高教育质量两大重点，立足于学校特色的传承创新，从2006年开始至今共创建了260多所特色学校，打造了丰富多样的侨乡教育新生态；佛山市禅城区从治理体系结构、办学主体结构、资源配置结构、招生供给结构、服务社会结构五方面入手，以教育供给侧改革的全新视角回应了教育现代化发展主题；湛江开发区立足于书院传统、红色文化、海洋文化、灯塔精神及开发区风范所建构起来的区域性文化立体风貌与精神品质，生成了点燃式引领的"觉民教育"理念，推动了区域教育生态的良性发展；韶关市武江区，倡导各校通过凝练特色教育理念积极推进学校特色建设，构建"校际联盟体"以推进优质教育资源实现共享式发展，走出了一条立足于学校生长的教育现代化之路。

省级层面是如此，市县层面也是如此，学校层面还是如此。例如，像一棵树一样生长的"贤文化"，滋养着广州市番禺区象贤中学的现代教育理想；基于"立德创新"宗旨，广东顺德德胜学校以德之核心本性与价值规范来谋划教育未来并规约教育创新，找到了一把素质教育突围的新钥匙；在"提升品质 打造品牌"发展理念的引领下，佛山市南海区数十所特色学校也无一不在实践中传承创新特色教育理念，努力建构出现代化学校的个性化图景，如石门实验学校的"扬长教育"、民乐小学的"飞鸿教育"、九江中学的"点亮教育"……

立足于由省到市到县直至到校的推进教育现代化个案分析，我们能在其中发现"创新驱动"这一推进教育现代化的新动能。

（原载《广东教育》综合版2017年第8期，略有修改）

建议提高粤东西北地区县域内教师工资待遇

一、缘由

（1）教师工资待遇问题，既是关系到区域教育质量的根本问题，也是关系到教师队伍稳定乃至社会稳定的重要问题。

"百年大计，教育为本。教育大计，教师为本。"强教必先强师，强师理应尊师。在强调教育均衡、优质的当今，广东省正以教育"创强争先建高地"为核心抓手，加速教育发展步伐。在粤东西北地区，正在积极推进教育创强工作。教育创强，需要设施设备强，更需要教师强。要实现教师队伍的优质均衡，对于欠发达的粤东西北地区来说，根本举措在于提升教师工资水平，保障教师合理待遇。否则，巨大的工资待遇落差导致的只能是这样一种结果——欠发达地区培养优秀教师变成为发达地区培养优秀教师的教师培养困境，欠发达地区教育水平难以大幅度提升也就不言而喻了。在教育均衡与教育创强双重背景下考察粤东西北地区教师待遇问题具有重要价值。这一价值在于均衡提升粤东西北地区教师工资待遇水平，能更好地留住优秀教师服务于当地教育，更强有力地支持粤东西北地区城乡教育优质均衡发展。此外，提高教育工资待遇，不仅有利于教师队伍的稳定，也有利于社会稳定。

（2）广东省教师工资待遇存在巨大的区域差距：不仅发达的珠三角地区与欠发达的粤东西北地区教师待遇有巨大差距，粤东西北地区区域内教师待遇也有明显差距。

据《广东教育改革发展研究报告（2013）》，尽管这些年广东省教师待遇得到切实提高，但城乡教师待遇差距依然过大，属于粤西地区的湛江雷州的教师月平均工资仅为1879元，而深圳教师月工资最低的盐田区为10353元，后者是前者的5.5倍（据《南方日报》2013年5月18日报道）。虽然湛江雷州经过两次大幅度提工资措施，如今月平均工资已达到3000元左右，但总体水平仍然不高。总之，发达地区与欠发达地区教师工资待遇确实相距过大。如2013年深圳龙岗区教师的年平均工资超过15万，盐田区超过13万［据"全国义务教育发展基本均衡县（市、区）"督导评估公示资料］，粤东西北地区县域内教师的年平均工资仅4万左右，有些还不足4万，比如河源市和平县、清远市连州市等（据网络问卷与个别调查）。2014年，梅州市五华县教师月平均工资（含津补贴）为3020元，年平均工资也不足4万（广东省人民政府官网，2014，《梅州市访谈网友问题反馈》，http：//www.gd.gov.cn/gzhd/zbft/wtfk/201408/t20140818_201555.htm）。

就粤东西北地区区域内教师待遇差距来说，除个别县区外，粤东西北地区市直属学校与市辖区学校教师工资普遍比县域内学校教师工资高1500～2500元/月，县域内教师工资待遇尤其是县城教师工资待遇还比较低。比如，河源市和平县一位有15年左右教龄的中级教师，2013年总收入为38000多元，而河源市源城区一位教龄相当的中级教师，2013年总收入为54000多元。据这位教师说，市直属学校同层次的教师比他们至少还要多10000元/年。

（3）粤东西北地区是广东省经济欠发达地区，由于县域内教师工资待遇低，普遍存在优秀教师不愿来或留不下的困境。

粤东西北地区教师待遇低是有目共睹的事实。网上问卷调查（15243份样本），"您对工资收入的满意度"的调查结果显示，超过90%的教师填写的是"不满意"或"很不满意"，粤东西北地区更是超过95%（如下图所示）。

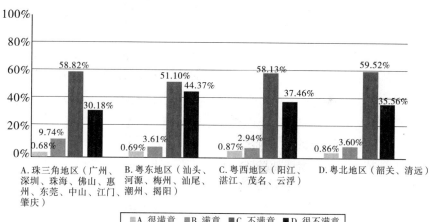

"假如给您重新选择一次任教处所的机会，您愿意在何处任教"的调查结果显示，80%的教师愿意在珠三角发达地区从事教育教学工作（如下图所示）。

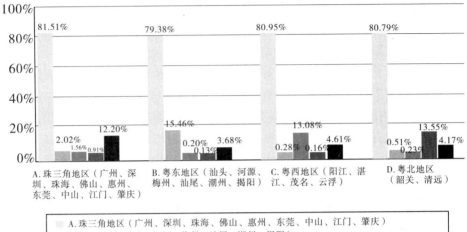

对比可见，由于珠三角地区教师工资待遇相比粤东西北地区来说处于价值高地，虽然各种因素，珠三角教师对工资待遇也不太满意，但大多数教师仍然愿意留在珠三角地区任教；而粤东西北地区教师的选择则完全相反，他们中的大多数如果遇到合适的机会，往往会选择流向珠三角地区，所以，提升粤东西北地区教师待遇无疑是一种"雪中送炭"的民生举措，提升教师待遇并辅之以良好的专业发展机会，有利于教育这一最大民生在当地经济社会发展中发挥更大的影响作用，有利于广东省区域教育的均衡优质发展。

《广东教育改革发展研究报告（2013）》指出，过去几年，广东省教师待遇得到普遍提高，基本实现县域内教师工资福利待遇"两相当"。不过，城乡教育仍存在"结构性失衡"问题，教师队伍的整体流动体现为乡村往城区跑，欠发达地区往发达地区跑，导致发达地区教师队伍素质不断提高，而乡村和欠发达地区教师队伍素质始终无法有效扭转，并呈逐年下滑的趋势（据《南方日报》2013年5月18日报道）。之所以出现这种情况，欠发达地区与农村地区教师待遇低是重要因素。所以，提高欠发达的粤东西北地区县域内教师工资待遇，有利于留住欠发达地区的优秀教师，也有利于吸引优秀教师到粤东西北地区工作。

（4）粤东西北地区县城教师待遇亟待提高。

据对粤东西北地区县城教师的调查了解，他们由于既享受不到市区工资待遇，又没有乡村教师津贴（2013年每月平均500元，2014年提高至每月平均700元），处于工资收入的最底端。这种两头不靠岸的"夹心层"处境，导致县城教师对工资待遇的满意度最低,工作积极性深受打击。

二、建议

建议在大力实行山区乡村教师津贴补助的同时,加强省级教师工资待遇统筹力度。可通过财政转移性支付方式,大力支持粤东西北地区突破县域内教师待遇均衡提升思路,积极谋划市域内甚至省域内教师待遇均衡提升新思路,大幅度提升粤东西北地区县域内城乡教师工资待遇。

(1)当务之急,要把粤东西北地区县域内县城教师纳入乡村教师津贴或补贴补助范围,或增设涵括县城教师在内的欠发达地区教师津贴补助。

同时建议将乡村教师津贴或补贴于2015年提升到平均每月1000元。通过网络问卷"您是否享有乡村教师津贴或补贴"/"您对工资收入的满意度"问卷调查结果的交叉分析可知,享有乡村教师津贴或补贴的教师总体满意率(含"满意""很满意")要略高于不享有乡村教师津贴或补贴的教师,总体不满意率(含"不满意""很不满意")要略低于不享有乡村教师津贴或补贴的教师,而25.81%的"很不满意"率则大大低于不享有乡村教师津贴或补贴的教师(40.05%)(如下图所示)。

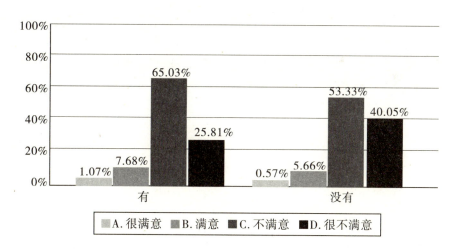

通过乡村教师津贴或补贴方式提升粤东西北地区县域内县城教师工资待遇策略,应该会取得立竿见影的"及时雨"效果,有利于在提高乡镇教师工资待遇的同时,统筹解决粤东西北地区县城学校教师的待遇问题,维护教师队伍稳定。

(2)按"就高不就低"原则,以市直属学校和市辖区学校教师工资待遇为标准，逐步提高粤东西北地区县域内教师工资收入水平。

可通过一年一提升的方式逐步加以实现。在此基础上，在可预期的时间内，进一步实行省域范围内教师工资待遇均衡提升策略。

(3) 根本举措，在于建立教师工资待遇合理化增长机制。

据了解，在教师工资构成中，最基本的由岗位工资、薪级工资与职务岗位津贴三项构成，其中，岗位工资、薪级工资为国家工资，由省财政统一拨付；职务岗位津贴为地方性津贴，由县财政统一拨付。据了解，2006年之后，岗位工资、薪级工资已经连续7年未调整或提升，职务岗位津贴由于是县财政统一拨付的地方性补助，其调整或提升情况因地而异，并由于各地经济水平不同而产生较大差距。同时，住房公积金、住房补贴、房屋维修资金、物价补贴等其他福利性收入亦因地而异。鉴于粤东西北地区经济发展水平不高，县级财政力量比较薄弱，建议加强省级教师工资待遇统筹力度，建立教师工资待遇合理化增长机制，持续提高粤东西北地区教师工资待遇：一是省统一上调岗位工资与薪级工资，并建立增长机制，夯实工资增长基础；二是督促各地区县财政逐年增加职务岗位津贴，提升教师幸福指数；三是提升绩效工资水平；四是建议按缴存基数的12%统一缴存住房公积金。

(本文为笔者于2014年主持完成的致公党广东省委员会提案课题论文，曾作为致公党省委会团体提案报送省政协。近年来，广东省教师工资待遇有了显著的增长，但是，该提案课题提及的区域差距与城乡差距依然明显，县域内教师工资待遇相对处于低位的问题甚至成了全国面临的共同问题。所以，在今天看来，该课题依然有其重要意义）

推动广东基础教育均衡优质共享发展

《国家中长期教育改革和发展规划纲要（2010—2020年）》指出："按照面向现代化、面向世界、面向未来的要求，适应全面建设小康社会、建设创新型国家的需要，坚持育人为本，以改革创新为动力，以促进公平为重点，以提高质量为核心，全面实施素质教育，推动教育事业在新的历史起点上科学发展，加快从教育大国向教育强国、从人力资源大国向人力资源强国迈进，为中华民族伟大复兴和人类文明进步作出更大贡献。"并在"战略目标"中提出，"到2020年，基本实现教育现代化，基本形成学习型社会，进入人力资源强国行列"。

依据国家教育发展态势，立足省情，《广东省中长期教育改革和发展规划纲要（2010—2020年）》提出本省的主要目标是："围绕建设教育强省和人力资源强省，加快实现义务教育均衡化、学前教育到高等教育普及化、终身教育全民化、教育服务多元化、教育合作国际化，在全国率先基本实现教育现代化，为广东省当好推动科学发展、促进社会和谐的排头兵作出应有的贡献。"到2020年，"全省高质量高水平普及学前到高中阶段教育，义务教育均衡发展水平显著提升，高中阶段教育毛入学率达到90%以上；完善现代职业教育体系，建成我国南方重要的职业教育基地；户籍人口高等教育毛入学率达到50%，进入普及化阶段，教育教学质量显著提高，自主创新能力和社会服务能力显著增强。建立起高水平的现代国民教育体系和终身教育体系，形成充满活力、富有效率的教育体制机制，建成满足人民群众多层次、多样化学习需求的学习型社会。珠江三角洲地区和其他地级市城区教育发展整体水平达到发达国家平均水平，其他区域达到中等发达国家平均水平，基本建成教育强省和人力资源强省，成为国家教育综合改革示范区"。2016年全省教育工作会议明确提出，"十三五"时期要"全面推进广东教育现代化""确保到2018年率先基本实现教育现代化，力争到2020年全面实现教育现代化"。

2016年7月2日，在广州召开的全国义务教育均衡发展推进会暨对广东省义务教育发展督导检查反馈会上，国家督导检查组宣读了反馈意见：广东省所有县（市、区）均达到国家规定的评估认定标准。这标志着广东省整体实现了县域义务教育均衡发展，至此，广东省基本实现教育创强和义务教育均衡发展目标。"这一目标的达成与我省1996年普及义务教育、2010年基本普及

高中阶段教育一起,成为改革开放以来广东基础教育发展史上的三大里程碑。"(《广东教育》综合版 2016 年第 8 期)

"广东是经济大省、人口大省,同时也是经济社会发展极不平衡的省。珠三角地区土地面积、人口、生产总值、财政收入分别占全省的 34%、59%、80%、80%,而粤东西北地区分别占 66%、41%、20%、20%。粤东西北地区人均 GDP 比珠三角地区低 80%。"(《广东教育》综合版 2016 年第 8 期)这种特殊的省情导致区域、城乡之间教育发展水平相差悬殊。虽然广东省基本实现了教育创强和义务教育均衡发展目标,但是,广东省基础教育发展依然存在县域外区域教育发展不均衡以及粤东西北地区县域内均衡发展低水平的问题。

依据广东经济发展水平、教育发展现状与全面实现教育现代化教育发展愿景,并考虑到作为改革开放先行者的广东要积极为全国教育事业的改革创新发展提供有益经验,建议广东省"十三五"时期在全面推进教育现代化的发展战略下,实施基础教育均衡优质共享发展,大力提升广东省基础教育发展水平。

(1)建议实施"基础教育发展均衡市"评估认定省级工程。在 2016 年广东省整体实现县域内义务教育均衡发展的基础上,有必要也有条件进一步扩展广东省教育均衡发展的范围与领域,以便在更大范围内促进教育公平发展:一是均衡发展领域可由义务教育扩展为整个 12 年的基础教育;二是均衡发展范围可由县域扩展为市域。为此,建议"十三五"时期,积极总结"义务教育发展均衡县"推进经验,创造条件推动实施"基础教育发展均衡市"评估认定省级工程,进一步推进区域教育均衡化发展,提升城乡一体化发展水平。

(2)建议实施"特色发展、文化育人"省级工程。当前,广东省正在为"率先实现教育现代化"而努力奋斗。在教育现代化的大背景下,教育所要解决的,已不仅仅是"有学上"的问题,而是上升到"上好学"的问题。解决"有学上"的问题,更强调的是政府的投入,考虑更多的是数量发展与硬件提升;而要解决"上好学"的问题,更强调的是如何激发学校活力以及教育生态的良性循环,更加注重内涵发展与质量提升,更加凸显特色发展与文化育人。2016 年 9 月 9 日,中共中央总书记、国家主席、中央军委主席习近平来到北京市八一学校看望慰问师生,向全国广大教师和教育工作者致以节日祝贺和诚挚问候。习近平强调:"基础教育要树立强烈的人才观,大力推进素质教育,鼓励学校办出特色,鼓励教师教出风格。"(《新华每日电讯》2016 年 9 月 10 日)。从一定意义上说,"特色发展、文化育人"是教育由基本均衡走向优质均衡的重要标志。基于此,建议"十三五"时期,广东省在教育"创强争先建高地"总抓手的统领下,总结深圳、广州等地教育特色发展举措,实施基础教育学校"特色发展、文化育人"省级工程，以"学校特色化发展"与"教师风格化生长"两大维度有效提升教育内涵发展，促进教育在均衡发展的基础上生成个性化文化育人生态。

（3）建议实施"教育共享发展"行动计划。现代化的教育应该是人人共享的教育。党的十八届五中全会通过的《中共中央关于制定国民经济和社会发展第十三个五年规划的建议》指出："共享是中国特色社会主义的本质要求。必须坚持发展为了人民、发展依靠人民、发展成果由人民共享，作出更有效的制度安排，使全体人民在共建共享发展中有更多获得感，增强发展动力，增进人民团结，朝着共同富裕方向稳步前进。"基于此，建议"十三五"时期，我省在分类指导珠三角与粤东西北地区教育发展的基础上，更加注重"协同化"引领教育共享发展，让广东人民在教育领域有更多的获得感。一是实施"区域教育共享发展"行动。深入总结"教育资源下乡"行动计划、"千校扶千校"行动计划、"送教下乡"专项行动等教育共享发展经验，在全面推进教育现代化的大背景下，以更加整体的规划，凸显"教育争先"阶段性特征，实现珠三角与粤东西北地区在整个基础教育领域的特色帮扶、联动发展。二是实施"基础教育学校集团化发展"行动。适应学区化发展趋势，大力推进基础教育学校"联盟化、集团化"发展，加快优质教育资源的扩张，全面推动基础教育的质量提升。

（本文为笔者于2016年主持完成的致公党广东省委员会课题论文，略有修改）

教育创新有力量

人来人往人荟萃，
一场一馆一智慧。
共话教育平生事，
博览众长在此会。

2019年11月，第五届中国教育创新成果公益博览会（以下简称"教博会"）在珠海国际会展中心举行。大会以"汇聚·碰撞·变革：教育创新 提升中国力量"为主题，聚焦核心素养，落实立德树人根本任务，充分运用脑科学、学习科学、互联网+、智能智造等前沿科技成果，紧密围绕创新驱动教育高质量发展战略，深化教育领域供给侧结构性改革。教育部教师工作司司长任友群指出，教育创新已成为全社会的共识，成为推进中国教育现代化的澎湃力量。本届教博会以"教育创新 提升中国力量"为主题，很好地诠释了创新的意义和魅力。

教育善创新，中国有力量。教博会优秀教育创新SERVE奖是本届教博会的重要组成部分。评选从2019年9月初开始，历时两个月，分为初评、复评、征信调查、终评四个阶段。教博会组委会组织专家针对提交的2000余项成果进行了评选，最终评选出34项优秀教育创新成果（包括SERVE奖、SERVE提名奖）。广东省共有3项成果获奖，其中，广东省姚铁龙名教师工作室申报的《基于儿童立场的小学数学嵌入式游戏课程》成果获得SERVE奖，佛山市教育局电化教育站申报的《"学科融合+文化传承+佛山智造"的创新创客教育实践项目》和东莞市教育发展研究与评估中心申报的《东莞市义务教育阶段民办学校委托管理试点工作》成果获得SERVE提名奖。

在本届教博会上，广东省共有40多项教育创新成果参展，如《循道返本，创见未来——幼儿园"返本"课程模式的构建与探索》《创四阶四性课程，育追星筑梦学子——三十年高中天文教育探索路》《潮人阳光育人模式实践与研究》等，集中展现了广东教育人的创新精神与实践成效。

"卢春梅校长提出的阳光育人论，有理念，有模式，有平台，有评价，非常符合中小学的教育规律与特点。"11月21日上午，我应邀参加了广东省潮州市阳光教育协会、广东省潮州市湘桥区潮人阳光教育集团举行的"阳光育

人　给予学生一个积极发展的天空"平行论坛，曾如此评价。以"上善若水、大爱如光"为核心追求的阳光育人教育理念，也得到了与会者的积极评价，北京师范大学广东省中小学教师发展中心执行副主任罗容海认为，阳光育人教育理念不仅有一定的理论创新，还具有很好的实操性，这样一种与人为善的教育导向具有现实启迪意义。阳光育人教育理念及其倡导者广东省名校长工作室主持人卢春梅也曾被《广东教育》（综合）大力报道过，这次登上教博会这个全国平台做3个小时的展示，也可以看出阳光育人这一成果的影响力。

（原载广东教育杂志社微信公众号"广东教育传媒"2019年11月22日，略有修改）

唱响"乡村教师专业发展"之歌

2019年11月23日至24日,笔者参加了教育部教师工作司、广东省教育厅指导,肇庆学院主办的全国乡村教师专业发展论坛,为参与领导、专家、一线实践者的乡村教育情怀而感动,为肇庆学院在乡村教师专业发展上的责任担当而感怀,论坛期间写就《乡情·乡音·乡论:参加全国乡村教师专业发展论坛有感(3首)》,希冀通过全国乡村教师专业发展论坛聚合各方之力,助推乡村教师活得更有地位,过得更有意义,做得更有意思。

乡情:在肇庆学院举办的全国乡村教师专业发展论坛上听任友群司长报告有感

任君一席话,
友善杏坛乡。
群己非为私,
肇始新篇章。

乡音:在肇庆学院举办的全国乡村教师专业发展论坛晚会上赏《春江花月夜》有感

坐观一曲春江夜,
闭目忽闻盛世音。
长箫琵琶和古琴,
汉唐一梦现时吟。

乡论:有感于肇庆学院举办全国乡村教师专业发展论坛

敢叫七星湖上住,
唤得八仙过江来。
五湖师者来相会,
纵论西江四海开。

这三首应景小诗，分别从一个人、一首歌、一论坛的角度，以微观视角彰显了肇庆学院举办全国乡村教师专业发展论坛的意义所在、魅力所在、担当所在。

国家对乡村教师专业发展是极其重视的。在本次论坛上，教育部教师工作司司长任友群就带来了国家对教师发展尤其是乡村教师发展的许多重要信息，干货满满，比如加大公费师范生培养力度，实施农村学校教育硕士师资培养计划，加大人才支教、送教下乡力度，推动乡村教师生活补助水平"扩面提标"，深化乡村教师职称评审改革，"国培计划"集中支持乡村教师校长培训，集成建设教师智能研修平台重点帮助乡村教师提高教育教学水平，等等，着力解决"下不去""留不住""教不好"三大难点，全力以赴推动乡村教师校长素质能力提升。笔者以任友群名字入《乡情：在肇庆学院举办的全国乡村教师专业发展论坛上听任友群司长报告有感》一诗，反映的是国家对乡村教师与乡村教育的重视，当然，还有各位专家学者与一线实践者对乡村教师专业发展的真知灼见，希冀肇庆学院举办的全国乡村教师专业发展论坛能够开启乡村教师专业发展新篇章。

乡村教师要有"乡贤"式的引领担当。在本次论坛上，肇庆学院还别出心裁地组织了全国乡村教师专业发展论坛专场晚会，让参加者在欣赏到高雅艺术的同时也感悟到肇庆学院的精心组织。笔者在欣赏晚会的过程中就感触良多，尤其是在观赏到长箫琵琶古琴联奏《春江花月夜》时，即兴创作了《乡音：在肇庆学院举办的全国乡村教师专业发展论坛晚会上赏〈春江花月夜〉有感》一诗，由此体悟到新时代所带来的乡村教师与乡村教育的希望所在。或许，这正是肇庆学院所希望传导的价值取向：乡村教师要立足现实、面向未来，植根于乡村、放眼于城市，以"乡贤"担当者的姿态致力于成为乡村教育、乡村文化的引领者，在"顶天立地"中书写出"下里巴人的阳春白雪"，如同全国乡村教师专业发展论坛专场晚会一样，即使偏居一隅也能成就"高大上"。

肇庆学院是广东乡村教师的重要摇篮。在本次论坛上，来自全国各地的专家学者、教育管理者、教师代表以及媒体观察者围绕"乡村教师专业发展"主题做了主旨报告、主题发言、分组研讨，在经验分享与思想碰撞中，聚力探索乡村教师专业发展之路。不愧是一场卓有成效的乡村教师专业发展论坛！正如广东省教育厅微信公众号"广东教育"所报道的："本次论坛是一次高层次、高水平、高规格的学术论坛，与会人员通过主旨报告、主题发言、分组研讨等多个环节深入研讨乡村教师发展相关议题，相互交流、学习借鉴，为我国乡村教育和乡村教师专业发展提供具有前瞻性的理论支持。"《乡论：有感于肇庆学院举办全国乡村教师专业发展论坛》就是对此的彰显。这极好地体现了肇庆学院作为教师教育培养领域"后起之秀的先行担当"。

（原载广东教育杂志社微信公众号"广东教育传媒"2019年12月2日，略有修改）

这是一次崇道尚术的青年教师技能总决赛

> 道术从来不分家，
> 青年才俊育人嘉。
> 为人师表真风范，
> 立德树人梦中华。

2019年12月16日至23日，由广东省总工会、广东省教育厅联合主办，广东省教育研究院、广东省教科文卫工会承办的第二届广东省中小学青年教师教学能力大赛总决赛顺利举行。来自小学教育、初中教育、高中教育、中等职业教育、学前教育、特殊教育6个组别的69位选手在总决赛的舞台上比拼教育教学能力，展现了崇道尚术的教师风采。

立德树人是我国教育的根本任务。69位参赛选手尤其是6个组别的冠军选手，充分彰显了南粤青年教师的"立德树人"之道。正如广东省教育研究院副院长李海东所说："参赛选手均为40岁以下的青年教师，在教学理念的创新、教学内容的拓展、教学手段的探索等方面都有不俗表现，特别是都能从立德树人的角度出发，铸造教育理念、教育情怀，体现出新时代中小学教师德艺双馨的风采。"盘点6个冠军基于立德树人大宗旨的教育之道，可用以下3个关键词做诠释。

有梦

参赛青年教师怀揣梦想。高中教育组冠军，来自深圳市盐港中学的体育与健康教师林琳以她独具特色的"我的梦，女排梦，教育梦，中国梦"的人生价值追求书写体育育人这一传奇又平凡的生涯，让学生在获得运动技能之中体会到强身健体、顽强拼搏、为国争光的体育精神。中国梦，是每一个华夏儿女的梦，当然也包括特殊孩子的梦。特殊教育组冠军，来自广州市天河区启慧学校的教师陈晖以"每个梦想，都值得灌溉"的教育理念从事中重度智力发育迟缓、自闭症、脑瘫学生的教育康复工作，让梦想浇开特殊之花。中等职业教育组冠军，来自广州市交通运输职业学校的教师王婷婷具有深厚的育人情怀，通过技能点亮了学生的人生梦想，用敬业执着、吃苦耐劳、精益求精的工匠精神助力学生成长成才，让学生逐渐改变"我只是一个修车工"的自我认知，在小小的车身实现着自己大大的人生梦想。

有心

参赛青年教师仁爱于心。学前教育组冠军,来自深圳市教育幼儿园的教师胡振军学会倾听,坚守本心,传递阳刚。他说:"教幼儿,最重要的教学心得就是眼中有孩子。"作为一名幼儿教师,特别是男教师,他会在保证安全的前提下鼓励孩子们再爬高一点,挑战自我,给了幼儿园的孩子们不一样的学习经验。就业市场不景气,学生创业压力大,王婷婷便坚持不懈地泡在实验室,整天和油漆、材料打交道,自主研发出车身修复的各类产品,带领学生创新创业,在激烈的市场竞争中占得优势。

有为

参赛青年教师立人有为。小学教育组冠军,来自东莞市大朗镇第一小学的数学教师曾娟林讲述"三颗糖"的教育故事,层层推进,从中我们可以看到教育的真实发生,学生实实在在的成长。面对刚转型时遭遇到的教育困境,林琳没有放弃,而是以"女排精神"鼓舞自己,积极作为,改变常规体育课堂,通过趣味体育、趣味体能训练、创编排球操、组成校园跑跑团等方式方法,让学生喜欢上她的体育课。此外,胡振军舞动青春、江帆自创教学网站……这些,都是南粤青年教师在立德树人上的积极作为,有为有位。

"师者,所以传道授业解惑也。"南粤青年教师不仅以"有梦、有心、有为"守望着立德树人之道,而且各有其"为道之术",在因材施教、知行合一中授业解惑。盘点6个冠军彰显为人师表真风范的教育之术,也可用3个关键词做诠释。

有趣

参赛青年教师为人有趣。曾娟林喜欢走进孩子的世界,营造富于思考的课堂;喜欢带着孩子感受数学形式的美,感受数学思维的精妙,享受数学思考的快乐……让孩子们都能听到数学美妙的声音。初中教育组冠军,来自广州市培正中学的物理教师江帆强调,学生是天生的学习者,教育的使命是激发学生的学习兴趣,而不是扼杀他们的天性……身为教师,要努力"予乐拔苦",在教学中贯彻慈悲之心,让学生感受学习的快乐。

有法

参赛青年教师教学有法。陈晖有着严谨的教学态度和优秀的教学素养,她说:"教育改革所倡导的以生为本,要求教师要真正做到根据课堂的实际情况调整教学方法,以适应学生的现状和需求;教学策略上,特教教师要聚焦于'个别化教育'这一核心点,熟悉课程,设计教法。"江帆利用技术特长创建教学网站,使教学变得有趣而高效:对内向或成绩差、不敢当众提问的孩子来说,网站是一个特殊的沟通渠道;对不擅长通过纸笔作业锻炼的孩子来说,网站以游戏闯关的方式启迪物理思维；网站上积累的大量数据，可以让江帆通过对比、分析，剔除无用和低效的习题，为学生建立一个丰富、精简、高效的学习宝库。

有料

参赛青年教师术业有料。王婷婷当场给大家演示了"车身划痕快速修复"教学绝活，展示了工匠精神的创新内涵。还有，陈晖是特殊教育学硕士，林琳是排球高手……教师们自己就是很好的教育元素，比如林琳常和孩子们分享自身的运动成长经历，引发学生的体育学习兴趣。

高中教育组总决赛后，面对记者的"有何感悟"之问，特地前来观摩的中山市杨仙逸中学青年教师谢榕平写下这样的一段话："我不断地在思考，我们的教育能做什么？我能做什么？我的责任和担当是什么？我要把学生培养成什么样的人？作为一个高中教师，我要以我微薄但不可忽视的力量，让学生拥有面对未来世界的意志和能力，我要为之不断努力。"这或许就是中小学青年教师教学能力大赛的真正意义所在：影响，不止于参赛者，更不止于比赛本身。

"教师强，则教育强！随着各级政府部门关心和重视各级各类教师的发展，不断提高教师的地位，吸引更多优秀人才加入教师队伍，广东教育一定会越来越强！"总决赛评委之一、广东第二师范学院教育学院院长周峰如是说。

（原载《广东教育》综合版 2020 年第 1 期，略有修改）

线上教育：疫情防控期的最大教育"公约数"

2020年3月2日是广东省全面开展线上教育第一日。就在当天晚上，广东省教育研究院教学教材研究室小学数学学科召开了各地级以上市小学数学教研员微信群碰头会，各市汇报了线上教育实施情况。在此次微信群碰头会上，发现线上教育亟须克服四大难题，"一是农村地区线上教育设备保障难问题；二是课程资源的质量与适切性问题；三是学生的学习习惯和学习方式的适应问题；四是教师的专业素养适应性问题"。

其实，2月份以来，响应教育部与省教育厅的工作指引，很多学校就已经开始了线上教学工作，最重要的区别是3月2日之前的线上教育不上新课，3月2日之后的线上教育正式开始上新课，这意味着"不返校已开学"。

自从教育部1月底发出"停课不停学"号召以来，线上教育教学就引发了广泛的关注与讨论。在初期实践中，由于准备不足师生与家长各方似乎都不是很满意，通过与一些学校校长、教师的在线交流，我也曾这样感叹："新冠肺炎疫情来了，线上教育广泛开展了，一开始还有人为教师职业的未来担心，我也曾期盼，如果线上教育有良好成效的话以后结构性缺编问题乃至教育不平衡问题就好解决了，直接线上教育就搞定。然而，当前正在开展的线上教育实践证明，这都是瞎担心，我的良好愿望也基本落空，教育落后的地方还得从提升教师质量、优化教师结构入手。当我们一直强调教育信息技术的时候，原来教师与学生面对面的互动是这么重要，学校群体生活是这么重要。这一场新冠肺炎疫情带来的线上教育最大的启示或许是：对于教育，现代教育技术不仅不是万能的，还常常是捉襟见肘的，没有教师与学生的面对面互动是万万不能的。"

既然线上教育成效并没有我们预期中的那么有效，那么为什么还要开展线上教育？因为，寒假过后，对比居家"放羊式"学习与返校"冒险式"学习，即使存在诸多问题，线上教育无疑是新冠肺炎疫情防控期间的最大教育"公约数"。它或许不是那么有奇效，但是，它终究还是有利于学生在教师指导下更好、更自主地学习成长，有利于缓解家长的孩子教育焦虑，也有利于学生返校后正常学习生活的顺利展开。而且，从某种意义上说，这次不得已而为之的线上教育实验也给了我们教育界发现教育信息化进程中的问题的时机，为我们今后的教育教学改革提供了精准的发力点，有利于更好地推进教育现代化。

"线上教育在学生身上折射出来的问题,并不是这个特殊时期特有的问题,而是我们日常教育教学中未能很好解决的问题。对此,我们要开展专题研究,深入探索和实践。"广东省教育研究院教学教材研究室主任曾令鹏认为,线上教育暴露的问题与采取的应对策略,都可以"为疫情结束后的正常教学和教学改革积累经验"。

值得欣喜的是,面对在线教育,吐槽归吐槽,实践仍在进行,师生与家长都在慢慢适应,并以积极主动的做法去化解与应对,各地各学校也逐渐在实践中找到了一些好的策略与方法。就拿我们了解到的一些情况来说,比如短时间内,东莞市第一中学利用原有的东莞慧教育慕课平台进行课程发布与教育教学,教师上手很快;中山市石岐太平小学开发了"呵护双手、保护自己""抗'疫'三月情""阅读伴你共抗疫情"等18节公共课程,为学生提供直面疫情的课程学习资源;珠海市香洲区格力学校的创意语文"微作业",广东肇庆中学开展的网上心理辅导服务,以及很多学校不约而同实践的"云展示""云分享"活动,都在助力在线教育。

如果说新冠肺炎疫情防控,是对治理体系和治理能力的一次大考,那么疫情防控期间的线上教育,则是对教育信息化与教学自主性的一次大考。如今看来,新冠肺炎疫情防控取得了极其显著的成效,疫情防控期间的线上教育实际成效又如何呢?期待学生返校后有一个针对性的检测,重要的不是检测结果如何,而是由此线上教育实践及检测结果所引发的教育教学反思与革新。有了这样的反思与革新,新冠肺炎疫情防控期间,线上教育才能给常态化的教育教学实践一个走向未来更好的开始。

(原载《广东教育》综合版2020年第4期,略有修改)

第二章　读书之情

我当教师时的读书生活

　　教师生命，一经融入你的人生，苦也好，乐也好，那种体验与经历你就再也挥之不去，即使你不再是一位教师。

　　2002年大学毕业后，我在广东省台山市一所高中任思想政治课教师，至2007年8月为止，整整5个年头。现在的我，虽然离开了这个"冷暖自知"的教师行业，但心中仍会有挂牵，不仅仅因为我作为一个教育刊物的编辑所必然产生的教师情结。"5年教海时萦绕，梦里他日在读书。"是的，读书，以及由读书所引发的行动，是我5年教师生涯中经时间淘沥后留下的鲜活印记。

　　经典名著，尤其是外国经典小说，是我读得最多的一类书。这些书很大一部分是在学校图书馆借的。我所在学校的老师，一次可以借15本书，我每次都借满为止。记得借书时，图书馆馆员总会友好地说上一句："你又来了。"于是，我又一个人扎进略显陈旧而寂寞的藏书室里。那些蒙着细微灰尘的经典名著，时时激起我内心深藏的火花，激励着我不时想要停歇的步伐。托尔斯泰的《战争与和平》《安娜·卡列尼娜》、陀思妥耶夫斯基的《罪与罚》、雨果的《巴黎圣母院》《九三年》、狄更斯的《双城记》、拉伯雷的《巨人传》、卢梭的《忏悔录》、罗素的《西方哲学史》、哈代的《德伯家的苔丝》、毛姆的《人性的枷锁》等，一一在心田碾过。那感觉、那体验，确实好比"与许多高尚的人对话"。

　　印象最深的，是读傅雷翻译的一系列作品：《幻灭》《高老头》《欧也妮·葛朗台》《贝姨》《邦斯舅舅》等巴尔扎克的风俗喜剧；还有罗曼·罗兰的"三大英雄传"——《贝多芬传》《米开朗琪罗传》《托尔斯泰传》。这些"靠心灵而伟大的人"，让我依然坚守"对生命对人类的信仰"。那因自身缺乏艺术细胞而离我甚为遥远从而显得深奥的《艺术哲学》（法国文艺理论家、史学家丹纳著），我居然硬着头皮读了下去。其中，给我最深刻触动的是读傅雷翻译的罗曼·罗兰的《约翰·克利斯朵夫》。记得序言中，罗曼·罗兰把人生比喻成一条长河，时而平静，时而湍急，奔腾不息。这让我顿生感慨。书中用诗一般的语言写了约翰·克利斯朵夫奋斗、挣扎、迷失、抗争后复归宁静的一生，充满着理想的色彩，却又那么具有现实冲击力。正因此，我抄下了年少气盛时的约翰·克利斯朵夫的人生"宣言"——"他知道他的作品有些地方要给人笑。可是有什么相干？一个人怕闹笑话，就写不出伟大的东西。要求深刻，就必须有胆子把体统、礼貌、怕羞和压迫心灵的社会的谎言，统统丢开。倘若要谁都不吃惊，你只能一辈子替平庸的人搬弄一些他们消受得了的平庸的真理，你永远踏不进人生。"抄下后，我才发觉我的心依然年轻着，那种体验是何等的骄傲！我原以为，3年来几乎一成不变的应试教学生活已把我的激情耗尽。没有！它只是潜藏在心底，它是时时要发作的，不只在深夜，不只在无人处。我大约是在2005年年底或2006年年初开始读这本书的，开头读得很辛苦，后来就坚持下来了。虽然断断续续地用了大半年的时间才读完，每当想起这段读书经历，想起这豪迈的人生宣言，我常深感庆幸。在我看来，那是灵魂年轻的象征。

　　罗曼·罗兰通过约翰·克利斯朵夫而表达的那篇豪言壮语，我更是把它抄在一张白纸上。5年间，我把读到的文章抄在白纸上的一共有两次，这是其中的一次，历经数次搬家，始终保存着。另外一次是抄罗素的《我为什么而活着》一文。最初引起我注意的是这么几句话："对爱情的渴望，对知识的追求，对人类苦难不可遏制的同情心，这三种纯洁但无比强烈的激情支配着我的一生。这三种激情，就像飓风一样，在深深的苦海上，肆意地把我吹来吹去，越过痛苦的海洋，吹到濒临绝望的边缘。"这几句话，我先是在余杰的《香草山》一书的开头看到，后来，我在高二语文课本（趁着课余，翻读语文教师或学生的语文教材也是我教师生涯的一种爱好）里也读到这些话，原来这些话出自罗素的《我为什么而活着》一文。我读着，读着，然后就把全文抄下来，工工整整地抄了满满两大张白纸。那是我毕业后任教的第一年，应该是2002—2003学年度的上学期，我教高二政治，上的是哲学课，我却叫学生打开语文书本，就罗素的《我为什么而活着》写一篇不限字数、不限文体的读后感。当时，学生有些惊讶；后来我简单解释了一下，他们似乎有些明白我的用心。当然，他们并不知道，其实这更是由于我自己的读书情结，以及曾经有过的那份怦然心动。2006—2007学年度，我任教的最后一年，又是高二，还是上学期，我担任班主任。为让分班后的学生尽快熟悉起来，我叫他们组织了一次班级晚会，他们一定要我也出个节目，我答应了。我把写着《我为什么而活着》的已经有些发黄的白纸找了出来，满腔热情地朗诵着它。至今为止，那是我唯一的一次公开的发自内心的朗诵："……我以同样的热情寻求知识，我渴望了解人的心灵。我渴望知道星星为什么闪闪发光，我试图理解毕达哥拉斯的思想威力……"

　　高中语文课本中还有一文曾引起我极大的注意，那是一首海子的诗——《面朝大海，春暖花开》。为此，我还买了《海子的诗》。不过，缺乏诗情画意的我没怎么看懂，我到现在还是只喜欢他的《面朝大海，春暖花开》：

> 给每一条河每一座山取一个温暖的名字
> 陌生人，我也为你祝福
> 愿你有一个灿烂的前程
> 愿你有情人终成眷属
> 愿你在尘世获得幸福
> 我只愿面朝大海，春暖花开

　　看透世态炎凉以至绝望的他，居然在生命的最后关头写出如此温暖的诗篇，不由得让我心生怜悯，和诗人一起希冀那"明天"的美妙与幸福。

　　常常，我也会在自己的小书柜里翻些以前读过的书来看，比如《红楼梦》《三国演义》之类的小说，也重读一些唐诗宋词，还有《人间词话》，倒觉有趣。重读《红楼梦》，我常常感慨曹雪芹的"都云作者痴，谁解其中味"。重读《人间词话》，我仍会沉思于王国维对学问境界的形象譬喻："古今之成大事业、大学问者，必经过三种之境界：'昨夜西风凋碧树。独上高楼，望尽天涯路。'此第一境也。'衣带渐宽终不悔，为伊消得人憔悴。'此第二境也。'众里寻他千百度，蓦然回首，那人却在，灯火阑珊处。'此第三境也。"

　　当然，为教育教学之故而全心阅读的书也记忆犹新。记得2004年9月，广东省开始实施高中新课程改革，经济这门课改动很大，增加了相当多的西方经济学的内容。虽然当时我正带高三，我却关注着这个变化。待到第二年，我带高一时，我已经把暑假时买的宽宽厚厚的两大本当代美国著名经济学者曼昆的《经济学原理》和我国著名经济学家茅于轼的《生活中的经济学》看完了。虽然我没有弄得很清楚，却也收获不少。利用第二课堂的时间，我还曾尝试着把我对经济学与生活的理解传递给学生，或许是准备不足，开展得并不怎么好，可以说是一次失败的尝试。虽然如此，回想起来，我还是认为这是值得的。我想，读书，尤其是教师的阅读，最终的结果常常并不是一个人的独饮。

　　因教育教学实践而带来的阅读也值得一提。2003年10月前后，我曾与学生一起进行了一次研究性学习实践的尝试，是关于台山宗教的。在我们对台山市台城镇基督教堂做实地访问时,我"顺手牵羊"地向教堂负责人讨要了一本《圣经》。《圣经》是了解西方精神的重要纽带,语言优美,是一本讲爱与善、怜悯与宽恕的书。

还有很多好书,却是未能读完,或是浅尝辄止,或是中途暂歇,但是,合适的时候,我会再次拿起,悠然自得地读它,比如《柏拉图对话集》、孟德斯鸠的《论法的精神》、歌德的《浮士德》等。正像我还在继续读着汤因比的《历史研究》、波伏娃的《第二性》等著作。

美国思想家和诗人爱默生说:"读书时,我愿在每一个美好思想的面前停留,就像在每一条真理面前停留一样。"我也愿意。读书,让我更热爱智慧,更趋于向善;读书,更成了我不断地认识自身的良好通道,是我的一种精神自救。

(原载《教育文汇》2008年第11期,略有修改)

教育大国的崛起

教育强国是我们强国梦的一个重要组成部分,是我们挥之不去的历史情结,更是现实的教育追求。改革开放以来,伴随着我国经济、政治、文化、社会体制的革新,尤其是市场经济取向的确立,我国各领域都取得了重大发展。教育大国的崛起是必然的。《教育大国的崛起(1978—2008)》从宏观层面为我们展示了这一崛起历程。

陈至立在《教育大国的崛起(1978—2008)》的序中说:"改革开放30年,是中国教育大变革、大发展、大跨越的30年。""海纳百川,有容乃大",正是改革开放的革新与包容,成就了我们教育的大崛起。但是,历史从来就不是一蹴而就的,崛起也不是一帆风顺的。我国教育的崛起历程更是这样,其间的每一次跨越,都充满艰辛,哪怕现在看来是理所当然的。

例如,中国教育史上一个伟大的历史性成就——普及九年义务教育,就是在艰难进程中取得的。中国早在清朝末年就有许多有识之士发出普及教育的呼喊,但其时国难当头,"教育救国"就像当年的"实业救国"一样,成了一个难以触摸的幻梦。但是,正是有了这样的一个历史铺垫,这样的一个历史传承,我们今天的义务教育普及之路才能在艰难困苦中一路攀爬。改革开放,实现了这个梦,也成就了一个奇迹:"中国如期基本普及九年义务教育和基本扫除青壮年文盲,实现全民教育目标,是20世纪末中国教育乃至世界教育史上具有里程碑意义的重大事件。"众所周知,改革开放之船是在"文化大革命"的废墟上启航的,而"文化大革命"给我国基础教育造成的危害是灾难性的。书中写道:"据不完全统计,20世纪80年代初,全国中小学危房占校舍总面积的16%。其余的校舍也多是土草房、老祠堂、破庙宇或旧民房。"数字常常是枯燥的,但审慎地看待数字,它常常能为我们揭示本质。"文革"废墟上的教育留给我们的印象就是这样:单调、贫乏、陈旧、斑驳、暗淡。把改革开放以来我国教育的崛起置于这样的图景下进行考察,我们理应会有更强烈的历史感与成就感。

改革开放的历史转折点是鲜明的:"1978年是中国改革开放元年。具有历史转折意义的中国共产党第十一届三中全会,作出将党的工作重点转移到社会主义现代化建设上来的决定。从此,中国这条航船驶入改革、振兴、发展的新航程。这一年也成为中国改革与发展的重大历史转折点。"

当然，历史不是一个横断面，它有着自身的发展逻辑与连续性。而1977年恢复高考制度就是改革开放历史转折点的重要背景。所以，有学者就认为，恢复高考绝不仅仅是一种考试制度的回归，也不仅仅是恢复高等教育秩序的一个举措，而是整个教育系统乃至全社会走向新秩序的开始。恢复高考改变了我们国家和民族的发展轨迹，对我国改革开放的意义是全方位的。"1977年，是中国现代教育史上具有重要历史意义的年份。这年秋天，在中国改革开放总设计师邓小平的倡导下，国家决定恢复高考。""恢复高考制度30年来，我国共有数千万名高中毕业生和社会青年参加高考，3600多万人被录取。教育不仅改变了一代又一代人的人生命运，教育培养的数以千万计人才也深刻地改变了中国的命运。恢复高考是新的历史时期中国教育事业改革与发展的开端，也是20世纪80年代中国波澜壮阔的改革开放的前奏。"

历史是我们思考问题、审察事物的一个重要参度。我们只有在深刻理解其发展的历史脉络之后才能更深刻地理解它的现状与未来的意义。穿越历史的隧道，我们常常能够发现历史的足迹，从而深刻反思存在的现实。无论是《教育大国的崛起（1978—2008）》，还是《改革开放30年中国教育重大理论成果》《改革开放30年中国教育重大历史事件》，都给我们提供了一种历史的观照，一种对历史的审思。虽然这三本书观照与审思的角度不同，叙述的侧重点也不一样，但它们都直指教育的本质，强调思想性、学术性与历史性，力求展现我国改革开放30年教育历史的发展脉络，反映我国改革开放30年教育历史的重大进展，体现我国教育发展的重大革新。

例如，关于课程改革，这三本同一系列的书从不同角度分别做了深刻的研究。在《教育大国的崛起（1978—2008）》一书中，课程改革被置于"创新型国家呼唤创新教育"这一章节里，以新课程改革为主线，突出基础教育课程改革对课程教学创新的重大推动作用，还通过小专栏顺带简述了1949年以来的8次课程改革历程；在《改革开放30年中国教育重大理论成果》一书中，是通过"课程改革是实施素质教育的关键环节"这一理论成果来加以反映的，从理论上阐述了课程改革的重要性、基础性及其素质取向，指出了新课改的创新特色；而在《改革开放30年中国教育重大历史事件》一书中，则把课程改革进程中发生的重要事件按次序进行研究，如"颁布《中国教育改革和发展纲要》，绘就教育改革与发展蓝图""实施素质教育，培养高素质创新人才""新课程改革：加快推进素质教育的步伐"等。虽然研究角度不同，研究的侧重点也不同，但这三本书一致指向了课程改革尤其是新课改的创新性与素质性。

又如教育体制改革问题。《教育大国的崛起（1978—2008）》一书通过"教育体制改革的战略抉择"这一章来强调整个教育体制改革的探索历程，《改革开放30年中国教育重大理论成果》一书阐述了"教育改革要从体制改革入手"这一重大理论,《改革开放 30 年中国教育重大历史事件》一书指出了"教育体制改革:全方位教育改革的突破口"这一历史事件。它们共同阐明了教育体制改革的关键地位与重要作用。

事实上,高考制度、教育创新、教育的根本任务、教育优先发展、素质教育、全民教育、教育公平等,在这三本书中都得到了不同视角而又相互融通的思考与研究,"对于提高人们对教育优先发展战略地位的认识,深刻理解国家重大教育战略决策制定的背景与过程,探索中国特色社会主义教育发展道路,推动中国教育事业发展具有宝贵价值与重要意义"。

当然,一本书,如果老是板着面孔说教,那就会面目可憎,即使里面的内容有再宝贵的价值,也往往会被束之高阁。《教育大国的崛起(1978—2008)》《改革开放 30 年中国教育重大理论成果》《改革开放 30 年中国教育重大历史事件》都力图把理论研究与历史叙事相结合,把宏观图景展示与微观场景描写相结合:或通过故事叙事增强可读性,或通过人物回忆增强现场感,或通过历史图片增强厚重感,或通过图表数字增强说服力,或通过穿插专栏增强趣味性。在《教育大国的崛起(1978—2008)》一书中,这些特点表现得尤为明显,它几乎融合了所有这些表现形式。

例如,"奠基中国的全民教育"这一章节,就有较强的代表性。该章总体上呈现了义务教育与扫盲行动的历程以及全民教育实践进程及其成就,其资料价值不言而喻。如此宏大叙事,却处处注重细节描述:它以"大眼睛"女孩苏明娟"我要上学"的报道为引子开篇,文中还引入了《平度启示》的报道、中国人民奋战"两基"的感人故事、温家宝总理讲述的"三件小事"等,具有较强的趣味性和可读性。历史图片有几十张,回忆性文字也多处出现,图表数字更是随处可见,具有较强的历史厚重感和说服力。

我国向来是人口大国,而从人口大国到教育大国的历史性飞跃,我们历经了一个多世纪的时间。改革开放促成了这一质变性的教育飞跃。这个崛起的过程也就是教育重大理论成果不断推陈出新的过程。而这一个个重大的教育理论就体现在一次次的教育探索之中。

邓小平指出:"教育要面向现代化,面向世界,面向未来。"在改革开放进程中,我国教育无疑有了巨大的跨越,但教育领域的改革开放依然是"摸着石头过河"。河是要过的,目标也是明确的,但"教育之河"充满艰难险阻,充满变数与诱惑。

"雄关漫道真如铁,而今迈步从头越。"教育大国不是我们的最终目标,只是我们迈向教育强国一个必须越过的坎,是我们再一次奋进的阶梯。

(原载《师道》2009 年第 3 期,略有修改)

最伟大的教育家

怎样的教育家才算得上最伟大？只有教育思想的原创者才有可能获此声誉，并且这些原创的思想还会对我们的今天甚至更为持久的将来发挥持续的重大影响作用。《最伟大的教育家》所要告诉我们的正是这些伟大者的故事，从苏格拉底到杜威，当我们翻开此书，我们会不期然地接近教育本质，感受教育之光。或许，我们对其中某些教育家能否冠之以"最伟大"的称号会持保留意见，但他们确实算得上伟大。

"假如世界上存在一位教育圣徒，哪怕他是一个世俗之人，也非苏格拉底莫属。这是因为苏格拉底身上闪耀着作为教师的美德：他不仅献身于对真理的探索和维护的事业，同时，他还忠诚地遵守雅典的法律，维护国家的利益。显而易见，这些忠诚是相对的。苏格拉底向我们证实了在各种忠诚没有形成完全对立的情况下如何让它们保持协调一致。所有教育创新者在尽力处理相对忠诚间的协调性问题时都继承了苏格拉底的知性作风：他们在极力保全普遍秩序的同时，又会向这些普遍秩序提出一些难以应付的问题，对普遍秩序形成很大的挑战，而他们提出责难的出发点是要改善这些已经得到普遍认可的秩序。"《最伟大的教育家》一开篇就通过对苏格拉底的评价向我们提供了最伟大的教育家的坐标系及其最显著的特征：传承普遍秩序，并创造性地破坏。

是的，最伟大的教育家本身就是伟大与平凡的对立统一体。伟大的教育家在本质上都是理想主义者。他们往往对传统文化与现存教育发出了最有力的批判，进而成为最坚定的改革者、最深刻的创造者、最坚毅的实践者，并由此揭示着未来教育之路。同时，伟大的教育家具有伟大而深蕴的教育情怀。他们显而易见的一个重大标志是对教育理想的追寻，以及由此而引发的对教育本质的思索与践行。

伟大的教育家往往是伟大的哲学家、思想家。因为哲学就是人们对事物本质的探寻与思考，所以，伟大的哲学家、思想家常常会触摸到教育的本质，无论是古希腊三哲（苏格拉底、柏拉图、亚里士多德），还是近代的卢梭、现代的杜威。

例如，柏拉图在其《理想国》中提出的教育构想解决了所有教育制度中的关键要素，即"哪些人是受教育的群体（挑选），需要教给他们什么样的知识（课程），把他们培养成什么样的人才（目标），谁来教他们（教师的选择），如何来教（方法）以及他们将和哪些人一起学习，等等"。这就是柏拉图教育思想的核心，虽然其没有涉及现在极为重视的个体学习者的能力问题，但这种关于解决理解力和价值观的根本问题是两千年来教育变革与进步的核心要素。当然，柏拉图并非要促使变革，柏拉图心目中的国家应该是具备一套得到普遍认可的确定性规则，而且这些确定的规则是用来反对变革的有力证据。一旦这个完美的国度按照柏拉图的原则建立起来，那么，所有努力都将是为了保证这个国家不会发生任何变化。在柏拉图看来，任何对完美社会的变革都是一种"退化"。当伟大的教育家提出并践行着他们的教育理想时，历史或许还会幽他们一默。

毋庸置疑，伟大者同样难以脱离历史的局限性，但他们的教育思想会穿透历史的局限性而放射出曼妙的光芒。卢梭的初衷是为特定阶层即贵族的教育问题寻找出路。他曾说，"穷人是不需要接受教育的，他所生活的环境教育是强迫性的，他不可能再接受其他教育了"，并且，他曾经把自己的5个孩子遗弃在育婴堂中。但是，正是他，不仅启蒙了他的同时代人，而且影响了后来的数代人；正是他，创造出现代意义上的"童年"一词，提出了自然主义的教育。卢梭是孩子童年的解放者。

伟大的教育家往往是理论家与实践家的有机统一体。例如，杜威是实用主义者，他1884年获得哲学博士学位，后来成为芝加哥大学哲学、心理学和教育学系主任，并在1904年受聘为哥伦比亚大学的哲学教授。"正是哲学教授这一职务让他开始清晰地展示并传播自己在芝加哥发展起来的教育理念"，从而使他成为20世纪最著名、最有影响力的教育家。杜威在芝加哥大学建立的实验学校，就是他验证并实施自己的哲学思想的试验场。

伟大的教育家即使不是伟大的哲学家、思想家，也一定有着深刻的教育哲学的支撑。否则，断难称为伟大的教育家。比如夸美纽斯、福禄贝尔、尼尔等，他们虽然算不上是伟大的哲学家，但依然有着其独特的教育哲学或思想依据，并提出了对今天依然起着重要作用的独具创新意义的教育思想及独具魅力的教育实践。

《大教学论》的作者、现代意义上的第一个伟大的教育家夸美纽斯，实际上是一个经验主义者，他认为所有的人类知识最终都来自感官经验，没有与生俱来的知识。同时，他是人权教育的首倡者，他认为教育作为一项人权应由所有人分享。夸美纽斯"用了一生的时间来构想如何通过教育改变人类的生活面貌"。

幼儿教育的鼻祖、预言家以及最主要的提倡者福禄贝尔的教育理论是依据一种高度发展的深奥哲学——泛神主义的神秘精神观而创立的，他关于"宇宙同一性"的精神哲学使他奠定了"多样性的统一"的教育主题。

充满自由情怀的夏山学校的创建者尼尔，除了极为重视"个体自由和其他人的自由相互一致"的古典自由主义原则外，还相当重视弗洛伊德的精神分析法。他认为，给予儿童自由就是给予爱，理解儿童比爱儿童更为重要。

伟大的教育家深悟生命的本质，他们直抵教育的始源。所以，伟大的教育家大多也是伟大的儿童思想家、教育家，比如古代的柏拉图、亚里士多德和雄辩家昆体良就很重视儿童教育问题。而自从卢梭之后，人们才真正开始获得儿童自尊与权利的普遍认识，并极为重视促进个体学习者能力的自由发展，这与卢梭以及之后的福禄贝尔、杜威、蒙台梭利、布伯、尼尔等伟大教育家的理论与实践是分不开的。书中写道，卢梭"发起的一场运动在以后的几个世纪中都极大地改善了儿童的处境，提高了他们的生活质量和教育质量"，福禄贝尔"1840年创办了第一所真正的幼儿园学校"，杜威"最伟大的贡献就是把儿童教育从传统教育的阴霾中拯救出来"，蒙台梭利"眼中的理想教师应该接受大量的儿童心理学培训"，布伯在1925年写给国际教育大会的一封题为"孩子创造力的发展"的信中表达了"他的以儿童为中心的教育理念，这些理念至今还挑战着我们对教学与学习的理解"，尼尔"一生都在和不自由儿童的种种现象以及使儿童灵魂不能如他们自己所愿发展的伪善与恐惧作斗争"。

与此同时，最伟大的教育家即使不是专职的教师，他们中的大部分人也深谙教育教学之道；同时，他们大都还著书立说，其著作不仅深刻，而且往往可读性很强。比如苏格拉底的谈话式的助产术，比如柏拉图的《理想国》，比如卢梭的教育小说《爱弥儿》，等等，我们今天仍津津乐道。此外，不少伟大的教育家都有他们的现实的教育家园，他们终其一生维护着教育的星火。比如古代著名的柏拉图的阿卡德米学园，而现代最著名的或许莫过于尼尔的夏山学校了。

不管怎样，伟大者不会被真正遗忘。历史最终会以一种迂回的方式承认伟大教育家的价值，不管是曾被处死的苏格拉底，还是曾被忽视的夸美纽斯。因为这些伟大的教育家都"创造出了新事物"，都"提出了新思想"，并且"这些新思想可能改变同代人以及子孙后代的世界观和价值观，他们认识到教育青年人的重要性，实际上他们还承揽了挑战无知的具体任务"，由此，这些伟大的教育家如同灯塔一样照亮了人类前进的道路。

当然，这毕竟是一个西方人写的西方的教育大家，所以，这里必然不会有东方人的身影。而且，西方人有西方人的信仰、视野与局限，所以，在他们的眼中，耶稣也是伟大的教育家。基于此，我们可以一览《中国大教育家》一书。如此，我们也许会获得更多的思想启示，至少会生发出一种文化意义上的比较意识。在我看来，我们东方的孔子与西方这些最伟大的教育家相比是丝毫不会逊色的。众所周知，孔子是我国伟大的思想家和教育家，作为我国历史记载的"第一位教师"，其教育思想深深润泽了我们。孔子宣讲仁爱学说，力求中庸之道，认为"人性始同"，并把这种思想通过自己的讲学活动践行开来，形成了极具思想品质和人文魅力的教育理念：在"有教无类"的基础上"因材施教"，实行"执中而教"的适度教育原则，则每一个智力正常的人都是有可能发展为达于仁爱的"成人"的。

因为立足当下又面向未来，所以，伟大的教育家们既承载着传统又破坏着传统，既维持着教育现状又促进着个体的创造力。这是伟大教育家的思想担当，这是伟大教育家的历史使命。当下，我们虽然不乏优秀并有着一定影响力的教育专家，关于这一点，我们读读加拿大中国教育研究专家写的《思想肖像：中国知名教育家的故事》，就大略可以知道了，但是当我们寻找到中外伟大教育家的坐标系后，不禁会叩问："当下中国为什么缺少大教育家？"或许，破解了这一"教育之问"，我们就可以水到渠成地破解著名的"钱学森之问"："为什么我们的学校总是培养不出杰出人才？"

（原载《师道》情智版 2010 年第 2 期，略有修改）

直抵心灵的感动

当我翻阅《感动中国——100位新中国成立以来感动中国人物》书系的书稿时,我不由感慨万千。这些曾让"一代代中国人感动、振奋、欢笑、流泪"的英雄模范人物的先进代表在群众票选的基础上产生,集中展示了当今时代的精神风貌与社会公民的价值评判。

我不由联想到近日在湖北荆州发生的"大学生群体舍己救人事件"。当他们"手拉手搭起挽救生命的链条"时,中国为之感动。因为在生命危急与人性善良面前,这些可敬的"90后"没有"将生命当作算术题,用加减乘除换算善良的价值",更没有像一旁的渔船老板那样在经济利益面前人性全灭、良知尽失——"活人不救,捞尸体,白天每人12000、晚上18000元"。尽管事后有人质疑大学生救人的社会效益,"扳着指头比较三名大学生与两名少年的教养成本",但是更多的人在向我们大学生的英勇品质致敬,为他们感动。我们仿佛回到了20多年前,那一场由为救淘粪老人而献出年轻生命的大学生张华而引发的"人生价值如何衡量"的全国大讨论,虽然有人不解,有人惋惜,但社会前进的车轮愈加彰显着张华等英雄模范人物的价值所在:面对着鲜活的生命与人生的危难,我们没有理由也没有时间做冷冰冰的经济算计。闪现人性光辉的火之烈焰,刹那间的闪耀就是永恒,历经尘埃湮没而弥新。因之,他,他们,都绝不会是一闪而过的流星。

《感动中国——100位新中国成立以来感动中国人物》书系由新华社组织编撰,广东教育出版社出版发行。整套图书共分10册,包括《军魂中国》《科技中国》《先锋中国》《情义中国》《义勇中国》《责任中国》《青春中国》《激情中国》《劳动中国》《风范中国》,每册收录了10个人物,图文并茂地展示了"100位新中国成立以来感动中国人物"的感人事迹。

我确信,所有这些英雄模范人物带给我们的感动,都是直抵心灵的。因为从他们身上,我们看到了人性的伟大。是的,在生命价值与人性善良面前,还有什么利益与价值值得拿来与之比较?!

直抵心灵的感动是青春的。这种青春,不在于岁月的年轻,而在于心态的年轻、精神的崇高、人性的跃动。于是,那或平凡或轰烈的人生轨迹就在一次次的青春接力赛中一幕幕上演,让我们怦然感动。这些英雄模范人物塑造了一座座不老的青春丰碑。且听他们的青春大音:

2005年，文花枝带的旅游团遭遇车祸。当营救人员几次想把坐在第一排的她先抢救出去时，她说："我是导游，后面是我的游客，请你们先救游客。"因为延误了宝贵的救治时间，医生不得不为文花枝做了左腿高位截肢手术。游客称赞她是人品的"导游"，是职业道德的"导游"。在危难关头，她从容面对。而在荣誉面前，她依然淡定。她曾在自己的博客中写道："媒体把关注的焦点投向我时，我以一颗平常心来对待所有。我已经做好了媒体宣传过去后的心理准备：要继续做自己该做的、想做的事。文花枝还是原来的文花枝，不是英雄，也不是名人，只是亿万个普通人之中的一个。""其实所有的荣誉都是授予那种精神的，我只是幸运地成为载体。"就这样，"80后"的文花枝用自己的行动诠释了责任与担当，美丽与善良。

"从不幸的低谷，到艺术的巅峰，也许你的生命本身就是一次绝美的舞蹈。于无声处展现生命的蓬勃，在手臂间勾勒人性的高洁。心灵的震撼不需要语言，你在我们心中是最美的。"这是授予2005年"感动中国十大人物"之一的邰丽华的颁奖词。而这美丽的聋人舞者，在舞动心灵的同时，有着源自心底的希声大音："所有人的人生，都有圆有缺有满有空，这是你不能选择的。但你可以选择看人生的角度，多看人生的圆满，然后，带着一颗快乐感恩的心，去面对人生的不圆满。"
……

直抵心灵的感动是先锋的。这些英雄模范人物，是我们行路的先锋，是我们前进的灯塔。他们身上体现了我们最珍视的崇高精神：忠于祖国、热爱人民，追求真理、坚持理想，艰苦奋斗、敢于胜利，锐意进取、开拓创新，淡泊名利、无私奉献。且看他们的先锋足迹：

1952年春，申纪兰带头动员妇女参加劳动，在全国率先实行男女同工同酬。她带领群众造林筑坝，营造"绿色银行"，把几乎不具备生存条件的旧西沟建成农业战线的一面旗帜。改革开放以来，她带领西沟群众初步形成西沟特色发展新格局，把纯农业村变成农林牧工商游全面发展的现代化新农村。她是中国唯一一名第一至第十一届全国人大代表，见证了共和国民主的艰难而辉煌的历程。

"华莱士能开创美国的玉米高产道路，我也能开创中国的玉米高产道路。"自从搞玉米高产攻关，李登海的生命历程便开始用刷新纪录在书写：玉米高产纪录从 500 公斤到 700 公斤，花去了他 8 年的时间；从 700 公斤提高到 800 公斤，他又用了 4 年的时间；而从 800 公斤跨上了亩产 1000 公斤的台阶，他差不多又用了 8 年的时间；从 1000 公斤攀登到 1400 公斤，他整整用了 16 年的时间。其间，他七次改写中国夏玉米高产纪录，两次刷新世界夏玉米高产纪录。他这个"追赶太阳的育种人"，为保证国家粮食安全做出了重要贡献。

……

直抵心灵的感动是激情的。这一个个名字，灿若星辰，永远化作激励我们一往无前的积极、健康、向上的激情。正是这些展现了理想与生命激情的英雄模范人物，燃起了一代代中国人的"生活与理想的激情"。且悟他们的激情旋律：

1981 年至 1986 年，中国女子排球队在世界杯、世界锦标赛和奥运会上 5 次蝉联世界冠军，成为世界排球史上第一支连续 5 次夺冠的队伍。中国女排坚定"为国争光"的信念，刻苦训练，练就了过硬的技术。中国女排连续夺冠后，五星红旗一次次升起、国歌一次次奏响的场景，让中华儿女热血沸腾。一时间，各行各业掀起了学习女排精神、发扬女排精神的热潮。"团结起来，振兴中华"的口号响彻神州大地。女排精神成为民族精神和时代精神的重要象征。

"在敦煌就爱敦煌，对敦煌有一种感情，不然他没有资格在这里工作，对敦煌没有感情的人，是待不下的。"这是樊锦诗说过的一句话。就这样，樊锦诗从敦煌文物研究所考古组组长、副所长，到敦煌研究院副院长，最后任研究院的院长，至今她档案中的工作单位还只有一个。青丝已成华发，当年那个背着背包、头戴草帽、满怀理想的年轻女子如今已变成一个老太太，但那颗为理想跳动的心却从未改变。这期间，有太多的事情发生，却没有一件能让樊锦诗放弃当年的理想，她坚持了下来。是她的执着，让她成了"敦煌的女儿"。

……

毋庸置疑，这一位位感动中国的人物体现了人性的至高、至大、至纯。他们头顶理想的光辉，心怀真善美的品质，阐释着人间大爱。这是永远值得我们每一个人发自内心去体悟与学习的。让他们的感动中国之举，穿透我们一代又一代教师的心房，烛照我们学子那在彷徨人生路上不断找寻理想光辉的向善之心。

由是，直抵心灵的感动在中国大地永续回响。

（原载《师道》情智版 2009 年第 12 期，略有修改）

务本溯源　源远流长

"教育是时代的先导。但为什么我们的教育随着时代的发展却险象环生、问题凸显甚至是滞后于时代发展的脚步？这是我们每一个教育者都需要思考的重大问题。教育不仅仅是传授，不仅仅是熏陶，教育更是传道，更是点燃，这需要教育务本心，从学生的心灵出发，从生命的拔节着手。教育，不是应试育人，而是立德树人。所以，教育不仅仅是让学生习得知识、能力与方法，更需要'照料人的心魄'。立什么样的德，树什么样的人，这关系到我们的教育宗旨与价值取向。"在《直抵心灵的教育》一书中，华南师范大学附属小学（以下简称"华师附小"）校长张锦庭这样写道。

教育是时代的先导，所以，华师附小"让学生享受一流的基础教育，使学生奠定终生发展的基础"这一充满责任感的办学理念有其内在的生命力。但是，教育同样需要立足时代的发展需要，所以，当张锦庭于2017年任华师附小校长后，他在坚守这一办学理念的同时，立足新时代发展之需，倡导"美好教育"，着力以"美好教育"引领达成一流教育愿景。"施行'美好教育'，方能成就'教育美好'。"张锦庭说。而这一切的实践与反思，根源于对"立什么样的德，树什么样的人"的立德树人这一教育根本任务的诠释与反思。对此，适应于新时代的教育节点，发端于务本心的教育反思，立足于引领者的教育担当，张锦庭管理团队倡导以"美好教育"引领华师附小达成一流教育愿景，促进了华师附小"行健日新"。这实质上是一种务本溯源的教育实践与思考。

务本溯源，方能源远流长。务什么本，溯什么源？通过对华师附小办学实践的观察以及对华师附小教育人的采访，我们认为至少是这三方面：

一是务传统之本，溯文化之源。从华师附小"博学于文，约之以礼"的校训，"尊师爱生，教学相长"的校风，"学而不厌，诲人不倦"的教风，"明德、博学、行健、日新"的学风等华师附小办学理念系统可以明显看出，学校非常重视对传统文化精粹的传承与创新。也正因此，学校非常重视国学经典文化的学习。这不仅仅是语文教师之事，而且是一种学校意义上的对学生的文化涵养行为。正如姚霞晖所说："我们学校十分重视国学经典教学。学习国学经典文化，可以帮助学生长见识、增智慧、修品行，为个人终身发展打下基础。"

二是务时代之本，溯发展之源。就宏观的学校发展理念而言，学校对"让学生享受一流的基础教育，使学生奠定终生发展的基础"办学理念的坚守以及对"美好教育"理念的实践与思考，并由此促进二者相融相生，展现了华师附小教育人对教育与时代关系的思考与回应；就微观的教育教学策略而言，无论是"导图导学"教学模式，还是"国学经典"吟诵方法，抑或是数学科"必须增强数学与现实生活的联系"的教育共识，英语科的"风采达人"英语能力展示活动，信息技术科组为培养学生适应未来社会生活所需能力而创设的"430科技系列课程"等，都体现了一种面向时代的教育教学创新发展实践。

三是务学生之本，溯养成之源。学生，是教育活动的根本指向。基于此，无论是务传统之本，还是务时代之本，归根结底是要指向务学生之本。如何务学生之本？张锦庭认为，要"直抵学生心灵，倡导个性成长"，而要达到这一点，承担"立德树人"职责的教师的个性发展与专业成长就显得极为重要。因为，教与学从来都是相长的。正如张锦庭所说："教育场域中的学生和教师，前者是发展的主体，是一切教育行为的核心；后者漫长的职业生活状态，是前者发展质量的关键因素。师生关系是互惠互助的教学相长：学生成长的复杂性，刺激并挑战教师的专业水平，促使教师必须保持学习的意识和行动。教师专业水平提升，能够更有智慧地引导每一个学生健康快乐充实地成长，从而推动实践优化，使改革向着更和谐美好的方向前行。'美好教育'能充分体现师生互惠式的教学相长关系。"华师附小把"学会守纪、宽容、学习、自主、锻炼、自护、诚信、合作、助人、感恩、环保、创新"这12个"学会"作为养成教育的目标，努力打造特色班级，提供个性化课后服务。这些都有利于学生个性成长，美好发展，为幸福人生奠基。

（原载《广东教育》综合版2018年第10期，略有修改）

素质教育 "变现" 需要政府的有效引导

近日,"教师博览"微信公众号转发的一篇文章《应试教育真是我们教育的最大问题吗?》引起我的注意。

之所以引起我的注意,有三方面因素:其一,应试教育是我极力批判的一种教育现实与教育形式(当然,我不是批判考试),这是最重要的因素;其二,我们广东教育杂志社的公众号"广东教育传媒"也转了这篇文章;其三,作者鲁白是传媒人,如今是《知识分子》主编。

巧得很,那天又刚好早起,于是乎好好研读了一下这篇文章。总体观点就是,通篇文章答非所问——问题挖得很深,国内无法解决,未来解决很虚。

文章第一部分"中国的教育问题出在我们自己身上",从中国台湾借鉴美国高考制度进行教育改革失败的案例得出结论:"中国的教育问题不是,至少不完全是高考的问题。不能靠,至少不能全靠政府,靠教育部,或者靠大学。中国教育最根本的问题出在我们自己的身上,出在我们的学生、家长、老师身上,出在我们的功利主义的文化上。"因为中国台湾的文化与大陆有很多相似之处,比如,诚信文化、历史文化、功利主义等。乍一看,从中好像可以导出题目主旨"最大问题不是应试教育",实质上,从这一点根本是推导不出的。

其实,我认为,应试教育就是最大的功利文化,所以,中国教育的最大问题就在于应试教育。现在教育发展的应对思路,也主要是针对应试教育问题去化解的,比如高考改革,比如综合评价,比如综合实践课程,这些都是逐渐导向素质教育的。而这些,都得是政府与教育部门的责任。不靠政府,不靠教育部门,那靠谁?靠文化自新吗?靠个体革新吗?所以,板子一旦打在文化与个体身上,那就是死结了,那就无解了!有鉴于此,作者在怎么解决这个问题上,必然是提不出真正的解决方案了。后文作者所述,也证实了这一点。

怎么办?作者在文章第二部分的现身说法让我们迷惑:我们绝大多数人还有出路吗?现状还能改善吗?作者在文章第一部分说中国教育问题不全是高考,美国方案不适合(而且,美国方案不适合,不代表素质教育不适合中国;美国教育与素质教育不能画等号),于是,他举的例子是他两个小孩都去美国读书了。这就是"我们到底要教育孩子们什么"这个第二部分的主要内容。在这里,我没有看到解决问题的方法(其实,有了第一部分的立论,也就绝不可能有根本的解决之道了),只看到作者的两个小孩在美国接受了很好的中学与大学教育,当然是素质教育,不是应试教育。那么,问题来了,绝大多数去不了美国留学甚至出不了国的孩子怎么办?

至于最后这第三部分"如何与孩子们一起迎接未来",那内容就只能虚化了。

作者的观点很引人入胜,小孩子也教育得一级棒,但通篇文章着实是进了死胡同,不自觉地打了个死扣。

要打通这一死胡同,解开这一死扣,还得这样看:中国的教育问题主要就是应试教育问题,应试教育本身就是功利主义文化在教育领域的最大体现,这要靠自己,也要靠社会,但最重要的是必须靠政府主导,靠教育部门执行与督导,靠学校不折不扣实施素质教育。"教育是时代的先导",有了这样的大导向、大格局、大环境,然后,一个个的个体甚至群体慢慢潜移默化,文化也才有自我推陈出新的力量之源,素质教育也才能最终"变现"。

第三章　树人之品

品牌是文化的"紫色奶牛"

当我们试图深入认知文化这一熟悉现象时，我们会不期然地发现，文化实在是一个宽泛得几乎无所不包的概念。历史地理、风土人情、风俗习惯、生活方式、文学艺术、行为规范、思维模式、价值观念等，都可算是文化的内容。它弥漫在我们周遭，如空气般不可或缺。从这个最宽泛的意义上说，"文化育人"理念及其所指向的教育实践活动，有其历史的必然性与时代的现实性。

而教育作为文化传承的重要载体与文化创新的重要源泉，具有重要的引领功能与导向作用。由是观之，在教育视界中，我们有必要给文化打上显著的符号标识。品牌，即是这样一种身份标识，体现这样一种符号功能。作为背景性存在的文化影响，一旦聚合为个性化且具整体统摄力的核心符号时，就是品牌。从这个意义上说，品牌即文化的"紫色奶牛"。"紫色奶牛"这一概念，源自国际营销大师赛斯·高汀《紫牛》一书。说当你在一个牧场中面对一群只会"哞哞"叫的普通黑白奶牛时，你慢慢就会熟视无睹；如果这个时候突然看到一头叫着"你好"的紫色奶牛，你的眼睛一定会为之一亮。是的，"紫色奶牛"就是这样一种与众不同的东西，就是这样一种司空见惯中或习以为常中的个性化存在。教育，就需要"紫色奶牛"式的创造性存在，由内而外地凝聚特色，彰显个性。

品牌立校，核心在于品牌理念一以贯之地统摄学校的发展愿景与价值理念，以此成就一所学校的个性化发展。品牌化学校，内塑着学校的核心价值、教育品质、文化底蕴和公众形象。作为学校的标识，品牌展现着教育特质，开启着教育未来。

文化育人，核心在于愿景体系的生成与价值体系的建构。作为一所学校的灵魂，文化积淀着教育底蕴，谱写着教育底色。文化育人，既应是一种文化传承，也应是一种文化引领，还应是一种文化自觉。它既影响着学校整体建设的发展愿景与路径，也影响着学校个体成员的价值理念与追求。

学校，是个文化浸润的地方；有什么样的文化追求，就会有什么样的品牌发展之路。文化育人与品牌立校，互为倚重，共同指向了学校教育的使命与愿景、意义与价值。反思这二者的内在关联，我们有理由相信：品牌立校，即是文化育人应该走的"紫色奶牛"之路。

（原载《广东教育》综合版 2012 年第 7、8 期合刊，略有修改）

新课程高考在观照生活中趋向开放

在观照生活中进一步趋向开放,这是新课程高考政治科命题的改革方向。但是这些命题改革还存在许多不足之处,有些试卷虽然涉及问题设计的多样性与评价的开放性,但仍然局限在素材选用的多样性以及新材料、新情境的设置上。所以,如何命制以探究题为代表的立足生活的开放性试题,如何有效地考查学生的探究能力、创新精神和开放意识,还有待于进一步探索。

2008年是我国改革开放30年,也是施行新课程高考的第二年。随着江苏省的迅速跟进,5个施行高中新课程改革试验的省区经受了新一轮新课程高考的检验与评价,2009年又将有5个省区进入新课程高考。综观进入新课程高考省区的政治科命题,在稳妥与连续的基础上尽可能地求新求变,其中一个显著的趋势,就是高考试题的内容、形式及其精神实质较好地体现了"关照生活,趋向开放"的新课程特色。

观照生活　体现现实性命题意图

观照生活是指命题设计紧密结合现实生活,这种生活化取向的命题方式体现了新课程改革的方向。当然,在新旧课程并存与过渡的今天,反映现实的生活化取向的命题改革不只是在实施新课程后才出现的。事实上这种命题意图早在几年前就开始探索了,但新课程实施后的高考强化、加速了这一探索。

《基础教育课程改革纲要(试行)》提出要"加强课程内容与学生生活以及现代社会和科技发展的联系,关注学生的学习兴趣和经验",这正是新课程改革正在践行并大力倡导的。与之相适应,新课程高考试题命制必然是生活化取向的。需要注意的是,这里所指的"生活",并不是狭隘的、局限于学生生活直接体验的,而是既包括学生生活,也包括广阔的社会生活。学生生活的小舞台离不开社会生活的大背景,他们的生活经验既包括直接经验,也包括间接经验。直接经验与间接经验是每一个人成长中不可分割的两翼,其中既有现象化的生活经验,也有本质化的生活智慧。所以,高考命题的背景资料可以网罗生活素材,但立意必须指向事物的本质及其联系。因此,生活化取向的新课程高考要立足学生的生活实际,其试题命制如素材的选用、问题的设计、答案的设置、评分标准的把握等就应该充分体现这一点。

新课程高考政治科在命题素材的选用与问题的设计上既体现了时代精神,

又关注了地方特色。在体现时代性上，新课程高考政治科可以说处处在观照正在发展着的现实生活，无论是对奥运主题、改革开放主题、环境主题等现实热点方面的高度关注，还是对传统文化、时代精神、民主政治、经济社会、科学发展等社会内容方面的关注都体现了这一点。在反映地方性上，新课程高考政治科同样给予密切关注，尤其表现在含金量大的非选择题方面，紧密联系了地方特色与社会现实。如广东卷第40题（南方雪灾）、第41题（人民币升值对珠三角传统贸易企业的影响），海南卷第25题（海南公共文化设施建设和经济发展），山东卷第28题（山东在经济、文化、民主法治上的科学发展），江苏卷第34题（农产品涨价与江苏农民生活消费）等。新课程高考如此反映现实生活，有利于引导中学政治教学改革立足发展中的现实，既重视学生宽广视野的培养，探究全国性甚至是世界性的事件，又重视引导学生关心乡土文化，关注地方特色与经济社会发展。

由于新课程密切联系学生的生活经验和社会实际，所以，新课程高考必然要注重现实生活情境的设置。在此基础上，试题命制注重追求问题的现实性（联系现实生活）和有效性（问题的效度与区分度），既注重试题的可接受性，又注重试题的宽广度。所以，将问题设计融入学生生活情境之中，是新课程高考政治科命题非常重要的一点，因为这有利于引领新课程在回归生活理念上的持续深入。例如，广东卷第41题第（3）问设置了"如果你被聘为……管理顾问……"的问题情境；山东卷第28题第（3）问以某校高一学生的"山东省基层群众自治状况"研究性学习为切入角度，设置了"假如你是小组成员……"的问题情境；宁夏卷第38题第（3）问设置了"假如让你制定方案……"的问题情境；等等。这样的问题情境，有效回应和观照了高中新课改试验区学生的种种新学习情境。

课程设置的目标指向素质教育，而素质教育是不能脱离学生实际与社会生活实践的。只有把目光投向现实，新课程改革才能发挥其应有的作用。作为选拔性考试的高考，与课程设置以及课程改革均具有密切的关联性，由于高考的独特作用，它一方面反映了新课程改革实际，另一方面又引领新课程改革的健康发展。因此，体现素质教育的新课程高考必然要立足学生实际，强调试题命制贴近学生的特点与生活实践。

趋向开放　体现多样性命题意图

生活本身是开放性与多样性的统一，而趋向开放的试题能更有效地体现新课程改革的生活化取向，反映新课程改革的特色。

新课程"倡导学生主动参与、乐于探究、勤于动手，培养学生搜集和处理信息的能力、获取新知识的能力、分析和解决问题的能力以及交流与合作的能力"。所以，趋向开放的新课程高考应该注重考查考生的能力素养，包括信息的提取、问题的把握、思维的品质、答题的严谨、论证的合理、探究的意识与创新的程度，政治科高考考试大纲正是这样强调的。它在"考试目标与要求"中指出要考查学生获取和解读信息、调动和运用知识、描述和阐释事物、论证和探究问题的能力，并强调要根据有关信息，调动和运用相关知识和技能，透过各种政治、经济、文化等现象认识事物的本质，综合阐释或评价有关理论问题和现实问题，发现或者提出体现科学精神和创新意识的问题，提出论据，论证和探究问题，得出合理的结论，并表达出论证、探究的过程和结果。为此，新课程高考政治科在降低考试难度的基础上，重视考试素材来源与命题角度的多样性。同时，各套试题均在大题中设置了探究性试题或开放性问题，以此来强化新课程高考的开放性取向。

具体说来，新课程高考政治科试题采用"情境设置"与"图文结合"的方式，既考虑了学生的自身实际和特点，又反映了当今时代信息多元化的特点；采用"探究类试题"与"开放性答案"的方式，既表现在探究类试题没有唯一的标准答案上，例如，江苏卷第37题、宁夏卷第40题第（4）问等要件式与例子式参考答案，也表现在强调言之有理的答案可以酌情给分上。

总体而言，新课程高考政治科试题的开放性主要指试题素材来源于生活、选取角度多样化、命题方式多样化、设问方式探究化、参考答案的不唯一性和评价标准的多层次性上，例如，江苏卷第37题就具有较好的开放性。这是一道以"2008年北京奥运会"这个现实时政热点为主题的探究题，图文并茂，情境多样，问题开放，探究性强。

2008年北京奥运会是举世瞩目的体育盛会。在迎奥运过程中，某校高三（1）班同学开展了"感受奥运、参与奥运、做奥运文明使者"的综合探究活动，让我们一起参与其中。

情境一：同学们从网上下载了各具特点的部分奥运会会徽和具有"篆书之美"的第29届奥运会体育图标、"金玉良缘"奥运奖牌、"祥云瑞霭"奥运火炬，深深为中华文化的魅力所感染，为设计者的智慧所折服。

（1）结合《文化生活》和《生活与哲学》的知识，谈谈从北京奥运会会徽和体育图标的设计中，你发现了什么。

情境二：有同学说，在家门口举办世界最高水平的体育赛事，我们观看更方便了；有同学说，举办北京奥运会对我国社会生活产生了广泛的影响。对此，同学们展开了热烈的讨论。

(2) 你认为举办北京奥运会给我国社会的政治、经济、文化生活带来哪些影响？（请各举一例）

情境三：同学们了解到，北京有为数众多的青年学生加入奥运志愿者行列。北京奥运会火炬接力在江苏选拔产生了377名火炬手及137名护跑手，其中也包括中学生。并非每个人都有当志愿者和火炬手的机会，但是人人都可以为奥运会增光添彩。"心动不如行动"，班级组织同学们开展以"弘扬爱国主义精神，做奥运文明使者"为主题的演讲赛。

(3) 请你从公民权利与义务的角度，就上述主题从理论与实践两方面拟出演讲要点。

这道探究题一开始就提出"结合背景材料进行探究，能够发现问题、提出问题，并综合运用有关知识分析问题、解决问题，创造性地提出解决问题的方案、策略等"要求，开放色彩与探究指向鲜明。它融"北京奥运会"大事件于综合探究活动这个学生日常学习活动情境之中，主题鲜明，把多样素材与开放问题有机结合起来，通过某校高三学生的"感受奥运、参与奥运、做奥运文明使者"综合探究活动，从学生上网下载北京奥运会会徽和体育图标、讨论北京奥运会对我国社会生活的广泛影响、开展以"弘扬爱国主义精神，做奥运文明使者"为主题的演讲赛等方面设置了3个具体的学习情境，以此为素材分别设置了发现内涵、举例说明、拟写演讲要点等相关的开放性问题，既充分体现了政治命题宏大主题与微小入口的统一，又较好地反映了新课程高考趋向开放的命题意图。

综上所述，新课程高考政治科命题在观照生活中进一步趋向开放。这一趋向充分反映了高考试题命制的改革方向。当然，新课程高考政治科命题在开放性与多样化方面还有许多不足之处，有些试卷虽然多少也涉及了问题设计的多样性与评价指向的开放性，但大多数试题尤其是客观题和简答题还局限在素材选用角度的多样性以及新材料、新情境的设置上。所以，如何命制以探究题为代表的立足生活的开放性试题，如何考查学生的探究能力、创新精神和开放意识，有待进一步深入探索。

（原载《中国教育报》2008年11月5日，略有修改）

命题创新，新课程高考的素质指向

素质教育是教育发展的根本趋势，而新课程改革是推进素质教育向纵深发展的关键。新课程高考作为新课程系统的重要一环，能否对基础教育课程改革方向进行引导，事关新课程高考改革的成败。在新课程高考中，探究题、实验题与开放性试题是能较好地考查学生综合能力与素质的一类试题。而就题型创新角度而言，选做题型在新课程高考中的引进，体现了新课程高考的素质指向及其探索。

新课程改革的根本目的就是要推进以人为本的素质教育的实施，所以，新课程高考的根本追求与发展趋势就必须是素质指向的，即通过高考来检测新课程的实施效果，体现新课程的根本要求。

新课程理念视野下的高考，其试题命制要体现能力立意为主，把知识、能力与素质的考查融为一体，强调高考对学生发展的价值导向性，这在新课程高考大纲中也有较好地反映。对比新课程高考实施以来的各科考试大纲，我们可以发现，不论是语、数、英，还是文综与理综，其"能力要求"都尽可能体现新课程的三维目标与素质指向。所以，虽然新课程高考各科目的能力要求因其学科特色在表述上有诸多不同，但它们都一致强调信息获取与处理能力、论证能力与探究能力（包括实验能力）、应用能力（体现实践能力）与创新能力，在此基础上，注重科学素养、人文精神的培养以及道德与价值取向的引导。

如何命制好探究题、实验题和开放性试题

在这种情况下，新课程高考试题命制如何反映课程改革实践，引导素质教育发展就显得极为重要。在新课程高考中，探究题、实验题与开放性试题是能较好地考查学生综合能力与素质的一类试题。

但是，目前新课程高考中的这类试题还存在不少缺陷。其中最大的缺陷是：试题丰富的背景素材与多样的设问形式往往被单薄、唯一的参考答案、单一的价值取向与呆板的评价标准所禁锢。例如，2008年江苏政治卷第37题是一道具有较好示范意义的探究式开放性试题。但客观地说，它也存在不足之处。如第（3）问"请你从公民权利与义务的角度，就上述主题从理论与实践两方面拟出演讲要点"，就从"公民权利与义务的角度"与"要点"两方面限

制了试题的开放性:"角度"限定了考生思考的宽度而反映不出其思维特质,"要点"则取消了对论述的逻辑性与严谨性方面的考查,从而又回到了"采点给分式"的传统套路。设问的限制性更导致了参考答案与评价标准的限定性,从而使这道探究题的探究性与开放性在无形中大打折扣。

其他科目的开放性试题也存在类似问题。如高考语文作文题,评价标准方面的丰富与开放虽然有了革新,但还是落后于命题方面的丰富与开放。因此,新课程实验地区的课堂依然充斥着契合主流、提炼哲理、提升思想的新八股式作文指导。又如有着一定探究意味的实验题,大多数不过是一种预设性的重复,所以,通过目前的实验题并不能充分反映考生的实验能力与科学素养。

其实,如果能够突破评价标准方面的呆板性、滞后性与封闭性,探究题、实验题、开放性试题是能够较为有效地反映三维目标和素质取向的。例如,2008年宁夏文综卷第38题、山东文综卷第29题第(4)问,以及2007年海南政治卷第23题、2008年广东历史卷第27题,等等,其试题尤其是答案、评价指向都能够较好地体现出新课程理念的改革导向性。研究此类试题,我们可以发现,其共同特点是参考答案的多样性与评价标准的开放性,不前置价值评判,强调考生的思考与评判,可以赞成,可以反对,不是封闭式的,也不强调唯一性,注重考生回答的开放性,只要言之有理,论证有据,合情合理即可。素质引导通过多元化试题来实现,前提是不违背人类基本的价值尺度。

选做题型要培养与发展学生个性的特长

选做题型是新课程高考根据新课程理念与新课程改革实际引进的一种高考试题命题形式。

新课程改革的一个重大理念革新就是尊重学生的选择权,注重培养学生的个性与发展学生的特长。所以,高中新课改在学分管理的基础上,开设了选修课,形成了一种"必修+选修"的高中新课程生态与特色。基于此,新课程高考酌情加入了选做题型。在2007年首次实行新课程高考的4省区中,几乎每一科都引进了这一命题类型,后来跟进的江苏省新课程高考亦增加了这一题型。选做题在高考中的引进,较好地反映了新课程理念,体现了新课程高考的鲜明特色。

毋庸置疑,高考中选做题如果命制得好,是极其有利于新课程改革实践进程的,也有利于中学实施素质教育,有利于学生的个性发展与特长培养。例如,山东文综卷第34题。这道选做题出自"历史——近代社会的民主思想与实践"这一选修课。

阅读材料，回答问题。

1912年"清室优待条件"节选

皇帝尊号仍存不废，以待各外国君主以礼相待；皇帝岁用400万两，由"中华民国"拨用；皇帝暂居宫禁，日后移居颐和园，侍卫人等照常留用；皇帝辞位后，原有私产由"中华民国"特别保护；原禁卫军归"中华民国"陆军部编制，额数俸饷特别保护。

1924年"修正清室优待条件"节选

即日起永远废除帝号，与国民在法律上同等；每年补助清室家用50万元，另特支200万元，开办平民工厂，收容旗籍贫民；即日移出宫禁，以后得自由选择居住；清室私产归清室完全享有，其一切公产应归政府。

（1）南京临时政府内部对是否接受"清室优待条件"有不同意见。请谈谈你的看法并说明理由。

（2）概括说明"修正清室优待条件"比"清室优待条件"有哪些进步。

答案

（1）（本题可从"接受"和"不接受"两者中任选一观点作答，但只表明态度不给分，必须说明理由。）

答案一：应该接受。应从南京临时政府面临的严峻形势、"清室优待条件"的进步作用两个方面加以分析（如回答其他方面，言之有理即可酌情给分）。

答案二：不应接受。应从南京临时政府的革命性、"清室优待条件"反封建的不彻底性两个方面加以分析（如回答其他方面，言之有理即可酌情给分）。

（2）彻底废除了帝号；进一步削弱了清室特权；体现了民主平等的观念（如果照抄材料或回答"减少清室费用""居住地发生变化"等可酌情给分）。

这种"任选一观点作答"的设问与答案指向，以及"言之有理即可酌情给分"的评分标准，比那种首先要做出对错判断（判断出错即不得分）的所谓辨析题或只有单一评价角度的所谓分析题、论述题要好得多。因为它的判断、答案乃至评分标准都不是封闭的，其价值判断也不是狭隘的。如此命题及评分是相对开放的，因而其回答是可选择、可论证的。

不足的是，新课程高考中的选做题型存在着一个共同的弊端，那就是题量少，范围窄，所占比重小，命制方式陈旧，能力要求较低。在高考各科试卷中，除个别外，选做题往往只是从2至4道题中选做1道，分数一般只占试卷总分的5%。其设问的形式往往是直接提问，缺乏情境性，显得较为传统，缺乏新意。而且由于所占分数少，选做题往往难以体现在案例题、探究题等较能反映新课程理念的开放性题型中，而只是通过简答题或简析题来体现，所以也难以考查到更高一级的能力与素质，如严谨的论证能力、开阔的思辨能力以及开放的探究能力等。有些选做题甚至只考查了学生的识记能力与简单的套用水平。由是观之，就已经完成的新课程高考来说，选做题型充其量还只是高考试题中的一种点缀花式。

鉴于2007年和2008年新课程高考中综合素质评价的操作困境与实践架空，有人甚至把选做题的引进看作新旧课程高考的一个最大区别。在笔者看来，选做题的引进确实是新课程高考区别于传统高考的一个显著特色，但现实中选做题的引进更多的只是题型设置上的表面不同，就其试题本身的命制来看，还充满着对传统知识类试题的因袭，因而还有较大的改进空间。

笔者认为，要发挥选做题型有效的导向作用，促进中学教育的素质生态，选做题的命制必须注意以下5个方面：第一，扩大选考范围。选做题应该涵盖课程标准要求开设的所有课程。这样，才有利于扩大学生的课程选择空间。拿政治选做题来说，选做题型就不应该只是从2门选修课，如广东卷、江苏卷从《经济学常识》与《国家和国际组织常识》中各命制1道选做题目，而应从全部6门选修课中命制6道题目，以扩大选做题的可选性。如果是文综或理综，还应该兼顾每一科的选修课程。这样，学校选修课的开设空间与学生的选择空间就会更大。第二，增加分值比重。选做题分值至少应该占试题总分的10%以上。第三，注重情境设置。选做题的命制方式要与时俱进，如可以采用情境化试题的命制方式，注重素材的丰富性与设问的多样性。第四，加大试题难度。选做题要注重考查学生选择性发展的深刻性，在此基础上实现较好的区分度。其中，案例型试题是一种有效的考查方式。大阅读量、多元角度、富有针对性的案例型试题能深入考查考生的分析综合能力、组织表述能力以及比较、判断、批判与探究能力。第五，尤为重要的是，选做题的命题内容要突破选修瓶颈，突出综合能力测试。为此，根据新课程中必修课与选修课的内在关联性，选做题的命题内容应该让一脉相连的必修课与选修课整合起来，而不单单只是就选修课命制选做题。就文综或理综来说，选做题的设置还要体现相关学科的综合性。

新课程高考的最终指向，应该不仅仅是较好地选拔一批考生，更要通过其素质导向让中学教学改革进一步深入素质教育核心，让学生通过课堂、文本、实验、研究性学习以及综合实践获得的能力与素质在高考中得到有效检测。如今的高考依然是主要的评价方式与选拔方式，因而高考命题的合理性、有效性、导向性依然十分重要。所以，素质指向的新课程高考改革探索极其重要。它有利于引导与促进基础教育课程改革进一步走向人本化、生活化、多元化的素质教育态势。

（原载《中国教育报》2009年1月7日，略有修改）

生活化命题成为高考作文主旋律

从近几年考生的反映来看，靠猜题目、背素材、套格式的传统的"应试作文"套路在如今的高考中已经行不通了。随着高考作文导向转向"以生活立论"，以及高考作文评价标准的日趋多样化，高考作文命题的趋势日趋明显。高考作文的主旨应该反映学生的综合理解与表达应用能力，包括审题立意、观察发现、选材构思、遣词造句、表情达意、感悟生活、关注现实等方面的品质与能力。因此，避免过于文学化、哲理化，走向实用性、生活化的命题与立意，成为2009年高考作文命题的主要趋势。了解这一点，将有助于考生2010年的高考作文备考。

高考作文强调生活化取向

学生常常在写作面前犯难，主要原因是作文教学与考试脱离生活，不以实用为价值取向，而是一种狭隘的应试作文教学。这种应试作文教学过于强调知识的积累、材料的嫁接、感悟的虚构、作文的格式与华丽的辞章，学生的写作过程没有融入真正的生活化思考，从而也就缺少具体入微的生活观察和感悟，以及对社会、对人性的关怀。高考作文生活化的命题趋势，有利于引导中学作文教学走出误区，引导考生写出具体形象、富有个性的文章。2009年高考作文从3个方面体现了生活化取向。

第一，关注现实，强化时评。2009年高考作文命题的生活化取向，突出考查了考生对现实的关注度、观察力与批判力，有利于展现当代中学生的时代精神、理性思维与社会责任感。例如，天津卷以"我说90后"为话题，要求考生联系个人或社会实际写一篇文章；辽宁卷以"名人代言"为话题，让考生谈对明星代言现象的看法；江西卷以圆明园兽首海外拍卖事件为议题，让考生谈"对蔡铭超的行为有什么看法"；海南卷与宁夏卷则以"善良与诚信"为话题提供相关或正面或反面的材料，让考生围绕材料内容进行作文。这些高考作文命题与现实生活紧密联系，有利于引发考生对社会、人生与自我的思考。

第二，关注生活智慧，强调生活感悟。生活化的高考作文命题不仅要引导考生对生活现象的细心观察，更要引导考生对生活本质的深层次思考，强调考生对生活的认识与感悟。例如，重庆卷以"我与故事"为题，山东卷以"见证"为题，四川卷以"熟悉"为题，江苏卷以"品味时尚"为题，广东卷要求考生谈谈生活中与"常识"有关的经历或对"常识"的看法等，都体现了高考作文命题对考生生活体验的关注，并引导考生以此为基点引发个性化的感悟与思考，具有较好的生活色彩与开放视角。这种宽广、实用的生活视角为考生提供了广阔的表达空间，有利于考生的自由表达与个性发挥。尤其是广东卷以"常识"为话题的作文命题，可以引发考生对"常识"的综合性反思，涉及经济、政治、文化、科学、道德、宗教等社会生活的方方面面，其角度更是多种多样的，比如，既可以是常规的，也可以是非常规的。考生只要抓住"你生活中与'常识'有关的经历或你对'常识'的看法"这个关键信息来立意或立论，基本上都能够写出符合题意的文章来。而要超越一般的作文水准，在表情达意上出彩，就需要考生广阔的生活视野与广博的生活智慧了。

由此可见，高考作文应考策略不能再是老一套的猜题目、背素材、套格式了，而应注重锻炼学生的生活实践能力，锤炼学生对日常生活与现实世界的感知与思考能力。

第三，关注生活意象，强调思辨色彩。现实生活不仅是具体形象的，而且是深含意蕴的，因而能引发人们的思考。关注生活意象、强调思辨色彩的高考作文命题既能考查考生思维的严谨性，也能考查思维的开放性，因而有利于引导中学作文教学放飞学生的想象，引导学生架起一座由此及彼的思维桥梁。例如，北京卷以励志流行歌曲"我有一双隐形的翅膀"为题，"隐形的翅膀"这个比喻意象能引发学生的想象；全国Ⅰ卷用"兔子学游泳"的寓言故事影射现实，让学生的表达可大可小，可深可浅。

虽然有些作文命题的生活意象离考生的知识、阅历较远，但同样可以引发考生的联想与思考，例如，安徽卷"弯道超越"。"弯道超越"本是一个不太为考生所熟悉的赛车术语，但由于采用的是新材料命题作文方式，在阅读材料中对"弯道超越"做了明确的解释与延伸，所以，考生并不难理解。尤其能从其中的"'弯道'一般被理解为社会进程中的某些变化期或人生道路上的一些关键点。这种特殊的阶段充满了各种变化的因素，极富风险与挑战，更蕴含着超越对手、超越自我的种种机遇"这一句去辩证地把握、感知、体会、联想与反思，从而联系自己的生活经历，写出具有真情实感的文章。

高考作文评价标准多样化

高考作文命题的生活化取向，扩大了考生的思考空间与想象空间，增加了写作的自由度，更有利于考生的多元化表达。这就需要多样化的作文评价标准与之相适应，以保证生活化命题不因单一的作文评价标准而窄化考生的思考自由度，并得以持续促进中学作文教学的改革。多样化作文评价标准所倡导的情感、态度、价值观应该是宽广的,应倡导考生作文的多样性,即便是评判出格的作文,阅卷教师也应用阅读良知去包容、理解和鼓励。比如,让考生谈"对蔡铭超的行为有什么看法",就不应设定一个人为的单一价值标准,而应用多样化标准与阅读良知宽容地对待考生的各式议论。又比如,要求考生谈生活中与"常识"有关的经历或对"常识"的看法存在,就应该允许各种各样的看法存在,只要考生对自己的所思所想表达得清晰、表达得有理有据即可。

虽然高考作文阅卷教师都经过较为严格的选拔,也具备一定的职业道德与业务水平,但是他们是否都具有足够的阅读良知,人们对此仍旧不放心。所以,要确保阅卷教师的阅读良知,除了多样化的作文评价标准之外,还必须保证教师的评卷有相对宽裕的时间。此外,广泛的阅读体验与公允的评判品质也是阅卷教师的必备条件。

虽然生活化高考作文命题取向近两年来有了较好地反映,但还有不少高考作文题较为空泛,主要体现在考生可以对材料或题目做几乎无限制的"填空",导致虚情假意的散文化套路以及投机取巧的应试心态依然存在,这些都需要在今后的作文命题中加以克服。高考作文命题应该在"以生活立论"的基础上与时俱进,开放而不空泛,使之真正反映现实生活,倡导理性思维,并在多样化评价标准与教师阅读良知的保驾护航下,对中学作文教学改革产生积极的引导作用。

(原载《中国教育报》2009年9月2日,略有修改)

处理教学失误的态度和艺术

"教学是一门遗憾的艺术。"所以,教学中出现失误并不可怕,可怕的是教师对失误无知无觉、无动于衷、无法处理。英国心理学家贝恩里奇说得好:"错误人皆有之,作为教师不利用是不可原谅的。"那么,教师应该如何认识、利用和处理教学失误呢?我认为,面对教学失误,教师既需要有灵活的处理艺术与技巧,更需要有真诚的态度和认真的精神。

及时发现失误。教学失误的发现,包括教师自我发现和从学生的反馈中发现两种主要途径。教师在教学中除了要充当"指导者",也要充当"发现者":一方面,教师要常常反思自己的教学,提高自我发现失误的能力;另一方面,教师也要常常注意学生在知识、态度、方法上的表达与反馈,通过学生的反馈,尤其是对学生失误的发现,教师不但可以了解学生的需要与不足,更重要的是,学生的反馈和失误往往是对教师教学方法、策略以及教学理念的检验,高明的教师往往可以从中发现自己的教学失误,引发教学反思。

巧妙处理失误。失误出现之后,最重要的就是找出应对之法。这要分两类情况来对待。

一类是无法左右逢源、难以艺术地处理的失误,对此,教师要勇于承认,万不可不了了之。例如,在一次政治公开课上,教师组织学生就"传统文化是财富还是包袱"的辩题进行辩论。我发现这个教师有一个很好的习惯,就是把学生的发言提炼成简单的几个字词板书在黑板上。但当一个学生用"冥婚"来说明"传统文化是包袱"时,这位教师不会写"冥"字,结果在黑板上试了几次都没有写对,导致课堂一片混乱,我们这些听课的老师都为他着急。结果耽搁了几分钟后,他却一带而过,不了了之。事实上,出现这样的情况很正常,这时不妨自嘲一下,承认不会写,让学生上来写,或者用拼音输入法通过多媒体教学平台投影出来。

另一类是可以迅速应对、艺术地处理的失误,对此,教师要灵活机智,具体问题具体分析。在及时发现失误的情况下可以用"不留痕迹"法,适时纠正。例如,说错的时间或事件可以重说,写错的字可以擦掉重写,读错的音可以重读等;在失误可以引起学生对问题的争辩、好奇甚至重新设计的情况下,不妨采用"将错就错"法,为学生营造反思、创新的思维空间;在有可以发掘出幽默因子的情况下,可以用"幽默纠错"法化解窘境;在发现失误有教育意义的情况下，还可以使用"借题发挥"法，既教书又育人。

正确面对失误。"人非圣贤，孰能无过。"既然人人都可能犯错，那么，教师在教学过程中出现失误也是很正常的，重要的是如何正确面对和利用它。面对失误，无论采用怎样的纠正方法或补救技巧，最重要的是教师要抱有实事求是的精神和知错必改的态度，不可为了所谓的"师道尊严"而对自己的失误进行诡辩或掩饰。只要教师能正视失误，巧妙应对，就能化不利因素为有利因素，就能使学生在学到知识的同时，培养积极的学习态度、反思精神以及正确面对失误的情感态度和价值观，这才是素质教育的价值所在。所以，从一定意义上，失误可以转化为教学资源，我们常说："失误也是放错了地方的教学资源。"失误是一面镜子，以它为镜，可以知教学之得失；失误也是一把尺子，度量得当，可以明教学之真谛。

（原载《中国教师报》2007年6月，略有修改）

建设"和而不同"的科组

科组活动是为教育教学服务的,但又不同于教育教学活动本身,它主要是通过教育教学研究来服务、指导、引导日常教育教学活动的,因此,科组活动应该有更高的价值追求,发挥其教研作用,真正为教育教学提供新观点、新思路、新做法。这就给我们学校的课程改革提出了更高的要求:建设一支"和而不同"的学术科组队伍,以期有效推动新课程的实施。

如何在"不同"中致"和",营造和谐的学术科组呢?我认为,关键是科组教研活动的制度化和有效运转。

教育教学研究的制度化是和谐学术科组的前提和基础。为什么学校科组活动常常成为"鸡肋"呢?就是因为学校认知和实践双方面的不到位,例如,我校的科组活动一般就是情况通报夹杂偶一为之的听课,教师根本就不知道下一周还开不开科组会,内容是什么,当然也没有真正的科组教研经费。这样,教师当然对科组活动不"感冒"了。还有更多我所了解的学校则把科组活动完全变成集体备课甚至是个人备课时间,这种把教学研究狭隘地理解为备课研究的做法既毫无新意,又毫无理论探索和学术氛围,由此,教师就因驾轻就熟而"漠然视之"了。这样的情况如不改观,所谓"和谐学术科组"建设就会流于形式而毫无建树。

科组教研活动制度化应该以基于教育教学实践的学术研究(非纯学术研究)为指导,以期推动教学视野的开阔、教学实践的创新和教学水平的提高。那么,这样的教学研究如何才能有效运转呢?不然,即使科组活动有了合理的制度化建设,也难以出现和谐的局面。

"和而不同"是和谐学术科组有效运转的核心要求,正如古希腊哲人赫拉克利特所说:"不同的音调造成最美的和谐。"和谐科组建设的前提是要有不同的意见、想法和思考,因为完全相同就无所谓和谐建设了,而且完全相同是不可能的,只会是"同而不和",变成了"和稀泥"。

"确立主题—任务驱动—交流评价"是和谐学术科组有效运转的一般流程。在大家不同看法的基础上,可以通过"头脑风暴法"来确立科组的相关研究主题,形成研究方案;然后带着"研究任务",教师在教育教学实践中进行反思、总结、提炼,定期交流成果心得,总结经验教训。例如,政治科组可以结合时事政治、道德养成、研究性学习、信息技术整合等实用性强的课题来进行深入研究，以学年度为规划，可以每学期以月为单位形成 3~5 个研究课题（其中包括 1 个机动课题），根据不同年级、兴趣等具体条件把教师分成若干组，人人有任务，有课题又有合作。这样，教师对科组学术活动才会了然于胸，也会在科组这个教研交流平台获得业务素质的提升和成就感。教师有了科组活动的兴趣和责任感，科组和谐也就会不期而至了。

（原载《广东教育》综合版 2007 年第 3 期，略有修改）

理性面对心理问题，有效导向健康心态

中学生正处青春发育期，是人生中心理变化非常激烈的时期，外界环境和个人成长因素的交替影响，使得中学生心理发展不平衡，情绪不稳定，心理矛盾、心理冲突，甚至心理疾患时有发生，但由于中学生处于成长阶段，很多问题被有意或无意地忽视了，导致其心理问题又有一定的隐蔽性和潜在性。所以，对中学生的心理健康问题，我一直持这样的观点：他们的心理问题是外界影响和个人成长相结合的产物，因此，他们的心理问题是处于流变状态的、不定型的，这时，良好而积极的心理介入和引导是极其重要而有效的。

理性面对中学生的心理健康问题

中学生的心理健康问题有很多，例如，不信任、妒忌、逆反、厌学、攀比、自私、偏执、冷漠、抑郁、自卑、恐惧等不良情绪和心理。这些不良情绪和心理经常会因某件事或某个人在学习、生活中加以流露，严重时就会突发出来。

中学生的心理健康问题的成因也很复杂，有家庭因素，有学校因素，有社会因素，也有个人因素。在这些复杂多变的综合因素中，隐藏着深层次因素的是"文化因素"：往往是外因影响，内因主导，久之便形成心结。例如，中学生当中常见的不信任心理，这种心理主要就是社会不信任、不诚实心理在学生中的内化。同时，由于中学生处于逆反心理时期，这时往往会因为一些特殊的诱因而在某些学生中演化成严重的敌意、冷漠和不合作心态。又如，妒忌心理，这是人类的普遍心理问题，中学生也不例外。一般情况下，轻度的妒忌会使学生产生一定的压力，适时的调节往往会使压力转化为动力，由妒忌转化为竞争心态，这时是好事。但是，如果任其发展，妒忌心理就会演化成心理疾病：在同学学习或其他方面超过自己时，老是用"找别人弱点，说别人坏话"、不交往或一味攀比来达到自私的目的，而不是靠自己的努力去和别人进行合理的竞争，这就成了病态的心理了。

中学生的心理健康问题同其他人群的心理健康问题一样具有阶段性。先是一般心理问题，这是普遍存在的，心理学专家说过："心理问题是一个普遍问题，几乎所有的人都有心理问题，只是程度不同而已。"所以，对中学生的一般心理问题不应该"谈之色变",而应该加强心理认识方面的教育宣传,尤其要采取积极地介入方式,比如,设立心理档案、做成长记录等,并在这个基础上,进行预防和疏导。一般心理问题之后会因人因事因时而有两种不同的演化方向:一种是多数中学生的心理问题会随着身心的发展而改善以至建立了一套化解心理问题的方法;另一种是少数中学生的心理问题在某个阶段、某个时期发展为心理疾病。

因此,面对中学生的心理健康问题,理性的看法是不隐晦、不夸大,理性的做法是重在预防、重在疏导。

两个古代故事的启示:重在预防、重在疏导

中学生的心理健康问题的解决,关键是要防患于未然。有一个常听的关于扁鹊与他的兄长治病的故事。魏文王问名医扁鹊:"你们家三兄弟,都精于医术,到底哪一位最好呢?"扁鹊回答:"长兄最好,二哥次之,我最差。"文王再问:"那么为什么你却最出名呢?"扁鹊回答:"我长兄治病,是治病于病情发作之前。由于一般人不知道他事先能铲除病因,所以他的名气无法传出去,只有我们家的人才知道。我二哥治病,是治病于病情初起之时。一般人以为他只能治轻微的小病,所以他的名气只及于本乡里。而我治病,是治病于病情严重之时。一般人都看到我在经脉上穿针管来放血、在皮肤上敷药等大手术,所以以为我的医术高明,名气因此响遍全国。"

预防的措施重在疏导,疏导的核心是让有心理问题的学生建立"自助"之法。我国的古老教训中也有一个常被引用的关于大禹与他的父亲治水的故事。传说尧舜时代,洪水泛滥,尧帝命鲧去治水,鲧采用堵塞河道修筑堤防的办法,历时9年以失败而告终,最后被放逐羽山而死。舜帝继位以后,命鲧的儿子禹去治水,禹总结其父治水的经验教训,改"围堵障"为"疏顺导滞",也就是利用水自高向低流的自然趋势,顺地形把壅塞的川流疏通,就这样,大禹把洪水引入疏通的河道、洼地或湖泊,合通四海,从而平息了水患。

所以,我认为,对中学生的心理健康问题,良好而积极的心理介入和引导应以平时经常性的预防和疏导为主,而这有赖于整个教育机构和有着心理学教育背景的广大教育工作者的创造性介入,如道德和心理教育、道德实践活动、心理疏导机制等等;更有赖于良好的"社会合力"的有力配合,如结合家庭、学校、社区、社会等资源,建立全面的辅导计划,统筹规划心理辅导工作发展。

积极预防与引导，有效导向健康心态

中学生心理健康问题的解决需要教育机构和广大教育工作者学习扁鹊的兄长治病和大禹治水的做法：注重预防、注重疏导。为此，可以从以下几方面着手：

（1）营造以人为本的学习环境。中学生心理问题的产生往往是不良环境的产物、内化、积压。不正常的学习压力是一个主要因素，或者说把一切的素质的养成都为学习所异化，尤其是为应试所异化是主要的因素。宽松、多样、人性化的学习和评价制度所营造的人本氛围，有利于学生心理压力的化解，有利于学生心理问题的缓和。

（2）引入心理辅导机制，并重视其作用的发挥。在很多学校，现实的问题不是没有心理教师或心理咨询室，而是对其没有足够的重视。于是，很多学校的心理教育和心理辅导在应试教育的挤压下又成了"化神奇为腐朽"的中国式弊端——流于形式。真正的心理辅导不仅仅面向有心理疾病患者，更重要的是面向有心理问题者，即面向大众。有心理学家说得好："人生中免不了有问题发生，故此，我们应该珍惜问题的出现，因为它也是一个发展与成长的机会。"心理辅导是为了"帮助一个人自助"，是为了促进人的全面发展。在多元文化的现实中，心理辅导强调基于尊重、同感、信任、关爱和真诚等原则的人际关系。

（3）做做心理游戏，舒缓心理压力。游戏也是一门有益的学问，许多问题可以在目的性强的游戏中得到有效的解决。比如，有的学校进行的"成长小组"的心理游戏的做法，就是一个好的做法。它通过相关的游戏来消解学生的心理问题和学习或生活中的烦恼，从而达到"助人自助"的效果。

（4）把心理教育和道德教育有机结合起来。很多学校的口号都是"德育为首"，所以，很多人误以为中学生心理健康问题频发是由于以道德教育替代了心理教育，这是不了解情况的看法。因为现实的教育本质仍未脱离应试教育的做法，学校道德教育和实践往往被架空或异化，往往导致"智育第一"的现实。虽然用道德教育代替心理教育是不恰当的，但二者的关系绝非水火不容，而是"我中有你，你中有我"：真正的、有效的道德教育活动是有益于心理教育的。

（5）融心理教育于社会实践活动之中。包括心理教育在内的真正的教育都是为了人的全面发展。而一个人怎样才能认识自己、发展自己呢？根本的途径是实践。所以，要真正解决中学生心理健康问题，应该顺应素质教育的发展趋势和时代要求，切实开展包括研究性学习、社区服务、社会实践活动、劳动技术教育和各种校内外社会锻炼在内的综合实践活动课程，把心理教育、道德教育和社会实践活动有机结合起来。

总之，化解中学生的心理健康问题的渠道是多种多样的，读书、交流、游戏、社会活动等都是极其有效的途径，当然，最重要的还是帮助学生建立有效的预防和疏导机制，使之"自助"。所谓"授人以鱼，不如授人以渔"，应对中学生的心理健康问题也是这样。

（原载《中国多媒体教学学报·中学政治》2008年第4期，略有修改）

反思点

我曾在《观察与点评：以核心建构成为重要他人》一文的开篇中写道："要产生影响，必先有建构；要产生重要影响，必先有核心建构。"如今看来，确实如此。

但是，教育实践生活领域发生的事情涉及方方面面，有美好的故事发生，也有问题不足呈现。对于这些，都需要我们用一种反思性的视角去建构。所以，反思点也是有建构点的，那就是立足于人。

"反思点"这一部分，主要收录的就是我基于"立己达人"的角度对教育教学实践与问题的反思性评论。

第四章　现实之问

为什么推不出奇才、偏才、怪才

　　四川大学日前公布该校 2010 年自主招生方案，大胆推出重量级改革——支持校长推荐"双特生"。该校决定：对于分数未上线的考生，如果专业能力经测试出类拔萃，将报教育部批准后破格录取。但《重庆晚报》记者走访重庆市一些重点中学，校长们都表示无人可荐——学习成绩好的学生容易推荐，真正的奇才、偏才、怪才难求，推荐名单一时难以产生。

　　表面看来，无人可荐是由于奇才、偏才、怪才的标准过于宽泛。按照四川大学的规定，所谓的"双特生"，是指在某一学科领域有特殊兴趣、爱好和特殊专长、潜质，或者在某一学科领域开始崭露头角或已取得一定成绩，或者对一些冷僻、人才稀缺的学科领域有一定程度的深入了解，有一定独到见解的奇才、偏才和怪才。但是，奇才、偏才、怪才的考核标准到底是什么？四川大学校方表示，"四有"是必要的标准，即有执着的兴趣，有特殊的潜质，有独到的见解，有一定成果。无疑，这样的奇才、偏才、怪才标准是过于宽泛。但是，正如该校校方所表示的，"双特生"选拔制度本来就是为解决"唯分数论"的死板方式而制定的，因此，校方的标准不可能特别详细，"不能用一个框框去解放另一个框框"。

　　其实，无人可荐的深层次原因却在于应试教育体制影响的根深蒂固以及中学校长们担当精神的缺位。

　　众所公认，不少奇才、偏才、怪才从小到大在应试教育体制与环境的深刻影响下，失去了奇、偏、怪的个性化特质，成了"分数的奴隶"，棱角尽失。正如某校长所言："我们的教育体制就是层层考试、层层选拔，如果学生在学习上'没有两把刷子'，肯定考不进好的重点中学。一名学生从小到大，从家长到老师都是将他的学习成绩看作第一位，即使有点偏才、怪才的天分也早就被扼杀了。"况且，处于基础教育阶段的所谓奇才、偏才、怪才，由于其年龄、阅历乃至社会环境的关系，大多只是表现在兴趣与潜质上，未必有所谓的成果，尤其是"公开发表的论文、著作、授权发明专利等"。选拔此类人才，我们应该更看重其趣味、潜质与苗头，而不是所谓的成果，否则，所谓的奇才、偏才、怪才选拔只是"叶公好龙"，徒增噱头而已。

　　当然，一味地把棒子打在教育体制上，也未免过于简单化了。其实，这大多是人们在体制面前无能为力时的托词。事实上，即使是在应试教育体制下，奇才、偏才、怪才依然层出不穷，现实中不时被报道出来的例子就是极好的证明。真正的奇才、偏才、怪才总是具有不一般的意志品质、坚韧的生命力与自我发展的学习力。奇才、偏才、怪才是不会轻易就让应试制度扼杀掉的，他们只是潜藏着、抗争着，遇到合适的机会就会凸显出来。

所以说，在教育体制与高考体制还没有进行大革新的前提下，我们更应该反思的是校长们的担当精神，这或许更具现实意义。正是从这个意义上说，无人可荐更多的是校长们在奇才、偏才、怪才具名推荐上的"不敢"与"不能"。为何"不敢"？根源在于校长具名推荐把个人的诚信、责任都一一公开地亮出来了。为何"不能"？这是因为中学校长们自身就是在应试教育体制下成长起来的，他们的所思、所想、所为都在传统教育体制下浸淫已久，要他们一下子突破传统"唯分是举"的做法，大气魄地发现奇才、偏才、怪才，谈何容易！

故此，我认为，无人可荐的实质在于无人担当！有着太多功利考量的"伯乐"注定是推荐不出真正的奇才、偏才、怪才的。

（原载《中国教育报》2010年1月27日，略有修改）

高中新课程改革面临的不良风气

当前,高中新课程改革举步维艰,困难重重,两股"歪风"起了很大的阻碍作用。

"怀旧风"

"怀旧风"的形成大有愈演愈烈之势。在实际工作中,常常会听到教师们的"满腹牢骚",不是嫌新课程内容多,就是嫌新课程内容乱,根子就在于很多教师还没有摆脱应试教育思维,还在"教教材",还没有学会或根本就没去学怎样"用教材"。他们不是去积极革新教学,而是在"新瓶装旧酒"地做一个观望者,不愿放弃已经念了几年以至几十年的"圣经"(实质是歪经)。

例如,历史课程的改革由于其彻底性和新思维被专家广泛认同,但在教学实践中却深受许多教师的诟病。是专家不懂教学实际,还是一些教师不愿革新呢?我认为,更多的原因在后者。历史课程的改革被诟病的主要原因有二:一是历史"专题化"。历史新课程(必修)按政治史、经济史、思想文化史三部分来组织教材,每个专题都融贯古今中外大事,似乎"杂乱"。事实上,由编年史向专题史转化是一大"新理念",它建立在建构主义的基石上,"杂而不乱",有效地改变了"记历史"的陈规旧矩,变为"研究历史、对比历史、分析历史、借鉴历史"。二是历史"政治化"。须知,一切历史都是"当代史",都是为一定的政治服务的,没有哪一个国家的历史教学是"单纯"的。所谓"前车之鉴,后事之师""以史为鉴""古为今用""政史不分家",等等,说的就是历史的当世与未来的功用。

总之,把新理念当作不符合实际的态度,把新课程实施中的困难不分青红皂白地加以夸大,是一切不愿与时俱进的"怀旧派"的典型作风和做法。

"虚假风"

"上有政策,下有对策"在这次新课改中可谓"大放异彩"。从上而下的外在推动式的教育改革一旦碰撞到活生生的教育现实,就立显"困境和疲软"——"外树素质现象、内强应试素质"的外强中干式的虚假的"花样素质教育"在新课程改革的大舞台中应运而生。在新课程实施中的弄虚作假让人怀疑教育改革的实效性。

落实新课程是需要时间的。一要时间来证明，但新课程改革从实施之时就招致了诸多怀疑，可以这样说，从一开始就没有多少学校是真正去落实新课程的。二是要时间来开展，但有多少学校给新课程的实施以时间呢？只要高考不变革，就没有哪所学校会给新课程的实施以时间和宽容心。

　　落实新课程也是需要空间的。在当前新课程实施的过程中，"评价机制"严重滞后，"督导机制"严重缺场，在这样的现状下，新课程的实施空间遭到了"应试教育"的无情挤压。有多少学校是"以人为本"而不是"以升学率为本"？有多少学校是在真正搞注重学生个性发展的"形成性评价"而不是在搞注重学生模式发展的"应试性评价"？

　　（原载《教育文摘周报》2007年12月，略有修改）

别了，"师德风暴"年

盘点2008年，我们可谓在天灾人祸中艰难前行：南方雪灾、西藏骚乱、汶川地震、奶粉危机、金融海啸……回首教育领域，我们面前的师德问题同样风波连连。

2008年堪称师德风暴年。接踵而至的"杨帆门""粗口门""虐博门""抄袭门"，让师德问题处于风口浪尖，而"范跑跑""杨不管"事件，更是让师德受到强烈质疑。虽然如此，但这并不意味着整个教师队伍道德沦丧，责任缺失。一个可资参照的重要例子是，在汶川大地震中，虽有丢下全班学生独自逃生的教师范美忠，更有舍命护卫学生的英雄教师群体。

教师职业教书育人的双重特质，导致教师的道德指向与行为方式深深达于他者，加之人们往往一味地把教师定位为崇高的化身，所以，对教师的道德要求往往比其他行业人员要高得多。即便教师的权利与尊严备受漠视，教师仍被要求"甘为人梯""蜡烛成灰""春蚕到死"。崇高的道德义务遭遇权利虚空，师道尊严不可避免地在多元社会中陷入困境。

危机伴生机遇，困境引发重构。不久前新修订的《中小学教师职业道德规范》明确加入"保护学生安全"等内容即为一例。问题是，重构步伐才刚迈出，就同样激起了广泛而强烈的争论。反观这些争论，我们可以发现，争论的中心不在于教师是否应该保护学生安全，而在于教师的权利与义务是否对称，以及现实中教师是否有足够的能力担当这种安全责任。如果答案为否，那么，无比崇高的师德规范将只是一个空中楼阁。2008年10月28日，中国政法大学某教授被一学生杀死在教室里（这是当月相继发生的3起杀师悲剧之一），此事件从一个侧面佐证了教师所面临的严峻现实生态。

教育部长周济说："百年大计，教育为根本；教育发展，教师是关键；教师素质，师德最重要。"诚如斯言。作为"人类灵魂的工程师"，教师"缺德"当然是不行的，但是，过犹不及，单方面对教师道德任意加码也难行得通。如何让师德理想的指引性与师德规范的普适性有机整合，实现师德在困境中有效重构，这仍然是一个大问题。

（原载《师道》2008年12期，略有修改）

为什么不倡导"教书匠"

有些人,包括一些教育"大咖",对充斥教育界的"教育家"腻歪了,于是就想为"教书匠"正名了。

巧合的是,这是一个提倡"大国工匠""工匠精神"的新时代。

但是,即使是在提倡"大国工匠""工匠精神"的新时代,也绝不可能倡导"教书匠"。

为什么呢?不仅仅是因为"教书匠"已被《现代汉语词典》定义为"教师(含轻蔑意)",更主要的是,教师教书是为了育人。如果教师只是教书而不管其他、不为育人,那他就算技术老到成"匠",也不会让人民满意,也担当不起"立德树人"的重任。

在《现代汉语词典》中,"匠"原本是涵盖有技术、有造诣、有修养、有灵气等正面意义的,除在"教书匠"一词的组合中,没发现"匠"有负面意义。可见,"教书匠"之所以被轻蔑主要不是"匠"的原因,而是本是"教师"却只"教书",所以即使在教书中尚有"匠心",也免不了被轻蔑了(类似"书呆子"的意味)。

倡导"工匠精神"的新时代,需要教师在教育领域"独具匠心",但不需要只顾教书(尤其是分数那点事)的"狭隘匠心"。教师可以有各种各样的划分或层次,比如普通教师、名师、专家型教师、研究型教师、学者型教师等。但不管怎样划分,"教书匠"也不会作为教师的一个分类或层次,更不可能是至高层次的代表。因为,"教书匠"把教师作为狭隘化了,把教师担当虚无化了!

现实中,虽然存在着不少"教书匠",但"教书匠"实质是教师的沦落,着实不应成为教师自诩的资本。

教师者,教书育人者也。教书与育人,这二者是不可分的,而"教书匠"只注重其中一点,完全忽略了育人这一要素,所以说它是教师的下降运动——沦落的表现,尤其是那些只管教学或只抓升学率而置其他于不顾的所谓教师。

教师,请不要自甘为或沦落为"教书匠",更不要以"教书匠"的诙谐作为自己不敢越教书(尤其是分数)雷池一步的护身符!

而那些腻歪了"教育家"虚胖现象的有识之士,也请不要再为约定俗成之含轻蔑意的"教书匠"正名了。实在想用这个"匠"字,呼应呼应时代精神,就请呼吁教师做"教师匠"吧!

所谓"教师匠",得有"传道授业解惑"的教师文脉传承,得有"立德树人"的教书育人担当。有了这样的文脉传承与教育担当,定能在教育教学教研领域"匠心独运",一展为人师者的"独具匠心"!

(原载广东教育杂志社微信公众号"广东教育传媒"2018年1月13日,略有修改)

所有的"天才"都是后天的加封

对于"天才",我的观点是:天才绝不是通俗意义上所说的聪明者的代名词,而是功成名就之后他人或后人加封的,此"天"非"先天"乃"后天",此"才"非"智才"乃"善才"。这多少受了些法国思想家、文学家罗曼·罗兰"英雄观"的影响,他说:"我称为英雄的,并非以思想或强力称雄的人,而只是靠心灵而伟大的人。"

英雄如此,天才亦如此。不是智商(力)高就是天才。智商高,那或许是聪明的条件,但绝对不是天才的必须。所以,天生智商高,那不是天才,而且,这所谓的"智商"测试是非常可疑的,至于所谓的情商之类的,那就更是仅供参考了。我们知道,伟大如爱因斯坦者也是一个高考落榜生、复读生。而今天看来,他的贡献不仅仅深刻影响了20世纪,也深刻改变着21世纪,不仅仅是思想与理论上的,而且也包括心灵与精神上的。

事实上,人类的基因都是差不多的,所以,重要的不是所谓的智商、情商,而是人与人之间表现出来的特点与个性。这主要是后天形成的,而心灵的伟大与善良,则需要仁慈与毅力——这是人面对环境而产生的内心自决。

就这个意义来说,如果你不局限于物质意义、现世意义,而是也关注到精神与灵魂、彼岸与远方,那么,或许你也会认同这种"靠心灵而伟大"的后天善才"天才观"。

教育路上，告别"晕车"

我曾经写过一篇文章，大意是说，在现代这个车来车往的时代，晕车的人，是要失去很多乐趣的，不仅是旅途的风景，更多的是内心的观感。

为何晕车？无外乎两个原因：第一个，自身的原因，有先天的，前庭（内耳平衡器官）对旋转等不规则的体位变化适应能力较差，有后天的，体质弱或者产生心理依赖，比如我自己学生时代每每坐长途大巴车之前就已经感觉到不舒服了，有的人甚至在坐车前一晚就会有头晕恶心的感觉；第二个，外在的原因，车船颠簸晃动以及汽油味等。

要不晕车，怎么办？现在人可能会说，改坐新能源汽车，呵呵，汽油味是没有了，可还得颠簸颠簸啊；吃药吧，治标不治本。最好的法子，是锻炼，体质好了，晕车自然就可以避免了。这是经验之谈。工作后，先天体质较弱的我几乎没再晕过车，除了改善饮食，主要还是因为坚持跑步、打球、爬山等体育锻炼。此外，坐车多了也有一定关系，适应了嘛。

学习路上，也有很多"晕车"的现象：

有一朋友的小孩，之前学英语学得好好的，突然就对英语兴趣变淡了，成绩也下来了。原来，换了个老师，现在这个老师教学不生动，他不喜欢。这或许就是爱屋及乌吧。

有一小孩，不喜欢数学老师的上课方式，结果其他科都学得很好，就是数学怎么学都学不好。

有一小孩，不喜欢这个学校，结果调皮捣蛋，惹是生非。

也有一小孩，根本就不喜欢学习，一看书就头痛，一做其他事就龙精虎猛。

……

学习路上，"晕车"了，渐渐在学习上就掉队了。怎么办？找外部原因，换个学校，换个老师，换个学科，不去学习（这应该没人选择），恐怕一般人做不到。无论你晕不晕，"车"就在那里。还得像治"晕车症"一样，多从内部着手，得让孩子自己强大起来，自主起来，适应起来。我上中学时有一文科老师，上课就是板书，谁能喜欢上这种课？但自己得自主学起来，成绩也还行。

为师路上，也有很多"晕车"的现象：

有些教师，一谈教育就埋怨，一谈学生就这也不行那也不行，实在提不起教书育人的兴趣。

有些教师，一谈课程改革就觉得"新瓶装旧酒"，实在提不起课程改革的兴趣。

有些教师，一谈论文就觉得除了评职称等实用功能外就毫无用处，实在提不起教育写作的兴趣。

……

为师路上，"晕车"了，慢慢在教育路上就疲倦了，"油"了。怎么办？找外部原因，不管学生，不管课改，不管论文，恐怕不行，毕竟还是教师，跳个槽换个职业，恐怕也不容易，"一入教门深似海"呀，而"外面的世界很精彩，外面的世界很无奈"。无论你晕不晕，"车"就在那里。还得像治"晕车症"一样，多从内部着手，得让自己强大起来，自主起来，适应起来。我曾教过5年书，教高中政治。大家都知道，这门课实在不容易教，我不能一上课就是板书吧，得有自己的特点，教出"风格"。机缘凑巧，我逐渐在研究性学习路上找到教育教学的兴趣点，教育教学上也还算过得去。有了兴趣点就有了创新点，让自己头痛的论文也有点得心应手了。

平常心待之，自己强大了，自主了，也就适应了，甚至创新了。慢慢地，教育路上，是可以不"晕车"的。

因为，教育路上的这点事、那点分，事后一想，实在也已经想不起什么来了。

第五章　素质之思

新的教学质量观离不开实践支撑

要弄清"什么是新课程的教学质量观",首先需要弄清楚"在指向真正素质教育理念的新课程下,什么才是我们所要达到的教学质量"这一问题。有人说,这还不简单,不就是提高分数,提高升学率嘛。笔者相信这仍然是普遍的看法,这不仅仅是应试教育根深蒂固的遗留,更属于急功近利的教育发展观,是与"以人为本"的科学发展观相违背的应试教育观的表现。在这种认识的指导下,就有了广泛流传并被实践所遵循的教育发展捷径,那就是"补课、补课、再补课"。

补课是否一定能出升学率?大家由补课的平台一起前进到不补课的平台,面对着共同的竞争,如何能够提高升学率?这些问题都有待讨论。其实,补课的真实作用是在教育界严格遵守的"共同前提"下防止升学率下降。这个"共同前提"来自一种共识:别人补课,我们不补课,在"以分数论英雄"的高考面前就会吃亏;进而想方设法坚决补课,坚决向时间要分数、要效益。所以说,应试教育的实质就是急功近利的教育。有人认为,应试教育根本就不是教育,充其量只能算是应试教学。对此,笔者是十分认同的,因为那里没有教育的地位。补课挤占了几乎所有的课外时间,养懒了广大师生,这是一种真正的懒,除分数外其他都可以毫不在乎的懒,一种可怕又可怜的、埋没人生与思想的懒。补课也消解了教育革新,将教学消解于教材这个狭隘的天地里。

但是,自从所谓"南京高考事件"被错误地解构之后,补课似乎不再遮遮掩掩了,考试成绩不理想成了补课的最大理由。自从佛山某政治教师因反对补课而成了备受伤害的所谓"反补课英雄"之后,补课就成了教育督导最无力、最无能的一块"自耕田"。

笔者认为,应试教育所催生的补课是真正落实新课程的突出障碍。没有了师生自觉性的养成空间,任何教育改革都是空谈。可怕的是,许多相关的人士不以为耻,反而沾沾自喜于又钻了监督不力的空子。新课程改革已经几年了,但有些课改实验区仍在抗拒改变,甚至很多学校连表面的功夫都懒得做,一个"高考升学率"足以遮蔽一切理念。而这,正是所谓的"新课程实施以来,各种形式的调查研究都表明学生的课业负担实质性地加重"的根本原因。例如,不但毕业班,就连非毕业班都普遍地出现了"两头六点半"(指每天早上和下午都是六点半回教室学习)和节假日集体补课现象。学校、教师以及家长不断强化"分数第一"的思想,使得片面的应试学习产生了畸形的应试压力,一切都围绕分数转,学生的自我调适能力和实践创新能力在重压之下显得脆弱不堪。

新课程的教学质量观绝不等于升学率观。实际上,在一些践行应试教育却又为了表面文章而将高考中取得的高升学率"归功于"新课改的学校,那里并没有新课程的影子。新课程的教学质量观指向的是人,因此,新课程下,我们所要达到的教学质量应该是指人的素质的提高,既包括学生素质的提高,也包括教师素质的提高,正所谓"教学相长"。素质指的是综合品质,应试素质不是位居中心的素质;我们教育的培养目标是现实中"人"的成长,而不是没有生存能力和公民素质的"应试工具"的批量生产。

教学质量,重量更重质。没有了教师发自内心的教学创造性和学生自觉的学习积极性,即使一天24小时都耗在学校和课堂里,也无济于事,不外乎创新了"磨洋工"的方式方法。

我们的教学问题,最大的毛病有三个:一是"无问"教育,培养出了很多模式化的学生;二是"无做"教育,培养出了很多眼高手低、脚不着地的学生;三是"无信"教育,包括不诚信,也包括无真正的知行合一的信仰,使学生失去了宝贵的批评和质疑精神。这些问题的存在就是教学质量不高的本质表现。

教学质量不是孤岛,它需要诸方面的配合才能形成长效的质量提升机制。例如,需要教学评价机制的配合,需要师生评价机制的完善与落实。假如真正实践新课改精神的、敢有所作为的教师得不到应有的评价,谁还会去创新?谁还会真诚对待教育革新?假如对学生一切都是分数优先,谁还会去参与社会实践?谁还会去服务社区?缺乏教师群体与学生群体的实践支撑,新课程提倡的教学质量就不可能真正得以落实。

(原载《中国教育报》2008年2月15日,略有修改)

素质教育在尊重、实践的意义上绽放

实现整个国家的现代化,关键就在于人的现代化,其根本点是"立人":以人本身为出发点和归宿点,实现人的权利、价值以及个性的自由发展;为此,就必须在全社会倡导科学和人文、理性与民主。教育在此处于基础的地位。因此,众所周知,现代教育的基本出发点就是人的发展,是培养人的社会性活动:把"自然人"培养成为具有价值理性的"社会人"的活动,基于此,必须坚定不移地坚持和落实"以人的尊严为核心、以人的意义为目的"的"人本"教育理念与原则。

素质教育以尊重为基础

早在西方文艺复兴时期,由崇拜神转向尊崇人的人文主义者就明确指出:"尊重,是现代教育的第一原则。"这是一条重要的教育价值理念和准则。为什么要坚持尊重的教育原则,这根源于人是有尊严的理性动物——懂得这一点,才懂得尊重人,才能理解人,才会热爱人,才真正懂得实现人自身的自由和发展的重要性。其基础就在于尊重儿童(儿童也是有尊严的)。连身心尚未成熟的儿童都要求给予尊重,那么,尊重就必然应该存在于一切人之间。当今,倡导素质教育就应该明确这一点,就应该把以人的尊严为核心的尊重教育融入日常教育过程之中,融入师生关系之中。

我们的教师常常使用这样的经典话语教育学生:"这还不是为你们好!""你们难道还不明白老师的苦心?"结果呢?教师往往无奈——结果常常事与愿违!为什么?其实原因很简单,就是教育异化的结果——热爱原则异化了:博大的以尊重为核心的大师之爱被异化成了的狭隘的功利之爱,这直接导致了建立在无视人的尊严、无视人的个性、无视人的人格的"应试教育"的盛行和积重难返。

人是有尊严的、个性化的、多样化的、平等的,因此,需要尊重、包容和理解,需要个性化的培养和评价机制。只有尊重,才能真正懂得"天生我材必有用"的价值理念和教育准则。

素质教育离不开实践

思想和实践,是人的独特性之所在,是人之所以为人的证明;思想和实践的互动才能实现人的意义。只有在实践中，才能最终体现出人的生命的存在价值，才能理解人的尊严，才能发出怀疑、批判、创新的理性之光。

实践观的教育，一直以来都受到大教育家们的重视。例如，我国的陶行知先生就一生提倡和践行"知行合一""生活即教育""教学做合一"的实践教育理念。我们的新课程改革实施"综合实践活动课程"也是基于此。

通过教育与实践的结合，才能真正养成学生的各种优秀素质，才能真实懂得实践的意义：通过社会实践和调查研究，使学生拓展思考空间，增长社会见识，促进思维的实践性和创新性，提升发现问题、分析问题和解决问题的能力，养成理论联系实际和求真务实的学风，养成学生的"动手"意识、"责任"意识和"敢为"精神；通过社区服务，培养学生的社会服务精神，让学生关注社会、关心生活；通过游历、野营、远足、露宿、探险、参观访问和劳动锻炼等各式各样的社会实践活动，让学生提高"人文"素养，培养勇敢精神和坚强的意志品质。一言以概之，通过综合实践活动，达到"实践出真知""实践显意志"的效果。

邓小平曾指出："教育要面向世界、面向未来、面向现代化。"以创新精神和实践能力为核心的素质教育强调教育的实践性、通识性和终身性，体现了"三个面向"的基本要求。我坚信，在尊重、实践的意义上，素质教育必定绽放出美丽的花朵，结出坚实的硕果，不管是赤裸的应试教育还是伪装的应试教育，都将在素质教育大势面前消隐。

（原载《教育文摘周报》2006年9月，略有修改）

在解放思想中追求教育生态的和谐

解放思想,就是破旧立新,就是使思想跟上时代发展的实际与趋势,甚至开风气之先。新时期思想解放大潮的涌动,直接源自1978年改革开放所带来的无量春风。2008年,是改革开放的"而立"之年。我们面对改革开放的新阶段与新问题,重提解放思想,掀起新一轮的思想大解放运动,从而推进教育的和谐发展,这不仅十分必要,而且非常重要。

解放思想,其实质就是正视矛盾,解决矛盾,推动矛盾的更新。矛盾是发展之源,是创造之源,也是和谐之源,因为和谐的实质就是"和而不同",而"不同的音调"才能造成"最美的和谐"。所以,教育生态是否和谐,其关键不在于教育领域是否存在矛盾、问题及争论,而在于这些教育矛盾、问题及争论能否带来一种良性互动的调整与发展机制以及实践创新机制。英国历史学家阿诺德·汤因比在《历史研究》一书中关于"生命运动"所阐述的话,对我们理解教育与和谐的关系有深刻的启迪作用。他说:"在生命的运动中,整体如果运行良好的话,它的任何一个组成部分发生变化都应该伴随着对其余部分的综合性调整。"从这种角度来审视,当下教育改革与发展的生态显然值得我们好好反思。因为,新课程改革所带来的教材变革,并没有伴随着其余部分的"综合性调整"(非细微的、凌乱的、可有可无的细枝末节的变化),比如高考体制、课程设置、教学的时间和空间、师生双方的评价机制等,这些都没有发生实质性的改变或有效调整。在教育体制内部这样的僵化关系中,应试教育依然泛滥,于是,"一部分发生了改变,而同时另外的部分却保持原状,结果便是和谐的丧失"。

在当今教育现状面前,大力解放思想,推动教育和谐发展,其关键是要处理好"破旧"与"立新"、理念与行动这两大矛盾,找到良性互动的突破口。为此,我们应该直面教育危机的挑战以及由此带来的发展机遇:一是教育革新所带来的挑战与迎战。其中,在实践中破解高中新课程改革所引起的教育新况与教育困境之间的矛盾,是整个教育革新的关键,因为高中阶段的教育虽然地位特殊——作为基础教育的顶端,它联通着义务教育与高等教育,但是,在现实教育生态下,它却是各教育环节中最为薄弱的一环——相比较于它所处的桥梁性质的极其重要的地位和作用,它是一块名副其实的教育"短板"。二是教育公平所面临的挑战与迎战。党的十七大报告强调指出:"教育公平是社会公平的重要基础。"这不仅表明了教育公平的重要性，而且意味着我国教育已经处于向公平化发展的新阶段，这必然带来教育公平与教育发展之间的新矛盾、新思考。现实中，显著的教育公平问题可谓一箩筐，比如，城乡教育发展的公平性问题、进城务工人员子女的教育公平问题、公办教育与民办教育，以及由此所产生的公办教师与民办教师待遇的公平性问题等等。三是"大教育"所开启的挑战与迎战。"大教育"是相对于狭隘的学校本位的教育现实所说的，即是社会化了的教育。在信息化迅猛发展的今天，如何把家庭、社区、学校有机联系起来形成教育合力，这显然是当前学校教育所面临的巨大挑战。对这种挑战的积极应对，必然会导致封闭型教育体制向开放型教育体制的逐渐转变，从而带来诸如教育民主、教育开发、教育开放、教育监督以及教师作用等方面的思想解放。

  在处于诸多现实困惑与革新机遇的教育生态面前，解放思想，不仅仅需要务虚，不断地学习讨论，更需要务实，把一切有利于教育发展的新思想、新理念不折不扣地落实到新实践中。在这个意义上，从教育思想上"破旧"，是解放思想的体现，而把已被实践检验为过时的教育理念、体制、做法大胆地在教育实践中加以剥离、抛弃，更是解放思想的体现；在教育理论上"立新"，是解放思想的体现，而把创新了的教育理论成果、运行机制果断地转化为自觉坚守的教育实践与行动，更是解放思想的体现。所以，只有不断从理论到实践地解放思想，追求教育生态的和谐才是可能的、可持续的。

（原载《中国多媒体教学学报·中学政治》2008年第5期，略有修改）

探寻创意教学　生成活力课堂

正是一年春日好，绿水青山新意浓。

2013年4月1日至2日，在中国台湾举行的第六届创意语文教学交流活动如期开展，来自祖国内地（大陆）、中国香港、中国澳门、中国台湾以及新加坡的教育专家和语文教师共济一堂，一次次有创意的师生交流及教学研讨接连展开。无是对台上的演示者、点评者，还是对台下的观摩者、提问者而言，这都是一次思想的盛宴。

创意教学之美

两天来，我们一共观摩了8堂创意语文教学示范课。其中，4堂小学语文课，4堂初中语文课。这种创意语文教学，带领我们走上了一趟各具特色的创意之旅，或多或少彰显了创意教学之美。中国台湾陈桂芬老师的《最苦与最乐》教学演示，不断的圈点朗读，让语文课堂生成朗读之美；北京朱畅思老师的《平仄之美》教学演示，教师活力四射，让我们体验语文课堂的吟诵之美；中国香港汤芷琪老师的《阅读策略——预测》教学演示，让我们体会到环环相扣的探究之美；东莞马新民老师的《落花生》教学演示，原作与改作之间的一一比对、反思，让我们思考了真实之美；新加坡林季华老师的《走上美好人生》教学演示，处变不乱，展示了语文课堂平实之美；中国澳门贺诚老师的《万里长城》教学演示，不拘一格的评价语言魅力无限，在师生互动关照中凸显生成之美；珠海容理诚老师的《卖油翁》教学演示，由把文言文翻译成白话文反转为把白话文翻译成文言文，让我们见识到文言文教学的对译之美；中国台湾丁美雪老师的《楚人养狙》教学演示，大量表格的运用，让语文课堂充满逻辑之美。

创意教学之异

此次创意语文教学交流活动，不仅让我们体验到不同的创意所带来的课堂教学之美，观摩到各具活力的课堂教学生成之美，也让我们见证了创意教学的个体差异性甚至是地区差异性。比如，容理诚老师的《卖油翁》教学演示，其创意常常透出考试评价的踪影；贺诚老师的《万里长城》教学演示，其创意处处彰显个人的语言亲和力；朱畅思老师的《平仄之美》教学演示，其创意时时可见中华吟诵学会的影响。又如，祖国内地（大陆）教师的教学创意，更强调实用性；中国港澳台地区教师的教学创意，更在意延展性；新加坡教师的教学创意，更关注生活性。

创意教学之得

我们既要品味创意教学之美，亦须反思创意教学之异。如是，我们或可窥探此次创意语文教学之得：创意，即活力。每一次小小的教学创意，累积成的是大大的课堂变革。探寻创意教学，是为生成活力课堂，成就学生精彩。

创意教学，应该以人为本。学生是创意教学之根本，不管是渐进性的创意，还是颠覆性的创意，都应立足于实实在在的日常教学本身，体现师生之间应有的相互尊重与相互关照，拉近教材与生活的距离。要让创意不仅成为一种工具性的教学追求，而且成为一种如影随形的自觉探索乃至教学素养。创意教学，需要平中出奇，让学生充满期待，但不应哗众取宠。

最后，值得一提的是，此次创意语文教学交流活动本身就组织得极具创意：一是中小学课堂移师到大学音乐厅内，让创意教学演示平添了几分学术性与艺术性；二是每一次教学演示后的点评不再是我们常见的一言堂式的结案性评点，而是主持人、点评专家、演示教师、观摩教师之间良性的激辩、互动、回应与延伸。这就少了一些盖棺定论，而多了一些民主探讨，因而就更能带来头脑风暴，更加具有启发意义。

（原载《广东教育》综合版 2013 年第 5 期，略有修改）

在创新中坚持　在实践中凝练

在 2018 年基础教育国家级教学成果奖中,深圳市宝安区教育科学研究院的"共建·共享:初中整本书阅读课程区域推进的实践探索"、华南师范大学的"'双系统三平台'中小学心理健康教育模式的创建与实施"两项成果荣获一等奖,实现了广东在基础教育国家级教学成果奖一等奖层面零的突破,其意义不言而喻。

基础教育国家级教学成果奖是我国基础教育教学成果的最高奖项。在国家级平台获奖,没有创新性的研究成果是不可想象的。综观两项成果之所以能荣获一等奖,当然是其综合教研水平的体现,但是,其中的成果创新无疑是最核心的要素。这一点,从《广东教育》记者对这两项一等奖成果的主要完成者倪岗、郑希付的访谈中,可以清晰解读到:

我们在 2013 年就提出了"课外阅读课程化"这一理念及相关实施策略,比 2016 年部编初中语文教材明确将课外阅读纳入语文课程体系早了 3 年。……在全国范围内,不少条件较为优越的名校或个别名师的课堂,也启动了"整本书阅读"课程化,但是通过区域共建的方式推进整本书阅读,我们是首先做到的。

——深圳市宝安区教育科学研究院初中语文教研员　倪岗

在理念方面,我们在 2000 年年初就提出了极具开创性和前瞻性的发展性与补救性相结合的理念,即以培养全体学生积极品质为目标的发展性心理健康教育和以解决个别学生心理问题为导向的补救性心理健康教育相结合,完全符合人的全面发展理论,现已成为我国中小学心理健康教育的共识,且明显领先于目前西方国家中小学心理健康教育偏医学化、侧重于心理咨询与治疗的单一补救性教育,因此,该理念具有国际领先性。……

专家鉴定认为,本成果在教育理念、教育体系、课程内容、方法体系、管理体制、运作机制、教师专业发展等方面均具有显著的首创性、科学性、先进性,不仅对基础教育改革和学生综合素质的提升有积极影响,而且对全国的心理健康教育工作具有推动和示范作用，达到国内领先水平。

——华南师范大学心理学教授　郑希付

在创新中坚持，收获才能水到渠成。值得一提的是，我省两项国家级教学成果一等奖的研究团队不仅有创新精神与能力，还善于在实践中推广，尤其是善于对创新成果加以规范性的凝练。

访谈中，郑希付认可《广东教育》记者李雪纯所提出的"在提炼和总结成果方面，现在的中小学教师可能比较缺乏经验"的看法。为此，他建议要"对中小学教师做专业性的引导，比如组织一些培训，教会教师如何选题、做研究、申报成果"。

那么，如何通过提炼成果，让项目的亮点更清晰地呈现出来？长期在一线开展教研工作的倪岗面对《广东教育》记者黄佳锐的这一提问，感受颇深，他说："申报成果这部分，我们也是一路摸索着过来的。相较于项目的实践过程，成果的提炼与表达有不同的一套思路，所以我们特别注重学习前人经验，力求使申报材料在结构和语言上都更合乎规范。"他还特别提及："成果奖与课题申报不同，更看重问题解决的实践效果。为了充分说明项目的成效，我们展示了教学实践前后的学生数据对比，也呈现课题、论文、论著、学术交流等成果的丰富性和权威性。"

除了荣获一等奖2项，在2018年基础教育国家级教学成果奖中，广东还荣获二等奖33项。这35项国家级获奖成果，整体体现了广东基础教育改革发展所取得的创新性成就，彰显了鲜明的时代特征。获奖成果特点正如"广东教育"微信公众号推送文章所概括的：

坚持正确方向。获奖成果紧紧围绕立德树人的根本任务，突出教育育人价值，指向核心素养，发展学生能力，着力于培养德、智、体、美、劳全面发展的社会主义建设者和接班人。

聚焦关键环节。获奖成果抓住了落实立德树人任务的关键点，即全面深化改革，涉及课程改革、教学改革、教学评价、教育技术、教学应用与资源开发等课程建设、实施、考试招生等一系列课程改革的关键环节。其中，课程改革、教学改革成果最多，充分反映了广东近年来推进人才培养模式改革和创新的突出成效。

反映时代特征。获奖成果体现了当前国际国内基础教育改革的热点：融合视野，强调课程与儿童生活经验、跨学科和信息技术的融合，突出课程与教学的综合性取向；注重个性，关注学生的个体差异、个性发展。

注重厚积薄发。获奖成果中研发实践时间6～10年的成果最高，部分成果的实践检验周期甚至达15年以上，说明教学成果奖的培育是一个久久为功的历程，说明基础教育一线教育工作者既有锐意进取的担当，更有不忘初心的定力。

（原载《广东教育》综合版2018年第4期，略有修改）

突破源于在创新中主动回应时代发展之需

《新突破！广东首次获得职业教育国家级教学成果奖特等奖》，这是"广东教育"微信公众号在推送文章中用的标题。2018年年底，教育部印发《关于批准2018年国家级教学成果奖获奖项目的决定》，全国共评选出451项职业教育国家级教学成果奖（其中，特等奖2项、一等奖50项、二等奖399项），"深职院—华为培养信息通信技术技能人才'课证共生共长'模式研制与实践"项目获得特等奖。这既是我省历史上首次获得职业教育特等奖，也是全国唯一一项高职教育特等奖。

为什么能有这样的突破？突破源于在创新中主动回应时代发展之需，而这也是由职业教育特点决定的。正如深圳职业技术学院副校长、"深职院—华为培养信息通信技术技能人才'课证共生共长'模式研制与实践"项目第一完成人马晓明所言，"产教融合要抓住企业的'痛点'"。

抓住"痛点"就是回应现实，解决"痛点"即能通向未来。"深职院—华为培养信息通信技术技能人才'课证共生共长'模式研制与实践"就是这样回应现实并构建起学校与企业的桥梁，解决了校企合作"痛点"，达到了互利共赢的合作效果。

> 产教融合、校企合作要想做到长效和深入，就必须建构起一个载体，它承担着校企双方共同利益诉求实现的使命，促使校企合作规范化、制度化。缺少了这样的载体，校企合作就有可能有名无实，或停滞在当初签订的一纸协议上。我们采取的方法是"抓痛点"和"建机制"。"课证共生共长"中的"证"，是企业考核在职工程师的"实证"。抓住了这个"证"，就等同于抓住了企业需求的"痛点"。因此，学校培养毕业生也等于给企业培养了即招即用的工程师，为企业节省了人才培训成本，企业参与学校教学的主动性和积极性就会明显增强。而当"课证共生共长"成为一种机制时，校企双方就成为"命运共同体"。
>
> ——深圳职业技术学院副校长　马晓明

可以说，"深职院—华为培养信息通信技术技能人才'课证共生共长'模式研制与实践"这一国家级特等奖成果极好地诠释了职业教育特质及其发展趋势。

盘点2018年广东43项职业教育国家级教学成果奖，在创新中主动回应时代发展之需堪称开启获奖大门的金钥匙。

双创教育在实践中会存在理念不清、路径不明、方法单一等突出问题。为此，项目组从教育理念、培养模式、课程体系和教学方法等方面入手，探索形成从启蒙教育、预科教育、专门教育到实战训练的进阶式双创教育体系，构建了从社团孕育、赛会遴选、项目训练到创业实战的进阶式创业实践训练体系。

——深圳职业技术学院党委书记、教授 陈秋明

目前，中国制造2025、智能制造技术与时尚智能穿戴产品日益发展，但传统艺术设计教育的发展与科学技术的发展出现了脱节的情况，艺术设计人才的培养也严重滞后于科技发展。为了学生的全面发展，我们依托教育部、财政部支持的高等职业学校提升专业服务产业发展能力项目——国际合作型皮具设计专业建设、广东省创新强校一流专业群建设项目——时尚设计专业群建设，对艺术设计类专业进行综合改革，形成了技术融入艺术、科技融入创意的"双融入"人才培养体系。

——广州番禺职业技术学院国际时尚设计学院院长 张来源

针对创新教育缺乏抓手、课程不完善、实施途径不清晰等一系列问题，我们学校提出"以基于知识产权的创新教育，提升学生终身发展能力"的教育理念，将获取知识产权作为创新教育的一个重要抓手。

——佛山市顺德区李伟强职业技术学校高级讲师 臧敏

在"对话国家级成果奖获得者"特别策划中，需要特别说明的是，虽然我们只是采访了部分成果奖的第一完成人，但是，其所获成果奖都是团队努力的结果，这也彰显了现代教育领域通力合作的重要性。

（原载《广东教育》综合版2019年第5期，略有修改）

寻找突破集体补课依赖的效率路径

我说:"现在还补课?"

你说:"我也不愿意啊,没办法。"

我做过教师,我知道"没办法"的无奈,在学校这个相对封闭的小天地、小圈子里,有些东西真的很难抗拒,否则,你就是"另类"。

他说:"补课,还是很有效果的。"我知道他所说的"效果"的意思。对于非毕业班,不就是分数嘛!对于毕业班,不就是升学率嘛!

升学率似乎能顶得住一切理念:诸如什么以人为本、全面发展、个性养成、实践探究等。但社会现实一再正告我们,以"高考升学率"为核心的"升学率教育"顶不了这么多,它最终的归宿是"一样也顶不了",而不断变革的现实将会以更严酷的面孔正告我们,正告我们某些地方、某些学校、某些教师根深蒂固的应试教育理念以及由此衍生的补课陋习、填鸭教学:崇尚分数,一定有前有后,谁都担心后一个是自己;倡导能力,可以各有千秋,这样好了,桥归桥路归路。所以,作为教育者,唯分是从,不如唯才是举。

这不,早在2017年6月16日,教育部就发出了《教育部办公厅关于坚持正确导向规范高考成绩发布和相关宣传工作的通知》,要求各地教育行政部门和各级教育招生考试机构坚决刹住炒作"高考状元""高考升学率"等不良风气:

> 除国家招生政策规定必须向社会公示的特殊类型招生信息外,各地教育行政部门和各级教育招生考试机构只能将考生的报名信息、高考成绩、名次以及录取信息提供给考生本人及有关投档高校,不得向考生所在中学及其他任何单位和个人提供。各级各类学校及其工作人员不得公布、提供考生成绩、名次等信息,不得在校外或校内摆放、悬挂、张贴关于高考成绩的条幅、宣传板等宣传物品……
>
> ……各地教育行政部门不得以任何形式向所属高中学校下达升学指标,不得以任何形式统计、公布各市、县(市、区)及所属高中学校的升学人数、升学率、升入985/211高校及一本高校情况等高考信息,不得以高考成绩对各市、县(市、区)及高中学校进行排名排队,不得以任何形式对各市、县(市、区)及高中学校进行高考表彰奖励,不得以高考成绩为标准奖惩局长、校长、教师等。

这不，2017年9月25日，教育部又印发《中小学综合实践活动课程指导纲要》，强调"价值体认""责任担当""问题解决""创意物化"：

综合实践活动是从学生的真实生活和发展需要出发，从生活情境中发现问题，转化为活动主题，通过探究、服务、制作、体验等方式，培养学生综合素质的跨学科实践性课程。

综合实践活动是国家义务教育和普通高中课程方案规定的必修课程，与学科课程并列设置，是基础教育课程体系的重要组成部分。该课程由地方统筹管理和指导，具体内容以学校开发为主，自小学一年级至高中三年级全面实施。

……

本课程要求突出评价对学生的发展价值，充分肯定学生活动方式和问题解决策略的多样性，鼓励学生自我评价与同伴间的合作交流和经验分享。提倡多采用质性评价方式，避免将评价简化为分数或等级。要将学生在综合实践活动中的各种表现和活动成果作为分析考察课程实施状况与学生发展状况的重要依据，对学生的活动过程和结果进行综合评价。

但是，"上有政策，下有对策"，在一些地方与学校似乎正在明知故犯，毫无作为，这实在是一种"教育懒政"，所以在一线教师眼中，还只是"效果不错"，说明在"落实""执行"等环节还有很多需要改善的空间。

学生有那么多事需要做，有那么多的责任需要担当，有那么多的创意需要表达，你却只想把他们"圈在学校""养在课室""套上分数紧箍咒"，这让我们的教育情何以堪！

教育那么大，我们的师生需要东张西望。

时代那么新，我们的师生需要探探脉搏。

那些还在安享"集体补课旧时光"的学校，早已安放不下已然喷薄而出的"新时代教育心"。

实事求是的说，集体补课存在的地方并非就是乐意补课的地方，而常常是不得不补。所以，集体补课要走出迷思与困局，不能要求一个地方一所学校甚至一个教师个体的自觉，在几乎处处都存在集体补课的前提下，应该由相关部门进行监督与管理，这就需要一省乃至国家教育部门的有效落实。

当然，集体补课的"鞭子"虽然不能一味打在学校与教师身上，但作为学校与教师，我们有责任好好反思集体补课的问题，并通过常态课教学效率的提升去消弥集体补课的生存空间以及考试分数的时间依赖。

第六章　立人之见

高度决定成长

　　成长，是新课程对教师的核心要求。但是，"千呼万唤始出来"的教师成长呼声与实践并没有使大多数教师真正成长起来。这让人深思。

　　教师要"教书育人"，必然要实现一种通识意义上的真正的成长。这种成长包括专业与非专业成长在内的全身心的发展，而现实却自觉不自觉地只是局限于教师的专业成长，而且往往是被现实应试体制所窄化、所工具化了的。所以，从以人为本、科学发展的高度审视，教师实现自身的专业成长固然重要，实现自身的非专业成长也同样重要。

　　高度决定成长，教师只有在教育追求中才能获取成长的高度。那么，成长的高度是什么？我认为，它至少有三个标志，或者说它应该立足三个维度。

　　教师成长，需要哲学式反思。哲学作为"爱智之学"，带给人一种"大"的视野、"通"的胸襟、"活"的原则。教师作为理性知识分子，哲学的素养能启迪教师确立怀疑的品质、反思的精神。

　　黑格尔曾用"密涅瓦的猫头鹰"在黄昏中起飞来比喻哲学式反思。在黄昏中起飞的猫头鹰，可以看到整个白天所发生的一切，也可以追寻其他鸟儿在白天翱翔的轨迹。如果把"认识"和"思想"比喻为鸟儿在蓝天中翱翔，那么在夜幕降临时起飞的猫头鹰式的反思性认识就是"对认识的认识""对思想的思想"。所以，哲学式反思，是一种精神内省与理性观照的双重反思。我进一步认为，哲学式反思更是一种指向实践的自觉反思。而现实教师的反思大多是外在的应付检查式或经验总结式的教学反思，不改变这种没有思想的反思，教师的成长注定是缺乏提升空间的。

　　教师成长，需要生活在他处。他处，意味着独立的空间、宽容的环境、自由的空气。教师要实现真正的成长，需要一种"他处"的生活智慧。学校本来就有一种模式化的倾向，而我们的应试体制更强化了这一点，教育行政部门及其所属学校对升学率的无休止追逐，对教师生活闲暇的肆意侵蚀，使教师自由的发展空间受到严重挤压。所以，在这种环境下，生活在他处，更多的是教师成长的一种精神自救。

　　生活在他处，要求教师自觉保持一种与学校、学生以及教育的张力，否则，体制化与简单化，将是教师生涯不可避免的"悲剧式命运"。试看，现实中多少教师除了抓升学率外还有其他成长故事？这多少可解释为什么广大教师群体在面对当今教育革新时是那么的无助与乏力。

教师成长,需要爱在天地间。爱,可能是当代中国教育中被提及最多的教育话语。但是,当我们深入剖析时,却往往会沉重地发现,爱常常被"小"化,不仅被当成舐犊式的母爱,更被当成功利之爱,于是热爱学生就异化成了热爱考生,即那些能考出高分的"好学生"。

没有爱的教育是可怕的,但是,把爱"小"化的教育同样可怕。教师之爱,应该是大爱。大爱无痕,所以,师爱不仅仅体现在结果上,更不仅仅体现在分数上,而应该体现在教育过程的喜怒哀乐上。这种大爱,是对"人类苦难不可遏制的同情心"(罗素语),是对平等、博爱、知识的追求,当然也包括对花鸟虫鱼、蓝天白云等的热爱。把爱放生于天地万物间,教师的心灵才能开阔,教师的成长才能高远。

(原载《广东教育》综合版2008年第3期,略有修改)

教育当立人

1978年12月18日至22日，十一届三中全会在北京举行。此后，一场以解放思想为标志、以实践创新为基石的改革开放大潮推动着中国特色社会主义不可逆转的前进步伐。

回眸改革开放进程，不论是经济改革、政治改革，还是文化改革、社会改革，都贯穿着一条主线，那就是"解放思想、实事求是、与时俱进"。目前，教育改革虽然相对滞后于经济社会改革，但改革开放以来，我们的教育事业同样展开了日益广泛而深入的变革，取得了令世人瞩目的成就。我国教育改革以体制革新为突破口，不断破除束缚教育发展的旧体制，解放了教育生产力，有效推进了教育的多样化、素质化、均衡化、协调化与公平化发展。近年来，在科学发展观的宏观指导下，我国教育改革事业在面向人、立足人、发展人的基础上逐渐确立起了人本教育理念。从实质意义上来说，这种"立人式"的教育取向具有更为深远的现实价值与历史意义。

教育不仅是社会发展的基石，而且是人生发展的基石。在教育领域要真正实现人本化的革新之路，就更应该解放思想、实事求是、与时俱进，在新的历史起点与教育形势下深入学习实践科学发展观。科学发展观的核心是"以人为本"，与此相适应，现代教育观的本质是"立人"。所以，科学发展视域下的现代教育就是把"自然人"培养成为具有人本价值理性的"社会人"的活动：立足人性基点，体现人道精神，注重人文关怀，贴近人的内心世界，尊重人的个性价值，完善人的精神人格，实现人与自然、人与他人、人与社会的和谐共生。

教育不仅要成为立人的基石，而且要成为立人的先导。当今，倡导素质教育就应该明确把立人教育融入日常教育过程之中，让学生懂得何种人生、何种生活才是真正值得过的以及其背后的精神支柱是什么。换句话说，教育的目的就是要使人懂得并体验到人生的意义、活着的价值以及心灵的厚度。而这，又必须付诸行动，在社会实践中创造人生价值，实现人生意义。为此，我们应该有效进行人生选择与担承的责任教育，确立基于人生意义的信仰，找寻爱的寄托与人立天地间的意义。

十年树木，百年树人。教育要实现立人之根本，不可能一蹴而就。这需要历史的人本底蕴、现实的人本体验以及持续的人本导向与实践。唯有如此，才能在开阔视野、透视心灵的教育实践中，真正培养起平等的、个性化的，不断追寻人的自由、幸福、意义等人本价值理性的具有健全人格的现代人。

（原载《广东教育》综合版 2008 年第 12 期，略有修改）

永存的师魂

2008年5月12日14时28分,一场突如其来的巨大地震,让数万人的生命顿时定格。

天灾无情人有情。在"橄榄绿"与"天使白"到来之前,我们的"红蜡烛"已然在学校废墟中傲立。

在山摇地动的危急关头,是您,我们最可敬的人民教师,让被死神紧箍的学子的生命底色,变得明亮与清晰;是您的大爱与责任,让一度定格的死局得以突破,闪耀着一缕缕生命之光,温暖着一颗颗受伤的心。

我们的教师用生命诠释了"人类灵魂工程师"的本色,以柔弱的身躯筑起了爱与责任的师魂之城。

大象无形。在生死瞬间,这无形的师魂旋即化作护佑生命的翅膀大象——

在德阳市东汽中学坍塌的教学楼里,当救援人员把51岁的谭千秋老师挖出时,只见他张开双臂趴在课桌上,如同撼天的翅膀,死死地护卫着4名学生。学生得救了,他却不幸遇难。

29岁的张米亚老师,跪仆在汶川县映秀镇小学教学楼废墟中,双臂紧紧搂着两个孩子,像一只展翅欲飞的雄鹰。孩子活了,"雄鹰"已逝。

崇州怀远中学的吴忠红老师,当听说还有两个学生在楼上时,他犹如天使,展开双翅,立即从三楼返回四楼。本可以飞出死亡之楼的他,为了学生,飞向了壮烈。

大音希声。在生死瞬间,这希声的师魂旋即发出胜过天籁的大音——

在面临生死考验的关键时刻,绵阳市安县花荄初中的郑发富老师高喊:"不要靠近围墙!"他背靠摇摇欲坠的围墙,奋力推开往这边拥挤的学生。就在这一刻,围墙轰然倒塌。

在与死神赛跑的关键时刻,成都市财贸职业高级中学的女教师周航,非常镇定地对学生们大声呼喊:"你们先走,不要慌,老师殿后!"

在呼唤生命的关键时刻,北川中学的废墟中传出一声声的"妈妈"。任老师听到了,赶紧上去告诉孩子们:"保持体力,不要再喊。老师在这里,跟你们妈妈在一样。"

大爱无疆。每一座可怕的学校废墟,几乎都矗立着教师群像的无形丰碑。是无情的地震把我们的教师推上了抗灾最前线,而我们的教师却无所畏惧地与死神相抗衡，冒着死的危险把生的希望留给我们祖国的花朵。那是最美的生命之舞，那是大爱的无穷力量，那是师魂的最高境界。

或许，我们的教师在平日里也存在着这样那样的普通人的缺点，但普通的教师一直是大爱的坚守者；或许，我们的教师平凡得不能再平凡，但平凡的教师往往是伟大的同行者。

面对灾难，我们的教师或许也曾发抖，但他们没有选择退缩与逃避；面对死亡，我们的教师并非毫不害怕，但他们用爱与责任战胜了恐惧。他们或是用自己的身体护卫学生，或是用自己的果敢疏散学生，或是用自己的坚强鼓舞学生。

活着，或是死去，这时已不再是一个问题，因为废墟中闪耀着人性的光辉，因为废墟中生成着人间的大爱。

用生命拯救生命的师爱是如此的精诚，用生命守护生命的师魂注定永存！

（原载《广东教育》综合版 2008 年第 6 期，略有修改）

教师的教育个性与选择

教师的生命和价值是什么？一旦踏入教师这一行业，我们就无法逃避这一深沉的思考。

没有灵魂的生命是可悲的。教师生命的价值，需要灵魂的引导。教师的灵魂确定着教师的教育个性，教师高尚的灵魂确定着教师优良的教育个性。为什么要强调"优良"？因为，很有教育个性的，可能是"恶"的个性。比如，有些教师抓升学率就很有个性，他们常常无视一个人的成长，无视教育规律，只要求学生"全力以赴"地为考而学；有些教师教育创收很有个性，瞒和骗，甚至利用教师权威把威胁与恐吓的手段都用上了；有些教师教育手段很有个性，常常责罚、侮辱学生，甚至干脆"手脚并用"。

只有养成优良的教育个性，教师生命才能不断延长，不断升华，才不会停滞不前，在同一平台上不断"重复着昨天的故事"，陷入毫无发展的停顿周期。让我们看看周围吧，许多教师"几十年如一日"，其教育生命往往等同于几本教案的厚度，职业倦怠严重地消耗着教师的生命。所以，教师生命一旦周期化，教师的成长就开始凋谢。教师要防止周期性凋谢，就应该养成优良的教育个性。

选择教师这一职业，就是选择教书育人，而不仅仅是教学或教书，否则，教师就会沦落为"教书匠"。教育和谐的境界，源于有着优良教育个性的教师的合力。所以，在教育面前，任何教师都不应该刻意强调班主任和非班主任之间的界限与区分。

选择教师这一职业，就是选择教育革新。教育，跟人性打交道，注定是一个又"慢"又复杂的领域。这常常让教师困顿。"穷则变，变则通"，只有不断地改变、扬弃、创新，教师才能持续成长并实现自我价值。所以，教师要发展，就必须培养自主创新能力，而优良的教育个性就是教师需要精心研发和培育的"核心技术"。在不断地变革与反思中，教师才不会陷入不思进取的职业危机之中，才能焕发出常变常新的活力，依稀看到教书育人的微光，坚定成人成己的教育理想。

选择教师这一职业，就是选择理想主义，因为，教育是指向未来的事业，未来是需要"仰望星空"的。而教育能否承载理想，与教师的活生生的教育实践能否承载理想紧密相关。面对一个个青春的面孔来又去，教师常感人生易老,韶华不再;唯有理想,才能让教师的灵魂年轻、丰富,不因生命的外在年轮而流逝。

所以,在当今并不尽如人意的教育生态下,一个想有所作为的教师仍然需要,或许更加需要教育理想和志向,以及在理想和志向的指引下奋斗的过程和意志。在这样的奋斗过程中,才可以说无悔;在这样的奋斗过程中,必定有所创造。

(原载《广东教育》综合版 2008 年第 3 期,略有修改)

立德树人：教之本，师之范

"努力办好人民满意的教育。"党的十八大报告把教育放在改善民生和加强社会建设之首，从坚持教育优先发展、全面贯彻党的教育方针、深化教育改革创新、推动教育协调发展、大力促进教育公平、加强教师队伍建设六个方面，明确提出了下一阶段教育事业科学发展的战略性目标和任务，充分体现了党中央对教育事业的高度重视和优先发展教育的坚定决心，为我国教育改革发展指明了方向。

同时，十八大报告提出，要"把立德树人作为教育的根本任务"。这正是"努力办好人民满意的教育"的必然选择，是科学发展观在教育领域的必然要求。科学发展观的核心是"以人为本"，与此相适应，我国教育的根本就是"立德树人"。"立德树人"的教育观具有深远的现实价值与历史意义。

立德树人，既是对中华教育传统的继承与发扬，也是对当今教育现实的关注与回应。中华民族历来重视"立德"，"立德树人"也几乎是历代教育家共同遵循的理念。《左传》载："太上有立德，其次有立功，其次有立言。虽久不废，此之谓不朽。""立德"为我国古代所谓"三不朽"之首，体现了人生追求的至高境界。立德树人，才能立人达人，成人成己。而从现实的角度来说，"培养什么人、怎样培养人"是我国社会主义教育事业发展中必须解决好的根本问题。因此，"把立德树人作为教育的根本任务"这一内容首次写进党代会报告，具有重大意义。它反映了党中央对我国教育事业根本问题的高度关切，彰显了"立德树人"的教育导向。这就直接指向了教育的本质要求，体现了当今素质教育的核心要求。

立德树人，既是教之本，必为师之范。百年大计，教育为根本；教育发展，教师是关键；教师素质，师德最重要。欲树人，先立德；要立德树人，必先立师德。把立德树人作为教育的根本任务，必然要求立德树人成为教师的师范准绳、道德准则。所以，十八大报告强调，要"加强教师队伍建设，提高师德水平和业务能力，增强教师教书育人的荣誉感和责任感"。有道是：学高为师，身正为范；以身立教，为人师表。所谓教书育人，既要静下心来教书，又要潜下心来育人。"请你记住，你不仅是自己学科的教员，而且是学生的教育者、生活的导师和道德的引路人。"教育家苏霍姆林斯基的这一句话，至今发人深省。"立德树人"之师，才能无愧于"人类灵魂的工程师"这一光荣称号。

（原载《广东教育》综合版2012年第12期，略有修改）

立己达人：优秀教育者前行的力量之源

　　每一个教育者都可成就优秀，只要不断前行，而优秀教育者正以前行者的努力彰显着教育的伟大力量。

　　邓晓红，深圳元平特殊教育学校语文教师，2016 年被评为正高级教师——中小学教师中的最高职称，而且曾获誉无数，比如她曾荣获国家"万人计划"领军人才教学名师、全国先进工作者、全国模范教师、广东省劳动模范、广东省"特支计划"教学名师、广东省中小学名班主任等荣誉称号。于世俗的眼光来看，诸多荣誉集于一身，可谓功成名就，可以好好享受了。现实中，确有不少教师在职称、荣誉"到手"后养尊处优，裹足不前。但是，我们在采访邓晓红的时候，她一方面饱含深情地讲述她与视障孩子们的感人故事，另一方面充满激情地畅想未来的打算："我准备申请一个省级课题，在优秀传统文化教育上做出自己的探索；我还打算考取国家心理咨询师资格证，给予视障孩子及其家长更专业的引导；我要更好地发挥名师工作室的作用，引领年轻教师成长；我喜欢做班主任，班主任我会一直做下去；我还希望读个教育硕士……"是什么让她载誉前行？"人生路上，找到'动力源'非常关键。"她说："作为教师，我们既要帮助孩子学会学习、学会生活，找到向上的动力，也要为自己找到前行的动力。我想，我的动力源可以借用我非常喜欢的一个词来概括，那就是'立己达人'。"

　　"立己达人"出自《论语·雍也》："夫仁者，己欲立而立人，己欲达而达人。""立己达人"极好地诠释了"立德树人"这一教育根本任务。其实，不只邓晓红，每一个优秀的教育者都有一颗"立己达人"的"仁心"，每一个优秀的教育者都有一种"立德树人"的使命担当。这是他们不断载誉前行的力量之源。

　　立己达人，源于使命的担当。正如邓晓红所说："在我心中，每个视障孩子都是一棵努力向上生长的树，而我愿意用太阳般温暖的情怀、春雨般深情的微笑，去滋养孩子们自强不息的生命，在平凡的工作中点亮学生的希望之光——这就是我的教育梦想和人生使命。"她是这样说的，也是这样做的。23年来，她用激情、爱心和坚定的信念静候每一朵花开，点燃了一个又一个视障孩子的梦想，创造了一个又一个奇迹：学生张洪被评为"全国自强不息好少年"；小可参加了蒙特梭利模拟联合国 2017 年世界青少年峰会，在纽约联合国总部的金色大厅发出了自信的声音；喆禧登上了中央电视台《我的一本课外书》全国 18 强读书少年的决赛舞台；勇斌成长为腾讯公司的盲人 IT 工程师……

立己达人，源于对价值的反思。正如广东省第八批优秀援疆干部、援疆时已年过 50 的星海音乐学院教师韩进所说："既然来了喀什，就要来得有价值，绝不能浪费时间，除了多教学生知识，还要多和老师们一起做科研，干有用的事儿。"她是这样说的，也是这样做的。3 年来，她把自己珍贵的教学经验毫不保留地传授给当地的年轻教师，用空余时间帮助他们做课题、改论文；以她为队长的广东省援疆前方指挥部驻喀什师范学院（后升格为喀什大学）工作队给该校带来新动力，不仅成为教学科研的生力军，还带领当地民族教师申报广东科技厅专项对口项目获批 14 项，国家自然科学基金 1 项，省、自治区及校内课题 10 多项。

立己达人，源于传承的力量。正如退休教育工作者、佛山市教育局关心下一代工作委员会（简称"关工委"）常务副主任吴钟秀所说："我这一生，是党培养了我，我要懂得感恩。关工委的'五老'从不计名利，他们能奉献，我也能付出。我有 30 多年的教育经验，有光不发热是一种浪费。"她是这样说的，也是这样做的。在她的引领下，佛山市教育局关工委在"朝阳读书"活动落实过程中总结出"读书读人读社会""阅读—感悟—反思—践行"两项读书原则，引导学生读书做人，得到了师生的一致好评；2008 年，她用两年多的时间撰写出版了《佛山市中小学（幼儿园）家长学校授课参考教案》，填补了省内家长学校案例教材的空白；2012 年，她带着关工委团队热情投入家长学校创建活动之中，助力佛山市成为首个"全国规范化家长学校实验区"。

邓晓红、韩进、吴钟秀……虽然年龄不同、岗位不同，但是她们都无愧于教师之名，无愧于教育之实。从她们身上，我们探寻到了优秀教育者前行的力量之源，我们感悟到了优秀教育者的榜样力量。

正是有了"立己达人"式的"立德树人"使命，所以，"教师"模范邓晓红有一颗时不我待的梦想之心，特教路上初心不改，载誉前行！

正是有了"立己达人"式的"立德树人"使命，所以，"援疆"模范韩进在 54 岁时接过援疆接力棒，到祖国最需要的地方去！

正是有了"立己达人"式的"立德树人"使命，所以，"五老"模范吴钟秀退而不休，为了祖国的未来继续发光发热！

（原载《广东教育》综合版 2017 年第 9 期，略有修改）

为师者的担当

"百年大计,教育为本。教育大计,教师为本。"常见诸报刊的这句话,足见为师者的责任担当。

"立德树人是教育的根本任务。"为师者如何方可担当这一教育根本任务?

为师者须有责任之意识。立德是为师者的基本责任,从一个教师的德性追求与修为可以看出为师者的担当意识,《礼记》有言:"师也者,教之以事而喻诸德也。"教师立德的价值意义,在于这不仅是成己之私事,更是树人之公事。《管子·权修》说:"一年之计,莫如树谷;十年之计,莫如树木;终身之计,莫如树人。"树人,既是功在当下、利在千秋的工作,又是极为复杂、充满挑战的工作,没有责任意识与长远眼光是难以胜任的。基于此,一个有责任意识的教师,必须勇于担当。往大了说,教师既要做知识种子的传播者,又要做文明之树的培育者,既要做人类灵魂的塑造者,又要做社会良心的承载者;往小了说,教师要从自身做起,在日常教学中始终不忘教书育人之大任,积极寻找教书育人之良法,在身体力行的尽责中成己成人。当然,无论学校还是社会都应为教师的责任担当营造宽容的氛围。

为师者须有创新之行动。社会创新发展,需要教师创新行动。所以,教师不仅要做人类社会发展历史与文化的传承者,也要做人类社会发展与进步的开拓者。"功以才成,业由才广。"人才是创新的第一资源。培养创新人才,为师者要以一种时不我待的精神与行动创新教育观念,塑造优良的教育个性与风格,尊重学生个性差异,做学生自主学习的引导者、核心素养的培育者、创新意识的激发者。正如联合国教科文组织在《学会生存——教育世界的今天和明天》一书中所指出的:"教师的职责现在已经越来越少地传递知识,而越来越多地激励思考。"

为师者须有平衡之考量。在学校里,教师的身份是老师、同事等;回归家庭,教师的身份是父母、子女等;教师还是社会一员,其身份还可能是志愿者、活动家、公共知识分子。多重角色,需要为师者平衡考量。但不管怎样平衡、怎样考量,为师者理应基于教师角色的教育使命做出根本性的思考,坚定自己为师者的责任担当与人生方向。在此基础上,要致力于成为教育与生活的平衡大师,兼顾好工作与家庭、工作与生活之间的关系,跳出教育看教育,"风物长宜放眼量",做一个幸福的担当者。

为师者的担当,需要有责任之意识、创新之行动、平衡之方法,但绝不仅限于此,因为有担当的为师者,是一个孜孜探索的教育行者。

(原载《广东教育》综合版 2017 年第 9 期,略有修改)

以核心建构成为重要他人

要产生影响，必先有建构；要产生重要影响，必先有核心建构。

有建构，才能有影响。走进广东省中小学教师、校（园）长工作室主持人，不难发现，他们之所以被选为主持人，与他们各自专业上的建树密不可分，比如《广东教育》（综合）2018年第3至第6期"建构与影响"系列专题访谈中的6位名教师与6位名校（园）长，他们都各有特色化建构，并通过工作室这一平台产生了较好的影响力，为广东省教师、校（园）长队伍的有效成长提供了重要的助力。正如我们在第3期"建构与影响"专题策划语所指出的，自2009年广东省建立首批中小学教师、校（园）长工作室以来，"广东省中小学教师、校（园）长工作室已形成了以工作室主持人为主体的运作机制和以能力为核心的培养机制，凸显了工作室培养方式的示范效应，促进了主持人和学员的共同发展"。这很好地彰显了工作室的建构性影响。在此基础上，新一轮（2018—2020年）广东省中小学名教师、名校（园）长工作室在教师、校（园）长工作室前面加上一个"名"字，既是对以往中小学教师、校（园）长工作室建设成果的传承式认可，也是对今后中小学教师、校（园）长工作室建设主旨的创新性诠释。

当然，要"名"副其实，工作室主持人就必须要有核心建构，形成重要影响，成为重要他人。比如，"情思历史"开创者陈洪义长期专注"情思历史"的教学思想与教育实践研究。由于聚焦于"情思历史"的建构与引领，他的教师工作室还被同行称为"情思历史工作室"，"情思历史"成为工作室成员共同实践和研讨的话题。随着"情思历史"研究与实践的不断深入，其辐射影响也不断扩大。如今，陈洪义工作室确立了"情思历史"专项课题26项，分布在全省20间学校，项目直接带动100多名中学历史教师对"情思历史"教学的实践与研究；围绕"情思历史"实践积累了上千个课例，发表了100多篇研究论文，出版了《情思历史教学概论》《师范生眼中的情思历史》《历史情思与当代意识》《情思历史教学艺术例谈》等多部专著，刘永红、刘剑、叶志文等一批教师在工作室的引领下脱颖而出，成为骨干教师和名师。2017年年底，陈洪义的"中学'情思历史'教学的建构与实践"研究成果获得广东省教育教学成果奖（普通教育类）特等奖。通过"情思历史"核心建构，陈洪义不仅在历史教学界形成了一定的影响力，还通过工作室平台致力于实现"以'情思历史'引领历史教育的情与思"的教育追求。

需要指出的是，要形成重要影响，成为重要他人，在核心建构的基础上，工作室主持人还需要发挥主动性、能动性，依托工作室平台，通过学习交流、课程改革、课题研究、教育教学诊断等举措，积极推动工作室成员与学员的专业成长。比如，致力于推进课程改革的马锐雄不仅善于结合学校实际创生特色办学理念，而且作为校长工作室主持人，能够自觉主动地对工作室成员所在学校进行有针对性的学校诊断，对促进成员学校发展发挥了重要的引领作用。其他工作室主持人也大都善于结合自身特点，对工作室成员学校起到应有的引领作用。

2018年4月10日，在新一轮（2018—2020年）广东省中小学名教师、名校（园）长工作室启动仪式暨主持人培训动员会上，省教育厅副厅长王创强调，新一轮省名教师、名校（园）长工作室建设，"要从我省教师队伍建设实际出发，坚持改革导向，着眼长远，优化顶层设计，强化体系建设，一要构建教学改革的新模式，二要打造科研兴教的新引擎，三要创建人才培养的新阵地，四要搭建风采展示的新舞台"。可以说，构建教学改革的新模式、打造科研兴教的新引擎、创建人才培养的新阵地均指向工作室及其主持人的建构力，搭建风采展示的新舞台则有利于工作室及其主持人形成影响力。为此，新一轮（2018—2020年）广东省中小学名教师、名校（园）长工作室主持人务必要通过核心建构自觉主动地展现影响力与辐射力，为广东省全面加快推进教育现代化贡献名副其实的教育教学智慧与担当。

（原载《广东教育》综合版2018年第6期，略有修改）

构筑多元化发展之路,激发青年教师活力

　　青年教师队伍建设是高校人才队伍梯队建设的基础性环节,是高校发展活力与发展趋势的重要标识。由是观之,青年教师的素质水平及其培养生态,不仅关系到一所高校现有的发展程度,而且关系到一所高校未来的发展高度。这也是我们首次以专题呈现的形式把目光聚焦高校领域就选择"高校青年教师培养"主题的原因之所在。

　　在精心策划的基础上,2017年3月底以来,广东教育杂志社派出多路记者深入暨南大学、华南师范大学、南方医科大学等7所高校采访青年教师培养的优秀经验与案例,获得了大量一手资料,并以"拓宽广东高校青年教师发展路"为题分上下两期刊载。盘点这7所高校青年教师的培养经验,可以发现,其既有共通之处,又极具个性色彩。

　　这7所高校青年教师培养的共通之处在于,既注重高素质人才的引进,更注重引进后的人才培养渠道建设;既创新激励机制,又融入约束机制;既强调青年教师人才培养的特殊性,更强调把青年教师的培养融入学校人才梯队建设战略之中,打造老、中、青相互结合、相互支持、相互连接的人才培养生态。

　　由于意识到青年教师培养的重要性,广东各高校立足自身实际与发展定位,与时俱进地积极创新青年教师培养机制,打造青年教师成长平台,拓宽青年教师发展路径,从而形成了个性色彩鲜明的青年教师培养生态。例如:暨南大学通过实施"新任教师教学能力提升训练营计划""优秀青年教师支持计划""本科课程新任教师教学竞赛""'宁静致远'工程项目之青年项目"等措施,推动青年教师成长为学校师资队伍的生力军;华南师范大学立足高水平大学建设,大力加强青年人才队伍建设,通过增设青年英才岗、推行预聘制和师资博士后聘用制度等举措创新青年教师聘用方式,建立优秀青年人才破格聘任通道,优化了师资队伍结构;南方医科大学适应"创新强校""高水平大学建设"发展态势,探索分段式阶梯培养青年教师培训体系框架,实现从新进教师到青年骨干,再到高端专家的全覆盖立体培养,建立了一支梯队整齐、后劲充足的人才队伍;广东工业大学明确将教师参与教育教学改革、指导学生开展创新创业实践等计入本科教学工作量,并将教师开展教研教改取得的成果列为职称晋升条件,同时,为了推进与产业界的深度融合,建设好协同创新平台,学校提出了"一体双责三延伸"的新机制,并利用这一新机制构筑教师

成长新平台，致力于培养创新人才；佛山科学技术学院专门成立"教师教学发展中心"，在教职工代表大会、工会中设立青年教师工作委员会，建立青年教师教学发展支持系统，实现个性化、多样化的教学咨询服务，促进青年教师教学质量提升，营造青年教师良好的成长环境；广东白云学院创建了基于青年教师职业生涯发展周期的培养体系，致力于培养具备教育教学、职业指导、应用研究能力，具有教师、职业导师身份的"双师三能型"教师，此外，学校实施"1+1"青年教师培养工程，对新入职青年教师除了开展教师岗前培训和专题培训外，还实行导师制，安排教学经验丰富、科研能力强的老教师对青年教师加以指导，充分发挥"传帮带"作用；惠州学院把青年教师培养纳入"师海扬帆"计划之中，适应"特色鲜明的高水平地方应用型本科院校"的发展定位，着力启动青年教师"双百培养工程"，并把青年教师的培养融入"双师双能型"师资培育工程和优秀教学科研团队建设之中，让青年教师获得了更好的发展空间与成长平台。

一言以蔽之，高校只有为青年教师构筑多元化、宽通道、规范性的发展路径，才能让那些能为、敢为、善为的青年教师真正有为，更加优秀，并通过这些优秀有为的青年教师的引领示范，激发整个青年教师队伍成长的活力，从而为高校的发展建构持续向上的人才"基地"。

（原载《广东教育》综合版 2017 年第 6 期，略有修改）

影响点

"立己达人",是我在教育宣传中所要传达的价值导向。作为来自教育一线的教育采编工作者,我深知教育实践生活的重要性,而教育实践生活的精彩与亮色,正需要我们教育采编工作者的宣传挖掘与传播导向。所以,在我看来,宣传与导向是密不可分的,这就是我常常称"教育宣传"为"教育宣导"的原因之所在。

在采编过程中,我常常发现教育探索中的创新元素,了解教育探索中的独特品性。于是,渐渐在教育交流与教育反思的交汇中捕捉住教育探索中的吉光片羽,并把它融入教育宣传报道稿件的评论描述、记者观察、采访手记中,深得教育人的认可。

"影响点"这一部分,主要收录的就是我基于"立己达人"的角度对教育宣传报道稿件的导向性评论。

第七章　宣导之范

教育国际化的广东路径

作为我国对外开放的前沿阵地,广东经济的发展连续多年处于全国领先地位,经济领域的国际融合程度高,社会事业对外开放的广度和深度在全国均处于前列。经济社会领域的现代化程度和国际化水平,必然对教育领域的现代化程度和国际化水平提出更高的要求。

知,而后创于新、善于行。基于对教育国际化的深刻认知,广东借助毗邻港澳台地区的有利条件,积极借鉴世界先进做法和成功经验,立足基本国情、省情和教育改革发展实际,把积极引进境外优质教育资源作为实施教育国际化战略的重要途径,推进中外办学、合作科研、师资培训、学生交流等教育领域的有序开放,基本形成了全方位、多层次、宽领域的教育对外开放格局,走出了一条"以我为主,为我所用;质量优先,内涵发展"的具有鲜明广东特色的教育国际化之路,为广东省推进教育现代化、建设南方教育高地提供了强大的助力,也为我国教育现代化、国际化的探索提供了独具特色的广东样本。

(摘自《教育国际化的广东格局》,原载《广东教育》综合版 2017 年第 5 期,略有修改)

佛山新课改的"校本立交桥"风范

立交桥，原指立体交叉的桥梁。它架设在交叉路口，以便车辆安全通行，形成了城市建设的一道美丽风景线。以此为喻，义务教育课程改革的佛山胜景之一就是以校为本，在课改这个有机平台上搭建了一座座各具风情的"校本立交桥"。校本立交桥主要由校本培训、校本教研和校本课程这三大主桥构成，以学校为基地，形成了"市—区—校"三级联动以及"学校—社区—家庭"多方互动的特色校本体系。它有利于促进师生共同发展，提升学校品位，打造特色校本文化。

校本培训，引领观念更新

新课改，需要新理念。在课改中，佛山市摸索出了一条引领教师观念更新的有效途径，那就是：校本培训。

课程改革不仅带来兴奋，也伴生迷茫。作为课改主力军的教师，其专业素质直接影响到课改的效果，因此，师资培训成为课改的关键性因素。

随着课改的深入，校本培训已经成为师资培训的立足点和衍生点。2003年制定的《佛山市中小学校本培训的实施意见（试行）》较早地把握住了校本培训这一适应师资培训趋势的有效形式，意见指出："随着中小学教师继续教育工程的不断深入和为了适应基础教育课程改革的要求，中小学教师继续教育校本培训模式作为有别于院校集中培训的一种新型培训模式，已成为师资培训的方向。因此，要进一步推进中小学教师继续教育，提高教师培训的质量，必须加强校本培训形式的研究。"

佛山市的校本培训在内容和方式上不断创新，呈现出丰富多彩、千姿百态、多元发展的良好态势：既有依托校本教研的研训一体化培训，如专题研讨、课题报告等；又有"请进来，走出去"的交流式培训，如专家讲座、校际互动等；也有基于教师共同体的互助式培训，如同伴互助、师徒结对等；还有基于网上资源的共享式培训，如网上教研室、资源库等。在此基础上，逐渐形成了立足校本而又不拘泥于校本的培训思路：引入专家培训，更新理念→立足校内培训，创新内容→走向校际交流，生成活水。

新培训，生成新理念。受新课程"以人为本"理念的启发，佛山市实验学校生成了这样的办学理念："为每个学生拥有美好的童年服务，为每个学生拥有幸福的人生奠基。让每一位教师成功，让每一位教师快乐；让每一位学生成功；让每一位学生快乐。"受新课程"科学发展"理念的启发，顺德区第一中学初中部（德胜校区）形成了这样的办学理念："为学生一生发展而奠基，为教师专业发展而铺路，为学校未来发展而改革。"为此，该校致力于营造全新的"绿色校园"。受新课程"可持续发展"和"有效教学"理念的启发，佛山市华英学校以"和谐教育"为发展方向，走出了一条"轻负高质"的特色办学之路。

新课程培训的关键在于唤醒、塑造和保护教师对课程理念的自觉践行、勇于建构和推陈出新，因此，教师的学习和培训就不能仅仅为了适应新课程的变化，更应该与新课程一路同行，感受新课程的变化，甚至是引领着的、享受着的、创造着的。佛山课改实践表明，以校为本的教师培训机制的建立，能够有效帮助教师更新教育教学观念，让全体教师真正树立起终身发展观和生本教育观，促进有效教学，提升教育品质。

校本教研，促进专业成长

校本培训更新了教师的教育教学观念，那么，如何有效地把新观念、新思维转化为教师的日常教育教学行为呢？这就需要校本教研来贯通、落实、巩固，并加以完善、发展。

校本教研是基于教学实践、基于教学问题、基于教师专业成长需要的研究活动。佛山课改风景中的校本教研，其突出之处就是注重培养绿色教研文化，催生校本教研共同体，在同伴互助中激发并深化个人反思，从而促进教师的专业成长和终身发展。

创立绿色教研文化。绿色，意味着生机勃勃。绿色教研强调这样一种基于绿色理念的和谐共生，它依托在由绿色校园环境、绿色人际关系和绿色评价体系所构成的绿色文化的基石上。

南海的绿色教研文化的定位和创建活动无疑值得借鉴。2003年，南海区制定了《面向未来的南海教育创新行动纲要》，并以全国首批"以校为本教研制度建设基地"为依托，提出了"建设教研共同体、培育绿色教研文化"的校本教研发展思路。

在校本教研中，要以制度化的方式保障教师对教学的自主决策、反思和改进的权利。为此，南海区出台了《南海区推进以校为本教研制度建设的指导意见》，同时引导学校加强自身的制度建设。在这个过程中，一大批学校都出台了符合本校实际的校本教研方案、管理办法和奖励制度等。

制度保障和规范了校本教研，文化则给校本教研提供了力量与生机。南海区校本教研"不只局限于学校这个小圈子里、小空间里,而是以制度化的方式督促建立一个以学校为圆心、以不定长为半径的一个大圆、一个网络、一个立体的互动环境",从而形成了以校级为基础、以片级为平台、以区级为支撑的教研共同体,并初步培育出了绿色教研文化,促使校本教研走上资源信息化、专家本土化、研究现实化的可持续发展之路。

南海区着力于校本教研常态化,通过制度、资源、人才等各种融通渠道,聚焦教学研究,不断促进制度创新和文化积累,实现校本教研的时空跨越,推动区域教研共同体的发展与共赢。在绿色教研理念的引领下,南海区的校本教研蓬勃发展,为南海教育的发展注入了新的动力。

创新联教研讨模式。联教研讨是校本教研的有效教研机制。佛山市实验学校在联教研讨上所取得的经验值得推广。为使校本教研落到实处,该校一开始就逐步制定了一系列校本教研制度,然后在实践中通过专家引领、同伴互助、个人反思和课题实验四项措施加以落实,同伴互助又采取了联教研讨、教师论坛、师徒结对、为上公开课的教师"诊课"四项策略,取得了很好的效果。其中最具特色的是联教研讨课活动。每学年该校都要开展为期近一个月的联教研讨课活动。其程序如下:同一个备课组的教师选择同一个课题上课,在各自备课的基础上进行组内说课,然后轮流执教,最后,提炼出上某类课的教学模式,并存入教学资源库,供同事参考。其要求是,上一次课研讨一次,后一个教师要在前一个教师上课的基础上有所提高、有所创新,有一定教龄的教师还要努力上出自己的教学风格。这种联教研讨活动,使每个教师都身临其境,取长补短,真正实现了以集体的智慧推动教师个体的发展。2007年年初,"禅城区联教研讨校本教研展示活动"在该校举行。该校在传统的"同课多研,打造精品"联教研讨的模式上,又提出并展示了"同课异构"的联教研讨模式,推动了联教研讨模式的发展。

创设教研反思平台。教研需要反思,反思需要交流,交流需要平台。反思包括个体反思和群体反思。在校本教研中,个体反思无疑是最本质、最深刻、最具原发动力的,它是群体反思的基石。没有反思的教研不可能真正进入教师的日常教育教学实践。佛山课改的反思平台层出不穷,常见的有:教育教学沙龙、教师论坛、校本刊物、网上教研论坛、教育博客等等。

大沥实验小学的一位教师曾经这样写道:"'教育教学沙龙'的气氛轻松和谐,它让老师们都能够随机、积极地反问自己的教育教学:怎么样?为什么会这样?该怎么样?……一次看似简单的谈话活动,却让每一个参与的教师受益匪浅。我深深地觉得'教育教学沙龙'是促进新教师快速成长的'绿色通道'。"形式各异的教研反思平台,为教师的日常教育教学研究提供了良好的交流和表达舞台，教师可以充分地发表意见，提出建议，分享信息，交流、展示自己在教育叙事、教学观察、课改实践等方面的研究成果或独到见解，有效地扩大了教师的参与度，调动了教师的积极性。

校本课程，拓展资源融合

课改对学校和教师的角色都提出了新的更高的要求：学校不再仅仅是考场、教育教学场所和国家课程的执行基地，它还是课改和教研的实验基地以及校本课程的开发基地和各种课程的融通场所；教师的角色也已不仅仅是单一的知识传授者，同时还应该是学生学习活动的组织者、参与者、管理者、协调者、评价者和促进者，以及教育教学的研究者和课程资源的开发者。校本课程的开发和实践，为学校和教师的新角色定位谱写了新篇章。

禅城区东鄱小学与顺德区西山小学的校本课程建设，是两个极有比较意义的典型个案。一个是位于城乡接合部的村办小学，一个是顺德区的品牌学校。面对课改，它们都表现出敢为人先的自信自强，交出了不简单的素质教育答卷，走出了独特的课改之路。如果说西山小学自始至终都游刃有余，体现了面对新课改的先天自信，那么，东鄱小学则迎难而上，面对困难勇者胜，在新课改中收获了自信。

课改给东鄱小学提供了一个迅速发展的空间。在校长的引领下，教师全员参与，克服了种种困难和不利因素，利用自身临近佛山市青少年宫等丰富的社区资源优势，对区域文化资源进行了积极有效的开发，自编教案，自编教材，把"四模"（建模、车模、船模、空模）"玩"进校本课程，并以课题研究推进校本课程的开发与实施。以校本课程的建设为契机，推动学校发展步上良性循环的新台阶：在促进学生人文素养和科学素养发展的同时，促进了教师自身的专业发展，并且通过学生这一中介，拉近了与家长的联系。

西山小学则以科技教育为载体，全面提高学生综合素质、教师专业发展和学校教育质量。该校"科技教育"校本课程的开发有两个突出的亮点：一是坚持地方资源和学校优势相结合。作为一所品牌小学，其自身的师资、生源和各种配套设施都较好。最近几年，学校更是大力推进科技教育课程的建设，一方面把骨干教师用到科技教育上，配足配全科技辅导员和科技专职教师，另一方面加大科技教育投入，更新教学设施，为科技教育的有效开展创造条件。二是坚持资源开发和课程实践相结合。在这个过程中，不断丰富科技活动设备，开发学校科普活动网，加强与家长、社会力量和科研机构的联系，充分利用广阔的社会资源，例如，依托顺德家电、家具和花卉资源优势建立小学生科技教育活动基地。基于这种全方位的融合与开发，西山小学的科技教育在新课程改革中绽放异彩。

在新理念的引领下,在教育主管部门的支持下,在校长的领航下,在教师的积极研究和实践下,佛山各校从自身特色和师生实际出发,主动挖掘和广泛利用社区资源、家庭资源和网络资源,边开发边实践,边总结边完善,自编校本课标,自创校本教材,生成了各式各样的校本课程,促进了社会资源和校本资源的融合以及国家课程和校本课程的融合。

我们先看看南海区九江镇中学个性化校本课程的开发流程:①健全机构,明确职责;②组织动员,提高认识;③加强培训,提升水平;④总体规划,编写纲要;⑤选定科目,组织实施;⑥课程挂牌,自愿选择;⑦学分管理,综合评价;⑧以点带面,形成系列。正是在这样的有效组织和大力实践下,九江镇中学逐渐树立了自己的校本课程特色,形成了以"科技与创新""艺术与欣赏——感受佛山民间艺术"为品牌,涉及人文领域、科学领域、体艺领域、思想方法领域和综合实践领域等五个方面数十门课程的校本课程体系。立足校本,明确目标,灵活规划,形成机制,佛山市校本课程遍地开花结果:佛山市第十四中学的综合实践活动课程系列,顺德区第一中学附属小学的人本化校本课程系列,广东碧桂园学校的国家课程校本化,南海区南海师范附属小学的民乐校本课程,高明区沧江中学的"高明"校本课程,禅城区石湾三小的"娃娃粤剧团"……

(摘自《在探索中超越——义务教育课程改革的佛山风景》,作者参与采写,原载《广东教育》综合版 2007 年第 12 期,略有修改)

河源教育发展密码：后发河源，先发教育

"客家古邑，万绿河源"

河源，建市20周年，辖1区5县。而这5县均为省扶贫开发重点县，被戏称为"后无追兵"的欠发达山区。20年来，河源以现代理念、国际视野不断挖掘源远流长的先天优势，构筑起充满活力的后发丰碑，实现了社会经济的绿色跨越。

"后发河源，先发教育"

这是河源绿色发展的一个密码。

为什么后发的河源必须优先发展教育？后发的河源怎样优先发展教育？优先发展教育又会给后发的河源带来怎样的发展后劲？由一个个闪亮的河源绿色教育地标构成的河源教育地图在昭示、在诠释。

（摘自《后发河源　先发教育——科学发展进程中的河源绿色教育地图》，作者参与采写，原载《广东教育》综合版2008年第7、8期合刊，略有修改）

穷县如何办好教育

惠来县地处广东省东南部,是揭阳市唯一的沿海县和海上交通门户,也是广东省著名的侨乡。由于种种原因,有着较为优越的地理优势与独具特色的文化底蕴的惠来却是广东省有名的贫困县,经济底子薄弱,使这个有着过百万人口的农业大县,被讥讽为"草县"。经济的不发达导致了教育的相对落后。

穷县如何办好教育?这是惠来县一直思考的事关全局的大问题。"穷则变,变则通。"近年来,惠来县各级党政领导紧紧抓住省委、省政府关于加大对经济欠发达地区的支持力度的良好机遇,树立科学发展观,正确面对教育发展中存在的困难和问题,通过实施教育民心工程,实现了全县学校的校容校貌、校舍面积、设施设备、校均服务区域的大幅度提升,促进了全县中小学优质教育资源的发展与壮大,带动了城乡教育的均衡发展,使全县中小学逐步形成了和谐有序、均衡合理、持续发展的基础教育新格局。

穷县如何办好教育?这其实是所有欠发达地区共同面临的基础性课题。发展中的惠来县做出了有力的回答。办人民满意的教育,让教育发展的成果惠及人民。这既是近年来惠来县基础教育实现重大发展的基石,也是其亮色。

(摘自《惠来基础教育发展的基石与亮色》,原载《广东教育》综合版2008年第11期,略有修改)

湛江市坡头区教育创强的示范意义

一跨过海湾大桥就进入湛江市坡头区，一座现代奥林匹克体育中心正在拔地而起，时尚而宏伟，城市繁华的一面尽显；而由坡头区中心去往乡镇的时候，时而凹凸不平的路面、一派乡村景象则时时提醒着坡头的另一面，即城乡接合部，或说是城郊生态。成立于1984年的坡头区，是湛江市一个年轻、充满活力却又底子相对薄弱的区。亦城亦乡的特色，让坡头区的教育创强极具典型性。自2012年赤坎、霞山这两个相对发达的城区率先创建省教育强区以来，坡头区顺利接棒创建省教育强区无疑对整个湛江市推进教育创强工作具有重大的影响作用与过渡意义。如果说，赤坎、霞山两区迈出了湛江教育创强重要的第一步，可以看作湛江教育创强的第一阶段，那么，规划于2013年完成教育创强的坡头、麻章两区则可以看作湛江教育创强的第二阶段，而坡头区顺利创建省教育强区是一个关键点，对湛江市其他相对落后的县（市、区）具有现实的示范意义。

值得一提的是，坡头区的教育创强经验，不仅对湛江市，而且对整个粤东西北地区都具有重要的示范意义。可以说，湛江市坡头区给出了一个如何在粤东西北欠发达地区大体接近的经济发展层次基础上强力助推教育创强、惠及本地百姓的优异答案，正如省督导验收组所评价的："坡头区'创强'工作领导重视，措施得力，成效显著，其在教育'创强'中形成的'大手笔投入，大气魄推进，大氛围营造，大面积提高'的总思路，值得全省同类地区借鉴和学习。"

（摘自《教育创强，让"麻雀"变"凤凰"——湛江市坡头区推进教育创强工作纪实》，原载《广东教育》综合版2013年第10期，略有修改）

中山教育云之范

中山教育云时代：强力度实现互联互通

教育信息化，带来了教育各层级、各要素的互联互通，而无限扩展的教育云时代更让教育信息化为教育现代化带来强力度泛在性应用环境，全方位支撑教育资源无缝链接与实时性的互联互通。

镜头一：到板芙镇广福小学采访时，该校三年级学生正与中山市实验小学三（5）班的学生一起在实验小学教师的指导下进行学习。教育云时代，让教育基于网络实现全面互联互通，保障了教育优质资源的共享。中山市实验小学与相对薄弱的板芙镇广福小学是城乡结对子帮扶学校。据悉，类似的开放性网络化共享教学与培训，结对子学校每学期都会开展好几次。

镜头二：置身于中山教育城域专网综合监控中心时，我们足不出户就可一眼看遍中山市教育的大体情况，因为中山教育云的强大支撑，中山市将全市校园出入口、校车运行、饭堂运作、中高考考场、三维学区等情况全部列入市教育局信息监控中心集中监管。旁边就是中山教育云时代的心脏——云计算中心。步入其中，一大群服务器映入眼帘。中山市教育信息中心刘智昂主任很自豪地说："这些服务器的容量现在达到1300TB，而且都是我们自己动手组装的，可以动态扩展、更新，花费也比较低。"

这是中山教育云时代的缩影。

随着"云计算"与教育的融合，教育信息化的发展也必然进入"云"时代。云，即是无限空间互联网的一种比喻说法。"云计算"，是一种基于互联网的计算方式，通过这种方式，共享的软硬件资源和信息可以按需求分配给用户和终端设备，旨在为基于互联网的应用群体提供动态性、易扩展、虚拟化的资源环境与需求。中山市通过超前视野的规划与超强力度的创建，逐步实现了"云计算"与教育的深度融合。集群式共享、一站式服务，则是中山教育云时代的关键词。

早在20世纪末，中山市教育局就与中国电信中山分公司签订战略合作框架协议，共同推动"校校通"工程建设，构建教育城域专网。通过实施"校校通"助动计划，帮扶学校校园网光纤专线接入。2003年，全市已基本实现"校校通"光纤的战略目标：中山教育城域专网覆盖全市24个镇区360多所学校，网内近7万台终端互联互通、资源共享；教育城域专网上接广东省基础教育网，下连各镇区学校，横通中山市党政内外网；网内全面覆盖实施"绿盾工程"，为全市40多万师生安全上网、健康用网构筑了一条"绿色上网通道"。

在此基础上，中山市在全省率先开通首个地级市教育信息网——中山教育信息港，大力促进信息技术在教育领域的应用。网站整合了三维学区、视频互动、空中家校、移动作业、综合平台、校安管理等近30项综合管理服务平台，使全市的教育管理工作基本实现数字化，成为全市师生和家长的"好助手、好参谋"。为进一步实现校校有网站，该市还积极筹建"中山市三维学区综合信息平台"，为全市学校统一建立了校园门户网站，形成了以中山教育信息港为核心的"一站式"数字化教育公共服务体系，有力推动全市教育高位均衡发展。

随着信息技术的发展，中山市积极推进计算机和网络多媒体计算机室等现代教育技术装备升级改造，全面升级优化城域网网络结构，探索应用IPV6、无线网络、3G移动等通信技术，扩大中山教育城域网覆盖。2012年，随着对"云计算"技术的深入探究，中山市构建了广东省首个教育云计算资源中心，借助分布式存储、并行计算、虚拟主机和负载均衡等云技术应用，中山教育信息港融合了280多台云端服务器资源，汇聚了1300TB网络存储空间，不断提高现有数字化公共教育服务水平。

中山教育云建设：一体化推进应用发展

画面一：虽然板芙镇广福小学是一所比较偏远的乡村小学，但是在采访中我们发现，学校网络化应用环境并不比城市学校落后多少。在这里，互联网全部采取光纤接入，千兆校园网络已基本贯通学校各功能场室，实现资源共享。这很大程度上得益于中山市教育局的"春风行动计划——班班通工程"。"班班通工程"主要是通过计算机与网络技术、利用互联网对中山市教育资源进行联通，同步实现网上教学和管理。自2010年开始，中山市教育局"春风行动计划"共投入20多万元为该校添置多媒体教学平台8套、视频互动系统1套、校园电视台采编系统1套，并为该校实施了网络畅通工程，使该校真正实现"班班通"，既提高了教学效率，也为学校教育教学管理提供了有力的保障。

画面二："老师，我来帮你搬吧。"市教育信息中心的小伙子边擦汗边热情地说。原来，他们在帮助前来参加"网络视频互动系统"培训班的老师搬送配发的设备。这次"春风行动计划——网络视频互动系统"操作应用培训班，全市24个镇区教办信息化专业干部参加了培训。据了解，从2006年起，"网络视频互动系统"就开始应用于中山市市镇两级教育会议，对提高教育机关行政效能发挥着重要的作用。为了进一步深入推广应用，教育信息中心将该系统全面推广到网上教研和远程教学领域，使其真正为促进教育改革服务。

2010年起，中山市积极实施"春风行动计划"，实现优质教育资源城乡学校之间共建共享。充分利用市财政划拨的教育信息化专项资金进行统一采购，通过组织网络信息员和志愿者队伍，以现场安装和培训等形式，将符合教育现代化要求的信息化设备配送到基层学校，帮扶薄弱且应用积极的学校进行信息化建设。该项目包括"班班通"项目、网络视频互动系统项目、网络畅通工程、"一机两语"电脑室升级改造、校园电视台示范项目等多个子工程。3年来，共投入市财政资金近3000万元，成功调动镇区投入8000多万元。此举以点带面，在促进各镇区加大对教育信息化投入的同时，缩小了城乡之间、学校之间的数字化水平差距。目前，全市所有中小学教室均高标准配置了多媒体教学平台，所有镇区已开通了网络视频互动系统。"春风行动计划"受到了省教厅"资源下乡行动计划"项目组的关注，以《教育简报》的形式向教育部办公厅汇报并向全国宣传推广。中山市教育信息中心对"春风行动计划"是以一个关系未来教学发展的系统工程来整体筹划，按照"三通"要求，高标准、高质量、高效率地全面推进工程的整体实施。首先是"通"硬件，以适应现代化教学需求。在设备选型和设计过程中，广泛征求基层一线教师意见，所有设备都是经过厂家公开展示和专家测评，经教师代表公开投票的方式精心挑选出来的。比如讲台设计，为了适应教师的教学习惯，信息中心自行设计并制作模具，让厂家订制而成。其次是"通"资源，在通硬件的基础上配备与之相适应的信息化教学资源，在提供城域网资源库群访问服务基础上，每套平台的主机内都有1TB容量的涵盖中小学各级各类课程标准的素材资源库，保证所有平台即使"脱网"使用，也能满足教学需求。最后是"通"方法，每次下发设备的同时，教育信息中心都举行培训班，让受帮扶学校尽量做到日常化应用信息化设备与资源，实现信息技术与学科教学的常态化有效整合，保证平台使用效益。

"春风行动计划"教育信息化系列示范工程是中山市教育信息化建设的重要举措之一，有力地保障了该市优质数字教育资源的均衡发展和共建共享。此外，中山市还通过"数码先锋号""空中家长学校"等推进城乡、家校信息一体化建设。比如，为配合《广东省资源下乡行动计划》的开展，该市筹建了国内第一台IT资讯车——数码先锋号，车内数字化教学设备一应俱全，能满足30位师生同时参与网络教学活动。自启用以来，IT资讯车常年进驻到各镇区为农村的孩子及家长提供服务，人数近2万人次，深受群众欢迎。

"应用促进发展，发展服务教育。"中山教育信息化效益型应用发展模式有效带动全市教育单位共同参与。多年来，全市公民办学校教育专网接入率达到100%，全市公民办学校100%建有校园网，其经验做法作为"广东省信息化试点示范项目"在全省推广。

中山教育云动力：强效能支撑资源共享

情景一：2001年，刘智昂被推荐到市教育局教育信息中心工作。针对中山当时信息技术应用未成气候、政府财政资金投入不足、教育信息化队伍薄弱的困局，刘智昂大胆提出政企合作共建城际光纤专网的战略构想，灵活机动地引入中山电信、中山移动等大型国企合作开展"校校通"工程建设，并顺应时势推出"校校通"助动计划帮扶薄弱学校免费接入中山教育城域网。短短两年，全市"校校通"光纤上网普及率从7%跃升为98%，近7万台终端在网上日常运行，成为全市最大的城域专网。为了保障教育城域网的安全稳定，需要一个中心机房对接入线路进行日常监控和提供基础网络服务。由于经费紧张，刘智昂充分发挥"自力更生、艰苦创业"的精神，坚持"少花钱，多办事"的原则，天天守在单位做技术攻关，自主规建中心机房，经常自己掏钱购买大量技术书籍、应用软件和网络工具。他的以身作则、无私奉献感染了整个中心团队，全体人员放弃了大量的休假时间，经常跟着他加班加点拉网布线、组装服务器、开发程序。短短数月，搭建起中山教育城域网中心机房的雏形，免费为学校提供大量的网络增值应用服务。

情景二：教育云计算资源中心是教学资源建设的"数码仓库"。中山教育视频网和中山教育资源网在中山教育云平台的支持下，不仅为全市教师提供不限容量的视频存储空间，还免费为中山、珠海、江门三地提供1.2万堂优质课例视频和15TB涵盖中小学各级各类学科课堂同步资源。中山教育视频互动云平台更为全市中小学校都开通了"网络课室"，任何学校都能随时随地地组织学术研讨和公开课，实现校际的教学资源协同发展。

教育信息化，不仅仅是信息层面的普及，更重要的是推动教育的信息化变革，即信息技术与教育的全面深度融合，实现优质教育资源广泛共建、常态共享。教育云的创建与应用，就为此提供了强有力的技术支撑，有利于教育资源的全面共建共享，从而推动教育理念、教学方式与学习方式的主动变革。要以教育信息化带动教育现代化，核心在于教育信息化要为教育现代化带来变革性技术支持。技术的核心又在于人，教育信息化云时代，促使更多信息技术教师从幕后走到台前。市教育信息中心和电化教育站在教育信息化的关键节点起到推波助澜的作用。

"我们不再仅仅是电脑维修工，更重要的是，我们为教育提供技术变革的实质性支持，成为信息化带动下教育均衡发展的引领者。"市教育信息中心吴老师说道。市教育信息中心主任刘智昂就是这方面的重要代表。提起刘智昂，熟悉的人都会想起"信息化专家""网虫""工作狂"这些关键词。他是中山教育界有名的"网痴"。而正是这个"网痴"，带领整个信息中心团队一次次把握住信息化发展的机遇，自力更生，攻坚克难，创造了"花小钱，办大事"的高效能建设模式。以"应用促进发展，发展服务教育"为教育信息化创建与发展理念，刘智昂带领教育信息中心和教育信息网通讯员、网管员队伍，以应用和服务为抓手，通过自主开发搭建公共应用平台，全市教育信息化逐步形成了以中山教育信息港为核心的"一站式"数字化教育公共服务体系。这是全国第一个，也是唯一一个同时开通网络电视台、wap网站、手机报的综合教育门户网站，在2010年被教育部评为全国五十佳网站，也是中山市唯一连续7年以总分第一的成绩问鼎全市十佳的政府网站。中山教育信息化建设，锻炼、培养、形成了一支特别能战斗的队伍，他们爱岗敬业，乐于奉献，专业技术精，创新意识强，合作精神好。在他们身上充分体现了中山市教育局提出的在岗、在行、在状态的"三在"要求，树立了中山教育人良好的社会形象。如今，中山教育信息化发展实现了跨越式发展，并成功创建了中山教育云，搭上了教育云时代这一高速列车。

在市教育信息中心与电化教育站的推动下，中山市各级各类学校的教育信息化人才培养也成绩斐然。在中山市的学校里，信息技术教师在学校的教育管理数字化与课程教学改革创新中，发挥了越来越重要的平台开发与技术支撑作用，而学科教师也日益意识到信息技术的作用，教育教学课程的资源建设与改革创新背后的技术性影子也日益清晰。中山特色的数字教育资源库群的成功创建与高效应用就是这方面的典型例子。2008年，中山推出全国首个免费的官方教育视频网——中山教育视频网。该视频网站汇集了教育资讯及本地教学资源，截至2012年年底，累计编辑专辑1574个、视频7万多段，每天有近1.4

万人次的点击量。2010年,启动中小学校园电视示范工程建设,为全市140所学校配备了校园电视设备,培训视频制作专业教师720人次。市教育局电教站建有300多平方米的大型演播室,配有先进的教学录像拍摄、编辑、制作成套设备和专业的制作团队,每年制作各类教育电视节目约200期。2010年,以基础教育"精品课程"建设为契机,先后建立了中山市精品课程网和中山教育资源网,发动全体教师参与教育资源的开发,累计制作多媒体课件15240个,拍摄课堂教学录像11147个。在市教育局的大力推动与广大具有较高信息素养的教师的支持下,通过采用引进、整合、研发、共建等多种形式的资源建设,全市已初步建成了具有中山特色的数字教育资源库群,为全市教师创新教育教学方式提供了良好的互动资源支撑。中山市还先后开展了"四结合教学改革试验""基础教育跨越式发展创新试验""基础教育精品课程建设"等信息技术教学应用研究项目,全市中小学信息技术环境下的数字校园、互动教学蔚然成风。

(摘自《中山教育新气象:信息化促进教育现代化》,作者参与采写,原载《广东教育》综合版2014年第1期,略有修改)

和平县：教育创强创出"文化软实力"

和平县公白镇倡导"致公处世，明白为人"的育人思想，以德为首，以教为主，大力实施文化育人，创新学校管理，深化课堂教学改革，教育教学质量稳步提升。公白中学完善校园文化活动机制，大力推进农村初中教学改革，试行"梦想课堂"模式，先后开展了学生学习习惯教育、"写方正字，做正直人"书法比赛、教师优质课比赛、青年节男生篮球赛和女生拔河赛、青春励志教育讲座等活动共 42 场次，参加人数为 4500 多人次；中心小学开展了争做小记者、我做文明礼仪小主人、尚尊家人助学、安全知识竞赛、少年宫我做主、乒乓球比赛、花样跳绳等活动共 36 场次，参加人数为 2400 多人次。

这是和平县教育创强、注重"文化软实力"的一个普通缩影。在推进教育创强过程中，和平县倡导文化育人理念，大力实施"一校一强项"和"一校一特色"工程，各校根据自身实际实施了"经典文化育人""客家传统美德育人""红色文化育人""社团文化育人""生态文化育人""和文化育人"等，形成城乡共育、各具特色、差异发展的局面。

自 2010 年教育创强启动以来，和平县已完成投入 5 亿多元，已有青州、优胜、大坝、上陵、长塘、浰源、彭寨、公白、古寨 9 个镇顺利通过省教育督导验收，成为广东省教育强镇，占全县乡镇总数的 52.94%，下车、东水两镇通过督前检查。与其他地方相比，作为经济欠发达、教育底子薄的山区县，和平县的教育创强少了一分显性的速度；但与教育创强一起生长起来的文化育人特色，又让和平县的教育创强多了一分文化的味道。2010 年，是和平县教育创强启动之年，也是和平县文化育人理念生成之年。而随着文化育人理念的生成与践行，和平教育得以从内涵上获得全面提升的动力，从而为和平县教育创强工作提供了内源性的长效支撑。如今，文化育人业已成为和平县区域教育特色品牌，成为和平县教育创强的重要推力与闪亮标志。

2014 年 12 月，和平县"文化育人"被列入广东省教育综合改革试点项目。

（摘自《客家古邑，教育新意——河源市教育创强纪实》，作者参与采写，原载《广东教育》综合版 2015 年第 5 期，略有修改）

在规范的基础上通向特色发展的优质办园之路

近年来,广州市越秀区深入实施学前教育三年行动计划,学前教育整体水平稳步提高。越秀区出台《越秀区幼儿园教科培指导意见》,践行"三联六合"研训模式,启动"幼儿园一日生活的有效组织"系列研训活动,对全区十一所幼儿园实施"研训一体优化幼儿园一日生活有效组织"工程。所谓"三联",指的是区域研训、片区研训、园本研训互相结合、互相联动;所谓"六合",指的是主题引导、头脑风暴、课例展示、片区互动、园本跟进、区域共享。正是有了区域规划与专业引领,越秀区幼儿园在规范的基础上获得了个性化的特色发展。

对于广州市越秀区学前教育来说,落实《广东省幼儿园一日活动指引(试行)》(以下简称《指引》),更多的是如何把《指引》精神与区域特色有机链接,更好地促进区域内幼儿园的特色发展。"其实,在省《指引》颁布实施之前,我们就已经对全区幼儿园进行了'一日生活组织'的调研,确立区域研训主题,围绕'幼儿园一日生活的安排与组织''幼儿园一日生活的常规管理''幼儿园一日生活中消极等待的有效策略'进行系列主题引导和研训,引导幼儿园科学安排和组织幼儿园一日生活,还组织编写了《越秀区一日活动组织与实施指引》。"越秀区教师进修学校教研员张艳婷如是说。有了这样的专业研训引领与超前发展视野,如今越秀区的各幼儿园已不仅仅满足于规范办园这一基础性要求,而且通过充满个性的园本课程与百花齐放的园本文化全区域走出了一条通向特色发展的优质办园之路。

(摘自《越秀:以专业引领学前教育特色发展》,原载《广东教育》综合版 2016 年第 3 期,略有修改)

"上品教化"：番禺教育转型升级的"智慧芯"

这是一个深化改革开放的时代。中国梦寻路上，教育自有担当。

这也是一个加快转型升级的时代。改革开放三十多年来，包括教育在内的中国现代化建设取得了举世瞩目的成就。而今，改革开放的方舟驶入深水区，中国现代化征程正在加快转变经济发展方式，整个经济社会发展开始加速转型升级。有道是：教育优先，科教兴国。教育，作为民族振兴和社会进步的基石，要实现可持续发展及其对时代的先导性影响，更急需加快转型升级。"加快转型升级，建设幸福广东。"就广东教育来说，以《国家中长期教育改革和发展规划纲要（2010—2020年)》以及《广东省中长期教育改革和发展规划纲要（2010—2020年)》作为标志，教育改革发展加快从过去以规模扩张、数量发展、硬件建设为主向今天以内涵发展、质量提高、软件建设为主转型升级。

广东，作为深化改革开放的先行地，担负着率先基本实现现代化的重大期许。在这样的时代大背景下，广东教育正面临着如何在全国率先基本实现教育现代化这一重大而紧迫的课题。当走进广州市番禺区教育现场探寻其教育改革发展路径时，我们发现，番禺教育率先改革发展之姿、华丽转型升级之路、现代教育上品之境，无疑能为广东教育解答这一重大课题带来启发性的思考与原生性的智慧。

"上品教化，幸福番禺。"全面推进教育现代化，是番禺统筹城乡建设、实现教育可持续发展的现实需要，更是建设更加富裕、和谐、幸福番禺的必然要求。番禺以大气度的魄力、大手笔的投入、超常规的建设实现了教育的大跨越、大发展、大提升，走出了一条以城乡教育一体化促进教育现代化的科学发展之路。如今的番禺已基本形成基础教育、职业教育、成人教育和高等教育协调发展，公办、民办、联办等多种办学体制并存的大教育格局。番禺教育人涵养着岭南文化"诚信务实、见贤思齐、开放包容、敢为人先"的精气神，以理念引领、一体发展、高位均衡、品牌创生的率先品质与教育个性，推动番禺教育华丽转型升级，树立现代教育上品境界。

"创强争先"，助推转型升级；"上品教化"，奠基教育上品。所谓"上品"，最优者也；所谓"教化"，教育且化成也。"上品教化"既包含对物质方面的追求，又偏重精神方面的默化，凸显了番禺形神合一的至善教育追求。作为率先实现"创强争先"的区域之一，番禺在快速转型升级中促进了教育的均衡发展、优质发展。而在后"创强争先"时期，如何在更高层面、更大范围满足群众对优质教育资源的需求，彰显区域办学特质，实现品牌集群效应，进一步提升番禺教育品牌的个体生长力与整体影响力，就成为番禺教育改革发展的核心所在。在"创强争先"时期创生的"上品教化"教育理念，以其特有的张力与境界，正好为番禺教育持续转型升级提供了自主孵化、核心创新、无限完善的智慧动力。番禺区教育局局长冯润胜曾这样说道："我们之所以提出'上品教化'理念，就是要提供人民满意的优质教育，培养出一批批具有高尚品德、健全人格，有责任心和使命感的合格公民，培养出一批批具有现代人品质，又传承岭南文化内涵的谦谦君子。这是教育的职责，也是对社会的承诺。"

"上品教化"教育理念，是番禺教育现代化征程的最重大特质，是番禺教育华丽转型升级路径中最具有深远影响力的区域性品牌创造。

一种有生命力的全局性教育理念的创生与实践，实质上是对教育改革发展问题与趋势的良性回应，它需要根植于历史，立足于现实，着眼于未来。正如冯润胜曾指出的，"上品教化"教育理念正是"番禺教育处在'高原区'，到达改革'深水区'"这一大背景下的产物。也就是说，"上品教化"正好回答了这样的重大课题：教育理念、文化等教育"软件"如何适应学校办学条件这一教育"硬件"的大幅度改善，从而为教育的内涵式转型升级提供源源不断的智慧支撑。番禺教育在转型升级中致力于追求形神兼备的教育现代化上品之境，形象地说，就如同是一场教育"接力赛"：党政以重教为先，很接地气；民众以兴教为荣，极为给力，这可以称之为有形的"教育接力"；而"上品教化"理念对番禺教育来说，则是无形的"教育接力"。几年前，冯润胜就曾说过，番禺提倡的"上品教化"至少要凸显四大特点："一是结构优，较好地实现教育的均衡协调发展；二是模式好，办学体制、管理机制、素质教育、课程改革等方面有创意，有革新，形成了科学的运行模式；三是质量高，有特色，在全市、全省甚至全国名列前茅，发展势头良好；四是口碑佳，成为独特的教育品牌，有区域内公认的较好的推广价值"。近年来，番禺在践行"上品教化"教育理念的过程中，成功创建了"广东省推进教育现代化先进区"，岭南校园文化建设硕果累累，课堂教学改革如火如荼，教育事业优质均衡发展，区域教育品牌影响力显著增强。冯润胜当年的认知正在变成现实。如今，冯润胜明确强调："以岭南校园文化建设活动与'研学后教'课堂教学改革模式为双轮驱动的'上品教化'教育理念，正以'上品'的姿态推进番禺教育的现代化。它至少要回答好番禺教育现代化'上品'境界的四大取向：一是教育现代化的价值取向，即人本化；二是教育发展战略立足均衡化，即城乡一体，高位均衡;三是教育发展思路在于优质化;四是教育体系构建定位于实现终身化。"育人至善的"上品教化"教育理念,已成为番禺教育人共同的教育导向与价值追求。

"上品教化"的引擎:行政合力

"上品教化"教育理念是番禺教育推进教育现代化、持续转型升级的智慧内核,用冯润胜的话说,它"既是发动机,更是宣传队"。而"上品教化"之所以能够得到大力的推进,则在于番禺区各级教育行政部门的强大推力与工作合力。正是这种行政推力与合力促进了番禺教育区、镇、校三级的无缝联动,推动了"上品教化"教育理念的有效落实。这主要得益于番禺极具区域特色的"以区为主,区镇共管"的教育管理体制,以及较为完善的教育决策、执行、监督相结合的教育管理机制。例如,对于岭南校园文化建设,番禺从三个层面来推进:区级层面,注重"整体规划,分类指导";镇级层面,注重"专家引领,课题研究",搭建活动实践平台;学校层面,注重"创强促优,特色发展",支持基础好、质量高的传统名校强化品牌。又如,番禺教育局从宏观(区域)、中观(镇/片)、微观(学校)层面,对"课程研发、课程管理、课程实施、课程评价"进行整体设计与规划,通过"行政推动、模式驱动、教研带动、片区联动",推动富有岭南特色的综合实践活动课程建设与发展。

"上品教化"的载体:岭南文化

"上品教化"教育理念有两个重要基础:一是校园文化建设,二是课堂教学改革。这是"上品教化"展翅高翔的两翼、阔步前行的双轮。

在校园文化建设领域,番禺注重厚实"岭南文化"底色,通过建设传承番禺内蕴、体现岭南特色的现代校园文化体系,引领学校打造德才兼修的高水平素质教育。正如冯润胜所指出的:"在番禺区教育系统提出'上品教化'的教育理念,就是要以岭南校园文化建设为载体,着力构建番禺教育的文化内涵和价值体系。"围绕"上品教化"教育理念的实施,番禺制定了《岭南校园文化建设行动纲要》和《番禺区中小学校园文化建设方案》,大规模、大力度组织了名校品牌建设和校园文化评选,创建和发展了一批富有强烈时代特征、智慧内涵与文化品位的岭南校园文化品牌学校。当我们翻开《番禺区第二届校园文化建设评比获奖学校自评报告选集》时,就强烈感受到了番禺岭南校园文化建设的浓厚氛围,而当真正走进学校置身其中时,我们更为学校独具韵味的文化氛围所感染。

一走进沙滘中学,一艘古色古香的有着辉煌战绩的"龙舟"跃然眼前,岭南韵味扑面而来；而教学楼前"同舟共济"雕塑则让我们体会到"上品教化敢为人先"的番禺教育精华，感悟到"同舟共济，击水中流"的沙滘中学精神。沙滘中学的岭南校园文化建设充满以龙舟精神为核心标识的岭南水乡风情。龙舟，可谓是沙滘中学的"图腾"，是沙滘中学的办学理念、学校精神的物化标志。在沙滘中学，处处都有龙舟的身影；置身沙滘中学，就如同置身在龙舟的精神世界。在学校的文化长廊中，撷取岭南广府地区古代史（包括传说）的六个截面，分别是"五羊献瑞""秦皇设郡""衣冠南渡""海上丝路""虎门销烟""赛龙夺锦"，展现岭南历史、文化与精神的渊源。在此基础上，学校把校园环境建设与办学特色如剪纸艺术、田径特色、象棋特色等有机整合，让物质环境注入精神的灵动，营造出岭南特色鲜明的校园文化氛围。

而在番禺执信中学，你能感受到每一处校园景致的人文气息。在执信文化广场，面对雕刻着朱执信先生的革命足迹和生平事迹的石雕长廊，你能形象具体地感受到执信先生的革命信念和为国捐躯的壮举；步入岭南园品味岭南水乡风情，让人神清气爽；校史长廊、桃李园、融汇中西文化精神的一大批校园雕塑，则以其独特的文化内涵向你叙说着学校的历史与担当。这里，还有集知识性、趣味性于一体的科技长廊乐园，让学生体验玩中学、学中玩的乐趣；具有百科全书功能的地博园，则让学生享受到不同地域文化的熏陶……番禺执信中学尊崇朱执信先生"砥节砺行、薄身厚志"的高尚品德，以"崇德瀹智"为校训，巧妙地融"环境育人"与"精神育人"为一体，潜心育人，以德立人。

在师生古典诗词的吟唱氛围中，你能品味到市桥实验小学的"根教育"文化的魅力；在沙湾镇中心小学，你能触摸到以"各美其美，美人之美，美美与共"为文化内涵的"和美校园"氛围；在石楼镇中心小学，书墨飘逸，而其自主创编的"环保天使棋""快乐廉洁棋""智取安全岛"等"三棋"活动，让学生在快乐中知书达理……学校，是番禺岭南校园文化建设的细胞。比比皆是的学校层级的岭南校园文化建设，极好地诠释了番禺校园文化建设的岭南底蕴：它们不仅注重岭南文化环境的营造，而且注重岭南文化精神的引领，并把这样一种文化精神与环境渗透于学校个性化的课程与活动之中。

"上品教化"的抓手：研学后教

作为番禺"上品教化"教育理念的重要载体，岭南校园文化建设为番禺区教育改革发展打下了丰厚、清新而亮丽的底色。如何在这样美妙的底色上施于重彩，打上鲜明的主色调？课堂，是教育教学的主阵地。要打造现代教育的上品之境，必然要回归到课堂教学改革上来。"研学后教"，就是番禺课堂教学改革的切入点和突破口，是践行"上品教化"的重要抓手。

2009年起,象贤中学以"三元整合导学模式"为课题,大胆创新,勇敢变革,开始"研学后教"课堂教学改革实验。所谓"三元",是指在学生和课程内容已经确定的前提下,影响教学的三个主要因素,即教学目标、学科课型、教学策略;"整合"主要是指三元的整合,即在教学过程中保持教学目标、学科课型和教学策略的一致性,使其构成一个有机的整体,以提升教学的有效性,同时也包含理论与经验的整合,以建构一个对教学具有直接指导意义的统一的理论体系与操作体系;"导学"是"三元整合导学模式"的核心思想,主要是指学生通过目标导向、教师指导、导学稿引导进行自主学习和合作探究,完成学习任务,达成学习目标。在"三元整合导学模式"中,课堂教学评价标准不再只看教师是否"教完了"或"教好了",更主要是看学生是否"学完了"和"学好了"。静水流深。象贤中学的课堂教学改革实验取得了显著的成效:学生乐学、好学、会学的学习氛围基本形成,自主学习能力得到较大发展,教师的专业水平也获得了很大提升。同时,象贤中学还把课堂教学改革与以"贤文化"为内核的岭南校园文化建设相融合,"导"的理念由课堂向课外延伸,向学校的一切教育教学活动渗透。课堂精彩与课外丰满齐飞,"导学"让象贤中学实现了内涵式发展。

冯润胜对象贤中学的课堂教学改革极为欣赏,认为"三元整合导学模式"课堂教学改革是"上品教化"教育理念的真正体现。2012年3月,他组织全区500多名中小学校长到象贤中学召开教改现场会,并由此全面启动全区中小学的"研学后教"课堂教学改革。其目标是用3年左右的时间建构具有特色、充满活力、高效和谐的番禺中小学课堂教学模式,从而深化教育改革,推进素质教育。2012年10月,番禺区教育局在广东第二师范学院番禺附属中学(简称"二师附中")隆重召开番禺区中小学"研学后教"课堂教学改革阶段性小结现场会,展示近一年来中小学的教改成果:象贤中学的"三元整合导学模式",仲元中学的"五环学习法"教学模式,番禺实验中学的"62循环自主课堂"教学模式,二师附中的"给予学生能力培养的参与式课堂"教学模式,大石中学"三学两教、分层发展"教学模式,富丽中学"2034课堂"研学模式,德兴小学"三问"课堂研学模式等特色课堂教学模式基本定型,初显成效,课堂品位不断提升。

"研学后教"课堂教学理念,以小组学习为形式,以研学案为载体,强调学生在学习过程中的主体地位,引导自主学习、合作学习、探究学习。"研学"主要是教师在深入研究学情、学法和课标、教材的基础上,编写出引导学生学习目标、内容、方法的"研学案"。学生在"研学案"的指引下,通过自主、合作、探究,钻研知识和方法,生生互动,提升能力。"后教"主要针对学生钻研后存留的困惑与问题，展示交流，生生互教，教师进行恰当的点拨、拓展和延伸，让学生再进一步的自主、合作、探究学习，充分有效地达成教学目标。"研学后教"的最终目的是实现学习方式的转变。

"上品教化"的效应：品牌创生

通过岭南校园文化建设与"研学后教"课堂教学改革，"上品教化"教育理念最终落脚于品牌学校的创建，从而实现从宏观领域到微观领域的有效过渡，实现教育务虚与教育务实的深度结合。

番禺从学校办学的实际与需要出发，总体引领全区学校凝练、培养、提升并形成精神文化，大力推动"一般学校"向"特色学校"，"特色学校"向"品牌学校"跨越。比如，番禺中学的"孝道教育"，就是一块享誉岭南、影响全国的金色品牌。它曾荣获全国中华民族传统美德教育先进实验学校、广州市首届中小学德育创新奖一等奖等称号，社会效果极佳。番禺中学以"上品教化"引领校园文化建设，融会进取与包容的岭南文化精髓，弘扬"厚于德、诚于信、敏于行"的新时期广东人精神，在"你行我也行"办学理念的指导下开展孝道教育，注重教育引导学生从"亲亲"做起，逐渐积累德行，升华思想，做一个人性丰满、有孝于父母、有利于社会、有用于国家的人。这种"孝道教育"已不仅仅局限于亲情方面，而是一种上升为家国情感、责任精神与社会意识的"大孝道"。

在"上品教化"引领下实现品牌立校，已成为番禺各个学校共同的理念导向、教育生态与办学追求。无论是城区还是乡镇，无论是传统名校还是普通学校，一大批学校品牌正在生长生成，开花结果。番禺学校品牌化创建正呈现集群化生成态势。在番禺，不仅有君子仲元、孝道番中、禺山艺术、象贤贤文化这样的高中学校文化名片，更有像石碁、沙湾、石楼等普通乡镇所聚集形成的一批既有镇域共性又有校本个性的学校教育品牌。比如，我们在石碁镇东怡小学了解到，其创生的"怡乐文化"渐成品牌。怡乐怡乐，怡然自得，乐在其中。在石碁镇教育指导中心直接推动下，东怡小学结合学校特点积极内化"上品教化"教育理念逐渐生成的"怡乐文化"，可谓深得儿童教育之精髓。东怡小学以"怡乐育人，让每个孩子收获幸福人生"为核心理念，以"怡雅校园、幸福校园"为发展目标，践行"知书达礼、怡爱怡行"校训，形成了"怡心管理、以章导行"的管理模式，"乐教善导""乐学好问"蔚然成风。其"怡乐文化"教育品牌涵括五大板块：一是创设"怡雅环境"，营造以人为本的育人环境；二是打造以仁爱品德教育为主的"怡爱德育"，让学生具有仁爱之心、仁爱之行动，如结合《弟子规》《三字经》《论语》等中华传统经典诵读进行礼仪教育与传统文化教育,在新生学童礼中教育学生学会感恩父母、老师,等等;三是开展"怡美活动",如绘本阅读活动、图画书创作活动、体艺教育活动、"怡乐少年"评选活动等,给学生提供展示才华、发展个性的舞台,培养的学生实践能力和创新精神,提升综合素养;四是建构返璞归真的"怡乐课堂",实现由"讲授为主"向"互动为主"转变,从"教会知识"向"教会学习"转变,从学生"被动接受"到"主动创造"转变;五是完善"怡心管理",以怡心管理促效益,使办学特色持之以恒、深化发展。现在,学校的图画书创作、礼仪教育、体艺特长、学科教学质量相互辉映,构成了立体型的"怡乐为根,多元发展,礼艺见长"的特色办学体系。

值得一提的是,在番禺学校的实地走访中,我们还发现,在认同"上品教化"教育理念的基础上,番禺许多学校对"上品教化"教育理念都有着自己的个性化见解,而这一个性化的独特见解正是每一所学校自身的历史底蕴、文化传承与发展方向的特质之所在。这或许就是"上品教化"教育理念在引领学校品牌建设过程中的魅力所在:既展现强大的引领力与影响力,又充满无穷的融通力与适应力。

(摘自《"上品"教育 教育"上品"——广州市番禺区教育转型升级路径透视》,原载《广东教育》综合版 2013 年第 3 期,略有修改)

四会市推进教育现代化的启示

四会市位于珠江三角洲经济圈，因"四水会流"（西江、北江、绥江和龙江）而得名。在"四水"的滋养下，"广府文化""客家文化""华侨文化""现代文化"在这里交汇融通，形成了"开放、包容、务实、勇于探索、敢为人先"的"四会精神"。

四水会流，和合共生。

2012年7月，刚刚于2011年年底通过省教育强市督导验收的四会市立马着手推进省教育现代化先进市工作；2016年1月，四会市通过省推进教育现代化先进市督导评估组评估，被认定为"广东省推进教育现代化先进市"。短短四年，由教育创强到教育争先，四会市以"四会精神"为号角，在政府、学校、社会的共同努力下，以"一流教育"区域教育理念引领学校特色发展、文化育人，系统建构起有内涵、尚品质、多层面、立体化的"四会教育"品牌，初步走出了一条"兴办一流教育，建设和谐新四会"的教育现代化科学发展之路。

理念先导：四会教育呈现灵动之魂

理念来源于实践活动又引领着实践活动。教育理念亦然。融时代性与前瞻性于一体的教育理念，一旦成为教育行动的思想先导，将会显著推进教育实践活动。基于这样的认识，四会市逐渐树立了"兴办一流教育，建设和谐新四会"的教育理念。有了教育理念的引领，四会教育现代化的创建活动就有了灵动之魂、聚焦之力。

特色引导：四会教育描绘内涵之质

特色彰显了事物的多样性，多样的事物构成了丰富的世界。正如世界的发展需要多样性，教育现代化的创建也需要多样性，需要特色。教育特色，以个性诠释教育真谛，凸显教育内涵。四会市以特色为引导，促进教育与文化的融合，推动了学校的特色建设和内涵发展，为四会教育增添了活力，点燃了亮色。

系统主导:四会教育树立厚实之本

教育现代化的创建是一个系统工程,需要以学校为支点,统筹推进。基于此,四会市在推进教育现代化的过程中,在市委、市政府统筹领导下,协调各相关职能部门,在教育局的具体推动下,围绕现代化学校建设,教育现代化创建成果斐然。

(摘自《"一流教育"导航 "四会教育"荟萃——四会市教育现代化创建纪实》,原载《广东教育》综合版2017年第1期,略有修改)

韶关市武江区推进教育现代化的示范意义

推进教育现代化，着力点在于学校。没有一所所学校个体的优质生长，就不可能有区域内教育现代化的实质性建构。在武江，两天的密集采访下来，笔者感受最深的是学校现代化的生长深受区域内党委、政府教育发展理念与教育发展路径的影响，也离不开教育主管部门的引领与支持，更离不开每一位校长与教师的自觉践行。如果说，教育创强可以通过硬件的显著改善较短时间内达到目标，那么，教育争先更多的还要靠教育质量的提升与教育内涵的积淀。2017年7月，武江区获得"广东省推进教育现代化先进区"称号，彰显了武江区教育现代化的阶段性成就。当然，该称号的获得仅仅意味着推进教育现代化的过程性评价，而不是教育现代化结果的终结性评价。由是，推进教育现代化不应求毕其功于一役。

以是观之，对武江区推进教育现代化的采访，有两点让人印象深刻：

一是，2017年年初，武江区举办了"一训三风"陈述会，全区28所中小学的校长全部上台展示各自学校的办学理念与办学路径。这一举措，让特色均衡、优质发展、立德树人、文化育人等理念深入每一所学校的教育现代化进程之中。

二是，以市九中、市十四中、金福园小学、东岗小学、田家炳小学、红星小学、至和小学、华泰小学为龙头校，在一对一校际扶助联合体的基础上把全区中小学划分为八大"校际联盟体"，初步实现了全区学校教育现代化的共享式发展。

第一点是教育理念的倡导与引领，第二点是教育治理模式的创新与完善。这两大举措，既彰显了武江区对学校个性化生长的重视，也凸显了武江区对学校共享优质发展资源实现教育公平的关注。在推进教育现代化的过程中，武江区能有这样的视野与愿景，那么，即使在落实的过程中还有某些不足与不完善的地方，也一定能用创新的思路解决推进中的问题，建构起广阔的教育现代化图景，从而对韶关市乃至粤东西北地区推进教育现代化起到良好的示范作用。

（摘自《立足于学校生长的教育现代化之路——韶关市武江区推进教育现代化纪实》，原载《广东教育》综合版2017年第8期，略有修改）

觉民之思：点燃的力量

教育，本质上是一种影响力。教育影响力，核心在于激发潜能，点燃智慧。诚如爱尔兰诗人叶芝说："教育不是注满一桶水，而是点燃一把火。"觉民教育，就是这样一种凸显教育影响力的教育理念。觉民教育的精神核心为"明德、循道、正觉、悟民"，本质上就是立德树人。觉悟的过程就是点燃与唤醒的过程。因此，觉民教育就是点燃教育，就是唤醒教育，就是心灵荡击心灵、灵魂唤醒灵魂、生命焕发生命的过程。

觉民教育，循教育规律行事，不谋求模式的大一统，而是倡导理念，以教育理念引领教育实践。在觉民教育理念的引领下，湛江开发区各学校自觉善为，创建了丰富多彩的具体化的"觉民教育"学校范式，如区觉民小学的"斯道觉民"文化、区一小的"觉童教育"理念、区四小的"诗雅觉民"活动等，促进了学校的特色化、个性化发展。

事实上，理念的引领与视野的打开远比模式的建构与方法的守成更重要，因为教育的对象是活生生的生命个体，不可能拘泥于一规一法。正所谓："教学有法，教无定法。"所以，在觉民教育引领下的课堂教学改革中，湛江开发区创生的"觉生课堂"并没有强调全区性课堂教学模式的建构，而只是提出"开放、开发、开拓"的理念导向，让学校、教师自主去探索符合自身实际的教育模式与教学风格，从而形成了不拘一格的学校教育教学生态。湛江开发区东简中学结合学校实际，"以人为本，关注生命"，坚持"快乐学习、幸福成长"的教学宗旨，遵循"人人参与、个个展示、体验成功、享受快乐"的课堂主题，形成了"自学讨论—展示提升—梳理巩固—达标检测"的"四环自主开放式"教学模式，鼓励学生激活思维、释放潜能、自主学习、个性发展，致力于打造"自主、开放、快乐、高效"的教学生态，把学习的主动权还给学生；又如区一小"抛锚式教学理论下先学后导自主性学习模式"、区二小"三步四环分享式教学模式"、区三小的"生态课堂"、区四小的"三节十段课堂模式"等，都是在觉民教育理念引领下根据学校实际开展的各具特色的课堂教学改革。

视野决定高度，高度决定成长。当湛江开发区教育人在觉民教育理念的创生、体系建构与实践引领中，把视野的触角直抵教育的文化源头，在传统文化的底蕴中呼应立德树人的时代教育主张，其教育理念的建构就算还有这样那样的瑕疵，但可以预想，这样的教育理念有着不一样的生命力。

湛江开发区教育局提供给笔者的《觉民教育理论与实践》资料，收录了新民小学教师沈建东的《追求"觉民教育"的诗意境界》一文。这种来自一线教育者对觉民教育的诗意表达与深情畅想，一定程度上彰显了觉民教育的现实影响力与教育生命力：

"让觉民教育成为生命的诗意存在。"——这个梦的诞生，是对生命超越的祈祷。因为，我们是人！人必将诗意地栖居于大地上！

（摘自《点燃式引领——湛江开发区"觉民教育"创生与践行启示录》，原载《广东教育》综合版2016年第9期，略有修改）

生态文明教育范

生态文明教育，是一种符合时代精神、与时俱进的教育理念。但也正因此，在推进生态文明教育的康庄大道上，却因为它的新颖性而没有多少可以借鉴的路径可走。因之，湛江开发区的生态文明教育，既具有示范性，也可作为一个极好的区域特色教育推进范例加以剖析。

以采访者的视角，盘点两年多以来的湛江开发区生态文明教育进程以及其所取得的点滴成效，最让人印象深刻的是湛江开发区教育人的高度以及执行力。比如"高度"，教育部于2017年8月17日印发的《中小学德育工作指南》就把生态文明教育与理想信念教育、社会主义核心价值观教育、中华优秀传统文化教育、心理健康教育并列为中小学德育的"五项主要内容"。

高度很重要，但没有执行力，那即便不是空的，也常常是虚的。在湛江开发区教育局内，有一个执行力极强的群体，他们人数不多，只有4个人，任务却不单一。比如负责执行统筹的江海燕是湛江开发区东海书院研究院的院长，是区教育改革项目"觉民教育"工作室的负责人；吴连助是湛江开发区东海书院研究院的副院长，是生态文明教育的主要执行者；李家峰是"觉民教育"工作室成员，负责采写、接待；陈红慧是"觉民教育"微信公众号编辑，负责宣传报道与资料收集等。他们因为共同的"觉民教育"追求聚在一起，致力于生态觉民的生态文明教育自然也成了他们的分内事，甚至是重头戏。这个群体的执行力更多地表现为影响力：他们创建的"觉民教育微信""湛江开发区生态文明教育交流微信群"时时图文并茂地播报着区内外关于生态文明教育的资讯；他们设计、执笔撰写的生态文明教育的实施方案、经验总结既叙述周详又亮点凸显；他们热情投入、真诚呼吁，以自己的率先垂范影响和感染着大批教师，激发师生校园生态文学的创作欲望；他们积极组织的生态文明教育展示与交流活动，事无巨细又拿捏得当，让不愿动、不想动起来的学校都坐不住了。这就是他们让人为之心动、为之行动的"唤醒"式执行力。他们本身就是生态觉民最积极的践行者。

此外，湛江开发区教育人善于借力推进生态文明教育也是一个极好的经验。如广东工业大学教授李子江，岭南师范学院教授刘海涛、王林发，民安街道党工委书记柯造，山内村党支部书记陈养，等等，他们都为湛江开发区生态文明教育发展贡献了智慧与力量。

（摘自《觉悟和谐之道——湛江开发区"生态文明教育"启示录》，原载《广东教育》综合版2017年第11期，略有修改）

教育创强 "普宁经"

"学在普宁",是《普宁市教育改革与发展规划(2014—2020年)》(讨论稿)提出的教育发展理念。其目的就是通过教育创强与教育现代化,优化教育格局,更新教育版图,塑造教育品牌,高质量、高水平普及学前到高中阶段的教育,在教育转型升级中实现普宁教育强市之梦,以最优质的教育资源让普宁学子不仅"学有所教",而且"学有优教"。

普宁,是一个经济与社会发展显著的地方:普宁市经济发展势头良好,综合实力显著增强,社会事业蓬勃发展。普宁,更是一个人文与教育底蕴丰厚的地方:普宁市是中国著名侨乡,也是"中国民间文化艺术之乡",普宁英歌、普宁嵌瓷、广东汉乐(普宁汉乐)以及普宁市的文化馆、图书馆、博物馆、古村落各具特色、相得益彰。普宁教育的历史则可追溯到明万历三年(1575年),一开始是兴办县学,之后兴办书院,20世纪中叶后大量兴建学校,截至目前,普宁市已有各级各类学校774所。

普宁市自2012年启动"广东省教育强市(县级市)"创建工程以来,已投入教育创强资金6.36亿元。现已有燎原街道、大南山街道、后溪乡、大坪农场、卜柴山镇、池尾街道、大坪镇、马鞍山农场、赤岗镇通过省教育强镇督导验收;大池农场、梅塘镇也已向省申报教育强镇督前检查;规划于2015年之前实现省教育强镇目标的其他乡镇、街道、农场也正有序推进教育创强工作。

有道是:"好风凭借力,送我上青云。"随着教育创强工作的推进,普宁市教育资源配置渐趋合理,城乡教育差距逐渐缩小,教育发展气象日新月异,"最漂亮的建筑物是学校"在普宁大地已成现实。如今,普宁市乘着"教育创强"这股强劲的东风,"学在普宁"教育品牌也得以确立。指向"学在普宁"的普宁教育,正在主动适应并积极服务于普宁市打造"商贸流通之都"和当好"打造粤东发展极,建设幸福新揭阳"排头兵这一经济社会发展定位,助推普宁市经济社会与文化教育和谐发展,谱写出普宁教育发展史上"强教圆梦"的崭新华章。

教育创强之力量

教育创强,作为粤东西北地区教育发展的中心抓手与核心路径,需要汇聚各方力量，需要集中人力、物力和财力，全力以赴加以落实。教育创强，不是教育部门一家之事，而主要是政府的职责所在，是事关全社会的民心工程、惠民大事。基于此，在教育创强既需要有力度的组织领导，也需要有效度的务实践行。

教育创强之投入

教育创强的过程，从一定意义上说，就是教育投入的过程。教育投入，就需要破解教育资金来源难题，尤其是粤东西北地区本身就是欠发达地区，教育创强资金的投入是一个极为关键且极为棘手的重要问题。解决得好，就是教育创强的动力；解决得不好，就会成为教育创强的瓶颈。基于此，粤东西北欠发达地区教育创强就应该着力化解资金难题，构筑良性的教育创强投入保障机制。

教育创强之乡镇

普宁市各乡镇的教育创强实践，除了领导重视、保障有力、捐资助学等教育创强共性之外，还具有其个性特质。这为教育创强提供了丰富多彩的经验与借鉴。

教育创强之学校

学校，可谓是教育创强的细胞。教育创强，最终要落脚于学校。学校强，才会有教育强；学校美，才会有教育美。让每一所学校都实现华丽转身，是教育创强过程中应有的均衡发展之要义。基于此，在教育创强过程中，不仅要注重品牌学校的示范引领作用，更要实现普通学校尤其是薄弱学校的现代改造、整体提升乃至品牌建构。

教育创强之梦想

振兴粤东西北地区，教育创强是基础性工作。2013年年初印发的《广东省人民政府关于推进我省教育"创强争先建高地"的意见》就明确提出，要"加快推进东西北地区教育创强，夯实教育强省基础"，并指出："东西北地区以创建教育强镇、教育强县（市、区）、教育强市为抓手，积极探索符合当地实际的教育创强路子。实现教育创强目标之后，要积极争创教育现代化先进县（市、区）、先进市，不断缩小与珠三角地区教育发展水平的差距。"基于此，在教育创强要立足实际，与时俱进，创新发展，积极推进区域、城乡教育均衡、优质、协调发展，并逐渐迈向教育现代化。

毋庸置疑，教育是需要梦想与愿景的，而梦想与愿景能否实现，不仅要靠科学规划，也要靠奋斗落实。教育创强，仅是普宁教育转型升级发展征途上的一个阶段性目标。希望不久的将来，我们再有机会盘点普宁教育发展的历程时，普宁教育已经迈入教育现代化的"后教育创强时代"，从而让广大普宁学子更加幸福快乐、优质均衡地"学在普宁"。

（摘自《树"学在普宁"品牌　谱"强教圆梦"华章——普宁市教育创强纪实》，原载《广东教育》综合版 2014 年第 11 期，略有修改）

书道与成人

在普宁市采访中小学书法教育开展情况后,我们发现有两个词足以诠释普宁市中小学书法教育的推进生态,一是"书道",一是"成人"。

书道,古已有之,即书法,不过是在强调书法的技与法的基础上更强调书法的能与道,或者说是更注重书法的修身养性功能。

成人,也是古已有之。我国伟大的思想家、教育家孔子就曾举例谈过对"成人"的看法。他认为,成人即是达于仁爱、具有完美品性的君子,要成为成人,首先得修身养性。我们也可以把成人理解为立德修身、全面发展的人。

书道注重修身养性,而修身养性是成人的必备前提。

从书法教育在普宁的推广进程可以看出,普宁教育人绝不仅仅是就书法强调书法教育,他们更在乎的是书法教育背后的修身养性之道、立人成人之德。

(摘自《书道深处是成人——普宁市深入推进中小学书法教育纪实》,原载《广东教育》综合版2017年第11期,略有修改)

教育现代化，根在涵养人

评价一个地区教育现代化的发展程度，不仅要看大楼有多好，场室有多全，设备有多新；更要看教育理念实不实，教育内涵足不足，教育生态好不好。如是观之，普宁教育人已触及了教育现代化的实质所在：普宁市在"学在普宁"教育品牌理念的引领下，建构起养成教育、书法教育、校园足球、创客教育四大区域核心教育特色，体现了普宁教育人师道成人的教育担当。

就拿普宁教育四大区域核心特色来说吧：

普宁市大力开展养成教育，为了什么？因为这里有着教育涵养人的内涵——养成之道在成人成才。

普宁市大力开展书法教育，为了什么？因为这里有着教育涵养人的内涵——书法之道在成人成才。

普宁市大力发展足球教育，为了什么？因为这里有着教育涵养人的内涵——足球之道在成人成才。

普宁市大力发展创客教育，为了什么？因为这里有着教育涵养人的内涵——创客之道在成人成才。

教育现代化，根在涵养人。在对普宁的多次采访中，笔者发现，不仅仅是学校、教育局，就是在普宁各乡村也有着类似的看法。所以，不在乎是不是职责所在，各乡村都大倡尊师重教、兴学育才风尚。在采访中，时时可以感受到人民群众、社会乡贤对教育的支持。高埔镇葵坑村党支部书记郑贯中说："'贫穷不读书，穷根难断；富贵不读书，富贵不长。'这是我们葵坑人的共识。所以，我们积极发动乡贤成立教育促进会，奖教奖学。"流沙东街道新坛村党委书记陈辉平说："'参天之木，必有其根；怀山之水，必有其源。'教育不仅能提高村民素质，而且对构建和谐社会有重要意义，在新农村文化建设中肩负着重大的文化使命。这就是我们村尊师重教、奖教兴学的根本原因。"

（摘自《学在普宁涵养人——普宁市推进教育现代化启示录》，原载《广东教育》综合版2019年第3期，略有修改）

以特色学校系统化建构引领教育更新迭代

补上教育"创强"时遗留下来的学位紧缺短板以及教育"争先进"时凸显的优质学位不足问题,是汕头市澄海区推进教育现代化的一个重要着力点。与此同时,一个更深层次、更具内涵的教育发力点正在澄海全区形成共识:澄海以"强学工程"为目标导向,以特色学校系统化建构为重要契机,通过内涵发展、文化育人不断引领区域教育更新迭代。

(摘自《教育现代化引领区域教育更新迭代——汕头市澄海区推进教育现代化纪实》,原载《广东教育》综合版2017年第12期,略有修改)

推进教育现代化的揭东视野与担当

在揭阳市揭东区新亨镇北良初级中学,当我们问及推进教育现代化所带来的最大感触时,校长徐旋这样回答:"以前我带的学生的生活是很单调的,除了读书还是读书。而现在,学生们有了更加丰富的课程学习与多彩的社团活动,还有了信息化工具的引领,我看到他们变得不一样了,更加自信,视野更加开阔。"徐旋的话,以学生认识的改变反映了整个揭东区在推进教育现代化以来所发生的根本改变,那就是师生的视野变得更加广阔。这种变化的发生,来自揭东教育人的不懈努力与持续追求。

视野变得广阔,更体现在教育信息技术的应用上。如今,在揭东区,教育信息化已超越"用不用"甚至"多使用"的阶段。揭东区教育局前任副局长,现为揭东区第二中学校长的陈怀深就说道:"以前我们要求每个老师必须会使用多媒体教学平台等信息化设备,但是随着信息化建设的持续推进,我们发现,信息化设备的使用正变得过于泛滥。如何更好地使用这些设备,是我们现在正在研究的问题。"从"用不用",到"多使用",再到"如何用得更好",这不仅仅是陈怀深一个人的思考,它体现的是揭东教育信息化发展到一定阶段所必然需要面对与解决的问题。

连续两天行走于揭东区教育局及揭东区第二中学、蓝田中学等学校,我们深刻地感受到教育信息化引领、师资专业化成长、学校特色化发展所带给揭东区的教育高质量提升现实。

"为争当全市教育发展排头兵而努力奋斗!"揭东区教育局外墙上的这个标语还在默默地展示着揭东教育人的责任担当,所不同的是,它不再只是一个口号,而变成了活生生的"揭阳教育排头兵"的现实担当。

(摘自《揭阳教育排头兵——揭阳市揭东区推进教育现代化纪实》,原载《广东教育》综合版2018年第8期,略有修改)

从均衡到特色，从特色到优质

义务教育均衡发展，不是要把所有学校都办成一模一样。深圳市盐田区选择"从均衡到特色，从特色到优质"的发展路径，一方面努力形成全区科技、英语、艺体、绿色文明等素质教育特色，另一方面鼓励全区学校因校制宜，个性办学，努力打造自己的特色品牌。经过多年的发展与积累，该区学校办学特色日益鲜明，如区外国语小学、外国语中学的英语教育特色在全国形成了一定的影响；田东中学开展"雅礼"教育荣获"广东省德育示范校"称号；东和小学被认定为市武术传统体育项目学校；海涛小学被授予"中国少年科学院科普基地"称号；田心小学被评为广东省书法教育名校、国家级写字实验学校；乐群小学被评为全国绿色学校校园环境管理项目优秀学校；林园小学艺术体操队多次扬威省内、国内赛场；中山纪念学校已成为省内和港澳台地区许多人慕名访问的革命传统教育基地等。

（摘自《盐田：追寻均衡优质发展教育梦》，原载《广东教育》综合版2014年第5期，略有修改）

发现盐田新样态教育的美好

2017年年底,笔者先后两次走进深圳市盐田教育现场,并持续关注"盐田教育"公众号,从中,深刻体悟到盐田教育人的探索精神与担当意识,感受到新样态教育带给盐田教育人的创造活力。

站在依山傍海的盐田高级中学校园里,我们感受到了名副其实的"最美学校"。它的美不仅美在自然生态环境的优越,一派"面朝大海,春暖花开"的模样,也不单单美在功能场室的"高大上",更美在人性化的校园文化生态与多样化的博邃课程生态。

我们来到在创新管理上出类拔萃的盐田区外国语学校,倾听他们是如何通过现代治理体系与能力的创新性建构激发教师参与课程开发的热情和创造力,形成"海文化国际小公民"生态课程体系的。

两度走进乐群小学,在精致的校园文化装点下,我们既深入体察到"探·研生态"主题式跨学科整合课程的创新元素,还观察到几十门常态化个性课程开展时的活力场景,这些无不让师生一起真正体验到自主融合的学习之美。

我们见识了基于中英街丰富教育资源开展无边界现场教学课程的盐田区外国语小学东和分校,他们年轻的团队朝气蓬勃,他们因地制宜、因材施教的活动式教育创新刷爆家长"朋友圈",他们说"要让每一个学生体验个性学习的快乐,要让每一个教师享受超越自我的幸福"。

我们走访了科创特色显著的梅沙小学,实地考察了校门口附近的人工湖湿地课程现场,感悟于无声处的教育故事,不久的将来,它们将搬入全新的"未来学校"……

而这一段时间以来,"盐田教育"公众号不时发布的《新样态"秘籍"》《未来教育啥个样?深圳盐田智慧教育欢迎看过来》《盐田获四项教育改革创新大奖》《外国友人对盐田新样态教育赞不绝口》等文章,也无不让人感到无论是现在还是未来都同样弥足珍贵的新样态教育之魂——在立足于人性基础上,既跨界又融合的教育个性。

(摘自《学校新样态 教育新生态——深圳市盐田区新样态教育实践启示录》,原载《广东教育》综合版2018年第2期,略有修改)

第八章　特色之窗

"老师" 是最高职位

作为深圳市丽湖中学学生成长中心负责人，吴晖表面上看来没有其他学校类似部门的干部那么"忙"，因为他不需要直接管理各个班级的具体事务，也不需要检查班级的纪律和卫生状态，更不需要直接处理学生的严重违纪行为。更多的时候，他是在思考、研究问题，策划对班主任的业务培训和指导，设计对学生进行学习方法和策略指导的方案和活动，根据学生成长中遇到的问题，设计、制定有关的方案和制度。"学校给我们八个字的职能定位：'研究、指导、协调、支持。'因此，某种程度上，我们每个部门的负责人都兼带科研处主任的工作。执行的任务基本上交给年级了。"显然，吴晖对自己的新角色已经逐渐适应了。

在丽湖中学，一般学校的办公室、德育处、教导处、科研处、总务处没有了，取而代之的是四个中心：学生成长中心是学校的第一中心，下面依次是教师发展中心、行政服务中心、后勤保障中心。用丽湖中学负责人房超平的话来说就是："教师发展是为学生成长服务的，行政和后勤部门必须在政策允许的前提下，为学生成长和教师发展提供服务和保障。这是学校管理的核心。"

我们了解到，该校的学生成长中心整合了以往德育处和团委的功能，主要负责德育、团队、师德考核、学生学习方法策略研究及指导、心理健康教育、学生活动、社团、家庭教育、社区协作等工作，尤其是把学生的学习方法和策略指导放在非常重要的位置，从而把德育与学生在校生活与活动紧密结合起来，有效抑制了德育空洞化倾向。教师发展中心则整合了以往学校的教导处和科研处的职能，主要负责教学管理、教育科研、课程设置与开发、教师培训以及教师招聘、职称评聘、档案管理、教师发展评价考核等工作。而以往的办公室成为行政服务中心，并由第一职能部门退居"老三"，总务处和安全处则合并为后勤保障中心。

"处、室都是行政单位的称呼，具有强烈的行政色彩。因此，我们进行机构变革的目的是，改变管理行政化倾向，让学校更像学校。从一定意义上讲，管理改革不仅仅是部门名称和行政序列的变化，而且标志着学校管理重心的转移，即由'眼睛向上看'（教师看中层的眼色、中层看校长的颜色、校长看行政领导的眼色）变为'眼睛向下看'（校长关注中层和教师的需求、中层关注教师的需求、教师关注学生的需求）。"房超平解释道。

为了解决管理牵扯精力过多的问题，学校在管理改革中提出了"双转移"思路，即把与教育教学工作有关的职能放在各个中心，把执行的职能放在年级。中心只负责研究、指导、协调与支持功能，其他的课程编排、教师调课、班级编排以及学籍管理等职能一律放在年级。"这样的'双转移'使我们有更多精力去研究问题，而不是陷在具体的事务中。同时，年级的执行也更便捷、有效。"吴晖对这项改革赞不绝口。

　　为了有效解决管理行政化的问题，除了在管理体制上进行大胆创新外，学校尽可能减少干部职数。学校有关制度明确规定，一个中心只能有一名主任和一名主任助理（享受中层待遇，不参加干部会议，任课节数与其他教师基本相同），不设副主任。同时，学校还要求负责学生和教师工作的干部必须担任班主任，教学质量必须在同年级前列，并接受一年一度的教师满意度测评，否则就会面临"下岗"的危险。"行政干部本来是优秀教师，因为他们承担了管理岗位而减少教学任务，是对教育人才资源的极大浪费。"房超平如是说。

　　为了凸显教师在学校工作中的主人翁地位，学校制定了无官职人员称谓制度和宾馆式后勤服务制度。无官职人员称谓制度明确提出"老师是最高职位"，要求在校内不论是校领导还是中层干部，一律称呼"老师"。而宾馆式后勤服务制度则要求行政后勤人员对教师要做到主动、预约、上门服务。刚开始实施这项制度时，部分行政后勤人员担心工作量会大大增加。但实施一段时间后，他们发现，不但没有增加他们的工作量，而且还让他们有更多时间处理其他事务。"原来，我们必须在办公室坐等服务。现在，我们每天只要在固定的两个时间给老师们服务就可以了。其他时间，我们不必守在办公室，可以去做各种准备工作。"仓管员小张轻松地说道。

　　（摘自《学校管理变革的"丽湖探索"——深圳市丽湖中学学校管理变革纪实》，原载《广东教育》综合版2014年第1期，略有修改）

文化重塑之路

新课程改革是一场教育思想、教育理念、教育方式和教育行为的深刻变革。教师观念的转变,是课堂教学改革成败的关键与表现,没有教师观念的转变,教育改革就不会取得成功,然而观念的转变却是最难的。教师教育观念转型是一个隐性工程,是一个深度的渐变过程,这一渐变过程需要经过教师自身的反思以及教师的实践来推动。基于此,湛江师范学院附属中学制定了"观念转变促行为自觉"的推进策略,在实施过程中坚持以"观念转变为目标",以"课题研究为载体",分类分步推进课堂教学改革。2004年以来,学校始终坚持"课程是主载体,教学是主渠道,课堂是主阵地"的工作思路,在开齐课程,上足课时,不增加学生在校学习时间,不增加学生学业负担的前提下,调整教学关系,积极构建"双主"学习型课堂,走出了一条"轻负担、高质量"的教学改革之路,让课堂真正焕发了生机与活力,促进了学生、教师和学校的全面、持续、和谐发展。

课堂教学改革绝不仅仅是观念、模式、方式、行为的变革,即教学活动本身的改革,它首先而且主要是课堂教学文化的重建——这是核心、根本和终极追求。课堂教学文化是课堂教学的土壤,是课堂教学存在、运行和发展的元气,是课堂教学的活力之根和动力之源。没有课堂教学文化的重建,课堂教学改革必将走向形式化,最终无功而返。

(摘自《观念转变:撬动学校课堂教学改革的支点——湛江师范学院附属中学以课题研究引领课堂教学改革》,原载《广东教育》综合版2014年第7、8期合刊,略有修改)

德胜学校教育改革的价值示范

德，本意为顺应自然、社会和人类客观规律去行事，延伸为要遵循一定的思想和行为规范。基于此，教育立德，就是既要顺应教育规律，立教育本真之德；也要遵循教育规范，立教育树人之德。相应地，教育改革，也就要在教育本真之德与教育树人之德的双重规约中寻求以人为本的教育价值与教育愿景的达成。立于德，顺于德，规于德，学校才能在教育改革中"积小以高大"，并觉悟到教育发展的真谛。

道，乃世界的本原和普遍规律。教育之道，即是教育的本原、规律、真谛。大道无形，文而化之。所以，立德创新，从哲学的高度与文化的视角加以考察，就是德胜学校教育改革发展之道，就是德胜人放眼世界、与时俱进的教育哲学。

广东顺德德胜学校基于立德创新之道，一切以德之核心本性与价值规范来谋划教育未来并规约教育创新，进而考量教育改革所带来的得与失，并在路径选择上通过管理机构变革与体制创新推进课程改革，找到了素质教育突围的新钥匙，契合了教育改革创新发展的大智慧。

合乎立德树人、改革创新之道

立德树人，是教育发展的根本任务；改革创新，是教育发展的核心路径。德胜学校改革发展的"立德创新"理念，极好地诠释了教育发展的立德树人、改革创新之道。德胜学校作为区域性品牌名校，在现有的教育评价体制下拥有的区域性顶尖高度早已毋庸置疑，深受社会认可。在这样的背景下谋求触动根基与灵魂的教育改革，以创新之剑谋划崭新未来，如果不是基于"为学生发展而改革"和"顺教育大势而改革"的德性考量，实在找不到需要变革的理由。正是基于立德创新的理念导引，德胜学校敢于先行先试，谋教育改革于他者未经之道。不管是基于学校发展全局的"创五新"教育体系，还是其中的某一点的教育创新如扁平化管理架构的创建，最后的落脚点都在于让学生受惠，在于"树人"。可以说，"为学生发展而改革"既是德胜学校改革创新的出发点，也是其改革创新的落脚点。

合乎文化育人、品牌生长之道

　　文化育人、品牌生长，是一所学校得以持续优质发展的内生之道。当深入考察一所学校时，其核心理念及其整体统摄力是最能体现一所学校的品质与精髓的。这就是一所学校独特的办学风貌、教育风格、发展愿景与价值观念之所在。文化育人、品牌生长，体现的就是这样一种学校发展之道。处于现代化、国际化进程中的学校发展，再不能作茧自缚于分数化成绩，也不能仅仅停留于个别化特色。

　　此时的学校发展需要一种整体化的理念建构与文化支撑。"立德创新"的整体性思维与开创性实践，比如"德文化""创五新"的提出与建构、弥足珍贵的课程化游学文化以及民主和谐科学的管理文化生态……让德胜学校逐渐彰显个性，走向卓越，并建构起一种倡导师生体悟、追寻幸福意义的教育生活生态文化，从而成就学校的品牌化生长路径。基于品牌的文化立校是提升学校核心竞争力的必由之路。

合乎和而不同、转型发展之道

　　和而不同，是教育发展的内在规律。它尊重差异性，追求多样性的统一，是兼容并蓄中的个性化教育发展之道。与之背道而驰的是，当前学生的个性特长没有得到充分的尊重与良性的发展，而学校之间则由于缺乏个性与特质导致"同质化"现象严重。基于此，当前倡导和而不同的教育发展之道具有非同寻常的现实意义与示范价值。德胜学校的"五部二中心"管理架构、"多尺子"评价机制、"双板块4+3"课程体系以及"个性化课程表"等，就具有深层次的素质教育改革创新启示价值：教育不是圈养，而是点燃，即要引领学生在自主选择与自为发展中实现自我价值。与此同时，当前学校教育单纯追求分数和升学率，重智轻德的现象还比较严重，导致学生的社会责任感、创新精神和实践能力相对薄弱。基于此，和而不同的教育发展注重教育发展方式的转型发展与开放革新。由于认识到现代教育已经越来越走向无限的空间，网络化、社会化、体验化学习让学习的场所已不再局限于有"围墙"的学校，所以德胜学校不仅追求教育国际化，如国际部的设立及学生国内国际多元发展通道的一体化建构、与国际接轨的领袖教育与领袖文化的校本化建构，而且更加追求教育素质化，如辅助性课程、课程化游学、多元化评价等综合课程教育与评价方式的常态化生长，并让其成为应试教育模式转向素质教育模式的一种显性标识。

　　广东顺德，既是务实之地，亦是创新之所。它有着发达的经济社会体系、深厚的岭南文化积淀，也有着改革创新、先行先试的胆识与雅量。可以说，基于文化传承的改革创新之因子,成就了顺德的辉煌,也凝聚成顺德的本色。德胜学校正是在这样的环境熏陶下生长起来的,由是,德胜学校可堪当两个示范性样本来加以研究与剖析,并给我们的教育改革带来启示与借鉴:一是德胜学校的"立德创新"之道,是一种可资借鉴的教育改革创新发展的德胜范式;二是德胜学校的"和而不同"之道,是一种可供参照的民办教育特色发展的德胜样本。

(摘自《立德创新 德胜大道——德胜学校教育改革启示录》,原载《广东教育》综合版2014年第9期,略有修改)

国魂教育的价值意义

国魂,是时代不可或缺的精神支柱。广州市先烈东小学在学校教育活动中倡导先烈精神,首创国魂教育,这对教育理念的校本化建构与学校风格的整体性生成具有重要的价值意义。

教育,从本质上说是立人成人的文化事业,是学生实践与成长的引导过程。人是教育的出发点与落脚点,立德树人是教育的根本任务。先烈东小学构建并开展的基于先烈精神核心的校本化国魂教育活动,承续先烈风范,培育贤能传人,是立德树人教育价值观的本质体现与社会主义核心价值观的庄严写照。学校的国魂教育,具有深厚的历史情怀,顺应了社会发展潮流,契合了时代精神风范。2014 年 11 月,学校成为广州市第二批特色学校之一。

先烈东小学通过国魂教育,发扬先烈时代先导、国家先锋的精神风范,构建学校敢为人先、先行先试的价值理念,大力培育既贤且能的中华传人,有利于学校与时俱进地将"先贤"教育理念进行一以贯之的系统性建构与品牌化塑造。

(摘自《先贤·国魂——广州市先烈东小学"国魂"教育特色解读》,原载《广东教育》综合版 2014 年第 12 期,略有修改)

宽教育之观

教育理念及其引领下的教育实践与质量，是一所学校生命力的核心标志，也是推动学校品牌化发展的不竭动力。

教育理念是学校风格的内核。一所学校的教育理念往往不是凭空产生的，而是在对教育实践的整体思考、系统总结与理性提炼中创立并随着教育实践生活的深入开展而演进的。换言之，教育理念的创生，不仅是理论化思考的结果，更是实践性反思的结晶。

思有道，行则有度。教育实践，是教育理念形成的基石；教育理念，则是教育实践有效开展的指引。教育理念践行的过程，就是品牌塑造与文化积淀的过程。反映教育理念的教育实践的系统性支撑与建构，最能凸显教育理念对一所学校的统摄力与引领力。

对一所学校教育理念及其引领下的教育实践生态的观察评价，则应建构在其文化传统、现实状况、目标愿景以及价值取向上。

佛山市南海区南海实验小学宽教育理念创生与行动研究，究其本质来说，是基于素质教育导向的创造性顶层设计与系统性实践建构。在宽教育的引领下，南海实验小学不仅有效厘清并吸纳了学校发展历史的精华所在，而且积极回应并融通了学校发展现实的创新之举，同时还为学校未来的发展拓宽了空间并提供了无限的可能性。所以，对宽教育的建构性解读，可从其传承性、生成性、开放性、包容性、创新性进行观察、审视与评价。

宽教育是一种宽严适度、刚柔并济的教育

中国教育的文化传统，"严"字当头，教育的刚性有余，宽容度、柔韧度不足。由此培养出的学生，往往过于拘谨，过于唯命是从，过于模式化，创新性、灵活性与个性被严重侵蚀。有鉴于此，南海实验小学的宽教育，不唯"严"字马首是瞻，强调教育思路要宽严合一，教育过程应刚柔并济。宽，是基础性建构，如宽松的人性氛围，宽和的文化熏陶，宽广的课程生态，宽柔的教育引导，等等。在宽的基础上，学校也强调适度的严格要求，并与师生一起建构刚性的校规班约。学校通过宽严适度、刚柔并济的教育合力共同作用于学生，促进学生优质发展。基于此，宽教育的建构既是批判性的建构，又是创新性的建构。

宽教育是一种知行合一、与时俱进的教育

教育理念与教育品牌的建构,往往是随着学校发展到较高阶段时才会成为焦点的。这时,学校会遇到新困惑,也会生成新梦想,基于核心教育理念的品牌化发展无疑具有现实的适配性。作为一个系统整体,南海实验小学宽教育的理念创生与品牌塑造过程,本身就是一种知行合一、与时俱进的建构过程。就其组成部分来说,也处处展现着知行合一的思想精神,比如:学校的宽仁德育,强调内外兼修、育心育行,通过常态化、主题化、课程化、协同化的教育活动,把宏大的教育主题融入具象的活动情境之中,引领学生厚德雅行;学校适应素质教育发展新态势,以学生为本,积极建构基于学生自主选择的生活化校本课程体系,搭建学校、家庭、社区"三位一体"的德育共育平台,倡导指向综合能力素养的宽柔教育评价;学校在原有发展的基础上,进一步确立以"打造语文阅读考级,书法艺术和国际化教育"为龙头的特色打造方向,拓宽学校发展特色。

宽教育是一种中外融通、兼容并包的教育

宽教育,是一个既具传承性又具开放性的兼容并包的教育理念体系。从传承性来说,宽教育,不仅有传统思想的因子,如仁和思想、因材施教方法,更有现代精神的内核,如人本、个性、自由、开放、宽容思想以及新课程的建构化、实践化、生活化理念。从这个意义上说,宽教育是一种融通古今思想观念的教育思想。从开放性来说,宽教育,既有内生观念的踪迹,如学校宽仁德育建构就有对传统文化中文以载道精神的自觉吸纳,又有外来思潮的影子,如对西方宽松教育思潮的反思性借鉴,在中外教育思想的碰撞生成中,不唯严,也不唯松,只唯宽。从这个意义上说,宽教育又是一种融通中外思想观念的教育思想。

(摘自《把教育做宽 让个性绽放——南海实验小学"宽教育"的建构性解读》,原载《广东教育》综合版2015年第1期,略有修改)

"点亮教育"，一次教育治理现代化的校本探索

教育治理体系和治理能力的现代化，是推进教育现代化的核心要义。但是，教育治理现代化的探索，没有既定的公式，也没有固定的模式，学校需要立足立德树人这一教育根本，根据自身的办学实际和师生特点进行教育治理的校本化探索，不断优化学校管理机制与育人功能，建构适合教育现代化发展的教育治理生态。

佛山市南海区九江中学面对学校转型发展的现实需要，以班主任德育管理能力的提升为切入口，在"点亮教育"的理念引领下，以德育教学一体化为中心重构学校行政管理部门的功能，实现教育管理结构的扁平化，并运用大数据技术为学校管理者与教育工作者提供强大的技术支撑，让每一位行政人员和教师都能自主地参与到学校的教育教学工作中，从而实现以"师生自主能力"为发展核心的学校自主治理生态的良好建构，让学校走出发展困境，重新焕发光彩。这无疑是对教育治理能力的一次有益探索。

与此同时，在"点亮教育"的理念引领下，学校还在教练管理、自主备考等方面进行了诸多探索，比如确立了以发展自主能力为核心的教学备考模式，快速推进了包含"备考日历""教学目录""复式进度""四阶课时""分类课堂"等管理工具的教学管理改革。我们通过深入了解，在九江中学的管理模式中发现了很多现代企业管理技术和工具的影子。九江中学通过以精准目标为导向、以精细化操作为原则、以科学的流程和工具为依托的科学质量管理体系，对现代管理与学校治理的整合进行了有效的探索。这类对教育治理现代化的校本探索，姑且不论其推广的价值，单就九江中学所取得的高考成绩来说，其效果还是非常明显的。尤其值得肯定的是，这样明显的效果，是建立在学校师生自主发展的基础之上的。正如一位教师所说："学校全面推行的'教学目录'，虽然严格规定了师生教和学的双向进度和内容，但是依然坚守一个重要原则，那就是并没有去规定我们的课堂教学要采取哪种模式，教师对自己的课堂拥有绝对的自主权。"

（摘自《点亮自主教育路——佛山市南海区九江中学"点亮教育"特色办学探幽》，原载《广东教育》综合版2017年第1期，略有修改）

长在赋能:"扬长教育"的价值之思

教育的根本任务是立德树人。如何立德树人?关键在于对学生发展核心素养的培养。佛山市南海区石门实验学校的"扬长教育",究其本质来说,就是对立德树人这一教育根本任务与核心素养这一教育目标导向的个性化诠释。

"扬长教育",核心在于发现潜能、赋予能力、提升素养。无论是好课程的培育,还是好技术的运用,抑或是好文化的建构,石门实验学校"扬长教育"的立足点都在于肯定个体的多样性,培育潜在的可能性,塑造生命的优越性。2016年新学期以来,学校提出"善于学习、崇尚感恩、充满热忱、勇于超越"的学生培养目标,确立从"文化建设、课堂教学、课程建构、学法指导"四个方面推进学生发展核心素养的形成,进一步深化并创新发展了"扬长教育"特色办学路径。

石门实验学校"扬长教育"所倡导的扬长,是赋能式的扬长,是"水涨船高"式的扬长。学校通过"扬长教育",引导学生发现自身的特长和优势,赋予学生发展的能力和能量,从而为学生搭建了赋能平台,锻造了赋能方法,营造了赋能氛围,给学生提供了自主发展、多元选择的发展手段和发展路径,满足了学生个性化发展的需求。

(摘自《赋能式扬长——佛山市南海区石门实验学校"扬长教育"特色办学探幽》,原载《广东教育》综合版2017年第2期,略有修改)

展示，是一种教育能

展示，是一种教育能，也彰显了教育能。教育展示，为教育教学行为提供了一种动力，借用物理学的概念，可以这样说，教育展示就是教育教学过程中的"动能"。一方面，在没有展示环节的教育教学过程中，教师的教与学生的学往往难有实质性的互动生成，而在教与学的闭环中融入展示，无疑为教学打开了开放性的空间，师生尤其是学生的主动性会得到真正释放；另一方面，把自己的特色办学成果通过或静态或动态的教育展示公之于众，也为学校的发展创造了优良的环境氛围，并为学校特色的深入推进提供了人财物等资源的支持与保障。

展示，是行动的教育艺术。它能有效搭建起学生自我表达、自我领悟、自我展现的成长平台，既是教育的正能量，也是教育的真能量。而佛山市南海区民乐小学教育展示的背后，还多了一份对素质教育的不懈坚守，多了一份文化之根的薪火相传，多了一份默默耕耘的奉献精神。也正由此，在飞鸿教育的实践与展示中，民乐小学的学生自信满满，活力四射。这是不一样的教育力量。

（摘自《寻梦文化根，展示教育能——佛山市南海区民乐小学"飞鸿教育"特色办学探幽》，原载《广东教育》综合版2017年第3期，略有修改）

仁 德 之 旨

　　仁德，既是传统文化之精华，又寓现代教育之精髓。现代教育倡导以人为本，以爱育人，强调真、善、美。这些，都可以从仁之德性找到精神源头。廉江市第一中学的仁以立德、立德树人的仁德教育理念与实践，以现代化视域传承传统文化智慧，推进教育特色优质发展，可谓找到了一条传统与现代相融相生的教育发展路径。

　　仁德教育，立足于文化"寻根"，但这种"寻根"，不是一味遵循不合时宜的文化传统教条，而是要寻回被遗忘了的或被边缘化了的优秀传统文化精髓，结合现代教育价值导向，发掘优秀传统文化丰富的教育内涵。所以，廉江市第一中学虽然倡导一拜孔子学礼仪、二拜孔子学做人、三拜孔子学读书的"三拜"活动文化，但这种"三拜"活动文化不是为了复古，不是崇尚迷信，而是以一种现代敬拜礼来营造尊师重教、立德树人的育人氛围，展现学校以孝为先的孝道、以生为本的生道、以师为主的师道三位一体的"三道"思想理念，并由此促进学生在日常行为中自觉形成多微笑、多问好、多行礼的"三多"习惯，自觉实现内务无杂乱、餐桌无剩饭、地面无垃圾的"三无"目标。学校还通过成立"清华园"助学基金，以"借"而不是"给"的形式对学生进行资助，学生可在将来有能力和意愿的情况下"归还"，实现仁德品行的自觉传递。如今的廉江市第一中学，处处展现了举止文明、知书达理、热心服务的师生风貌。

　　在廉江市第一中学，通过对以孔子为典型代表的优秀传统文化的尊重与学习，促成学生日常优良品行的生成、培养与传递，极好地彰显了仁德教育的目标导向与旨趣——仁以立德，立德树人。

　　（摘自《仁以立德　立德树人——廉江市第一中学"仁德教育"办学特色建构记》，原载《广东教育》综合版2017年第10期，略有修改）

校史文化涵养人

　　提起普宁市兴文中学的文化育人痕迹，学校许多教师不约而同地提到了这么一个现象：每年过节、放假，都能看到穿梭于校园的成群结队的"外来人士"。而每个教师宿舍，都是那么热闹，那样欢声笑语汇聚。

　　原来，这是校友回到母校"探亲"。"兴文中学，是往届校友聚会的集结地。她在众多校友眼里，是家，是温暖。每逢佳节，可以说聚会如潮，盛况如云。"兴文中学教师颜洁新说。

　　兴文中学创办于1934年，有着八十多载深厚的历史底蕴，见证了普宁东部教育的发展与辉煌。校园内有一座典雅的兴文楼，这是一座外洋内中的钟楼，很好地体现了兴文中学"兼收并蓄走出去，海纳百川请进来"的文化胸怀。它是兴文中学的标志性建筑，也是万千兴文人的情结聚会点。如今，学校还成立了校董会及北京、广州、深港、汕头、普宁等校友会，它们在联结母校、促进校友情感、实现信息互通、互相关怀、助推学校校友自身发展上都发挥出了特有的功能。

　　（摘自《最是文化能育人——普宁市兴文中学"文化办学"记》，原载《广东教育》综合版2017年第12期，略有修改）

以点滴之日常励志，弘远大之宽宏坚毅

《湛江市第十中学励志教育常规工作细则》一开篇就写道："励志教育的目标是激发和唤醒学生内动力，使学生从'被成长'中产生生命自觉，让学生用自己的力量成长，养成终身受用的成功品质。我们必须认识到培养学生良好的成功品质绝不是一蹴而就的，需要经过一系列耐心细致的重复教育、认真踏实的不懈实践，学生哪怕未能养成良好的成功品质，只要有那么一点点成效，对学生的成长也是非常珍贵的。"

在一定意义上，"只要有那么一点点成效，对学生的成长也是非常珍贵的"这句话实质性彰显了湛江市第十中学对"励志教育"特色塑造本身的清醒认识：励志教育，不追求一时的轰轰烈烈，而是着眼于学生终身的发展，以点滴之日常励志，弘学生任重道远之刚毅。

（摘自《在励志中弘毅：湛江市第十中学励志教育的思与行》，原载《广东教育》综合版 2018 年第 7 期，略有修改）

在"爱·生活"中通往教育美好

先看深圳市罗湖区螺岭外国语实验学校两个教育生活片段：

片段一：

二十几个一年级学生分散在教室的四个区域，分别做着不同的事情。几个学生在做手工，几个学生在拼单词，几个学生在画画，还有几个学生在"邮寄"明信片。其中，邮寄明信片的几个学生中有当邮递员的，有正在画明信片的，还有已经完成到"邮递窗口"邮递的。这就如同小孩子在玩过家家的角色扮演游戏。在这个过程中，交流与沟通是自然而然的，角色分工是依兴趣而定的，可以随时转换的。每一组学生的活动都体现了基于个体学习的主动合作。拼单词的学生自己选择材料，有用橡皮泥捏字母来拼的，也有用现成的字母来拼的，拼完了互相考一考，很自然；当某个组或某个学生的作品完成且具有创意时，老师会把所有的学生召集起来听取该组或该学生介绍，然后再让大家接着完成自己的任务。

片段二：

2018年5月25日，在第二届"未来生活"创客游园活动现场，28个充满趣味性、创造性的展台前人头攒动。有的在操作无人机，有的在体验VR游戏，有的在感受STEAM机器狗的神奇，还有的在做手工，更有机关王社团的人形机器人、智能家居、试管里的彩虹等活动项目的精彩展示。在这个过程中，学生从自己的兴趣与实际出发，与伙伴一起体验不同的项目，不但领略到了创意带来的乐趣，更被科技的无穷魅力深深吸引。

在螺岭外国语实验学校，常常会看到这样的生活教育教学场面。这，就是最平常、最实在的爱与生活教育的融合。

把爱融入教育生活，才能直抵教育本源，通往教育美好。如今的螺岭外国语实验学校"爱·生活"教育理念、课程、课堂、活动以及评价相辅相成，并逐渐走向系统化，生活英语、阳光体育、体验式德育、书香校园、家校联合育人机制、心理健康教育等品牌项目享誉省内外，其办学成果先后获得"广东省基础教育成果奖""广东省教育科研成果奖"等。

（摘自《爱即生活：深圳市螺岭外国语实验学校"爱·生活"教育范》，原载《广东教育》综合版2018年第9期，略有修改）

生长的力量

所谓生长，是指"生物体在一定的生活条件下体积和重量逐渐增加、由小到大的过程。生长是发育的一个特征"。而儿童生长是身心知行一体、多维多元发展的，所以，其在学校的生长既有身体的生长，更有知识、智慧、情感、文化、品格等综合素养的生长。这是一种从生命依赖到生命自觉的生长过程。

"教育即生长。"学校教育教学活动要与儿童的心理发展水平和兴趣爱好需求相适应。广州市荔湾区西关实验小学副校长吴仲文认为，在学科融合统整的课程理念下，教师专业能力和水平不断提高，学生获得了更多的课外知识，又减轻了学习负担。这是因为学生感兴趣，能更有效地吸收和消化知识，提升思考能力、分析能力与解决问题的能力。对于这一点，学生家长叶丹洋也很认可："在一次'走读广州'的研学活动中，作为家长导师，我负责与学校教师一起带学生到南越王宫博物馆参观体验，全程秩序井然。印象尤其深刻的是，有一个学生还对博物馆的手工体验活动项目提出了改良建议，在参观学习中激发了学生的自主创造力。"

如何生长？美国教育学家杜威认为："生活就是发展，而不断发展，不断生长，就是生活。"因此，最好的教育就是"从生活中学习"，汲取生活的"养分"。西关实验小学的"儿童生长"课程正是在这种理念与思维的引领下，着眼于学生学习与生活的结合，积极引导学生走出课堂，走向社会，通过实践解决真实世界所面临的问题，以生活体验促进儿童生长。

从已开设的"走读广州"等课程来看，学科融合统整下的儿童生长课程具有极好的实践成效与延展生长能力，在校本课程领域具有极强的应用价值，彰显了师生乃至家长跨学科、跨界学习发展的自觉性与能动性。基于此，解读西关实验小学的儿童生长课程，深入了解西关实验小学在学科融合统整、构建特色教育等方面的经验、路径与成效，对深化课程改革中学校深入研究什么样的课程设置能更有效地促进儿童的生长有着重要的借鉴意义。

生长的力量，其实就是生活的力量。正如广州市荔湾区西关实验小学校长陈俊芳所说:"我们用学科融合的统整理念,把体现底色内质的生命课程、开发知识技能的学科课程、着眼于高端发展的精英课程囊括在'儿童生长'课程里面,这样能很好地回归到育人的原点——生活。"

(摘自《共育与生长——记广州市荔湾区西关实验小学"儿童生长课程"》,原载《广东教育》综合版2019年第3期,略有修改)

这里有着未来学校的现实因子

未来学校长什么样？

作为深圳市盐田区首个未来学校的建设校，梅沙小学正设计着他们眼中的"未来学校"。

"我们的新学校以未来学校理念设计未来学习中心、未来艺术中心、国学启慧中心、生活经验中心、未来体能中心、情绪行为中心、未来创新中心、社会践行中心八个中心，营造泛在学习环境。未来学习中心、未来艺术中心、国学启慧中心奠定学生的学习基础，主要培养学生的人文底蕴和科学精神；生活经验中心、未来体能中心、情绪行为中心主要使学生学会学习、健康生活，实现自主发展；未来创新中心、社会践行中心强调社会参与，让学生学会责任担当和实践创新。"校长刘向东这样描述学校的未来样子：创新教室布局，配备可移动、易于变换的桌椅设施，支持教师开展多样化的教学活动；扩展学校的公共空间，打破固定功能的设计思维，促进学习区、活动区、休息区等空间资源的相互转化；把非正式学习纳入学校教育的重要议程，给学生提供更多的活动与交往空间，促进学生的社会性发展，弥合正式学习与非正式学习之间的界限。

未来学校不仅在于学校校园的新形态设计，更在于学校发展理念的新样态探索。如今的梅沙小学，不仅在为现在而努力，也一直在为2019年9月搬入新校区做准备。从一定意义上来说，未来学校所赋予梅沙小学的样子不在未来，而在现在。

现在是怎样的，未来也会怎样。现在的梅沙小学是"全人成长"的，未来的梅沙小学也是"全人成长"的。在"全人成长"教育理念的引领下，梅沙小学以项目式学习、STEM教育活动、科创活动、"十二节日"主题教育活动等蕴藏着未来教育因子的学习方式正在缓慢改变着学生的学习方式，而在新校区，由于将学校作为一个整体学习空间进行了更美好、更具体验性的设计，未来的梅沙小学将能发现更多的未来教育因子，让学生真正成为学习与生活的中心。

（摘自《深圳梅沙小学：以"全人成长"教育实践链接未来》，原载《广东教育》综合版2019年第5期，略有修改）

这块田园的出产

自 2011 年开辟这块田以来，深圳市龙华区教科院附属小学大批师生积极参与基于这块田所衍生的各类教育教学活动之中，丰富了校园生活与生命成长的体验，收获了各级各类荣誉。由此创设的"水稻收割活动"被深圳市委文明办、市教育局授予"十佳创意活动"称号，由此凝练的《"生态体验模式"下的小学综合实践活动校本化课程的构建与实践》获得广东省特色学校一等建设成果奖。所以，校长吴少文说："这块田的教育故事是对我校'日新其业，润田致真'校训的最好诠释。'日新其业'是激励教师不故步自封，不断创新，这是内在的精神激励。'润田致真'则暗合了教育课改方向，即通过建构基于真实情境的学习环境，实现多学科统整教学活动，以提升学生的综合素养。"

这些，都是这块田园的出产。这些，都是让人珍视的出产。

当然，在我们看来，这块田园的出产还有更让人珍视的：一是回应现实的智慧，二是拥抱未来的勇气。

这块田园的出产体现了怎样的回应现实的智慧？面对城市化所带来的教育领域的"自然缺失症"，龙华教科院附小没有以"应试教育"的唯分数论去逃避教育所应该承担的责任，而是深入挖掘学校文化底蕴，抓住"田"这一学校发展的关键事件，积极开拓自然教育体验场景，逐渐生成系列化的"清新自然"课程，建构起"自然体验教育"新生态，极好地展现了教育人的责任担当。而这与龙华区积极教育的理念与品质是极为契合的。

回应现实，需要选择的智慧；面对未来，则需要拥抱的勇气。智慧校园、未来学校、万物互联，这些就是现实联通未来的大趋势。在这种大趋势下，已不是选择的问题，而是有没有勇立潮头的担当。龙华教科院附小是有这种担当的，所以，它成了龙华区智慧校园实验校、未来学校示范校。

广东省教育厅副厅长王创曾在《广东教育》（综合）刊文指出："在当今这个万物互联的时代，人工智能技术正在从模仿人类智能走向学习、超越人类智能，教育的封闭体系、旧的思维模式都正在或者已经被打破。新时代催生新教育,新定位谋划新发展,新技术构建新生态。构建'广东新时代新教育体系'需要进行理念重塑、结构重组、流程再造、内容重构、模式重建,需要改革创新人才培养模式、教育服务模式、教育治理模式。"

或许,正是在龙华教科院附小,王创看到了"广东新时代新教育"的某些新生态,令他当场发出"还要来看"的点赞。

(摘自《耕耘在智慧教育的田园上——深圳市龙华区教科院附属小学"自然体验教育"探访记》,原载《广东教育》综合版2019年第6期,略有修改)

以特色学校建设助推学校教育现代化进程

自1997年聘请专职教练，正式成立武术训练队以来，武术就开始走进了中山市南头镇民安小学校园。20多年来，武术特色从小变大，从弱变强，逐步从中山市武术传统项目学校变成广东省武术传统项目学校、广东省群众体育先进单位。尤其是自从《武术园》进课堂以来，学校很好地把武术技艺与武术文化结合起来，逐渐由武术特色项目学校发展为具有系统性的"厚德笃学、崇文尚武"的特色学校，以立德树人的教育担当积极回应了区域内人民群众的优质教育需求。

这其中，广东省教育研究院作为教育智库的推手作用不可不提。《"厚德笃学 崇文尚武"特色学校的建设》一书，就是民安小学在广东省教育研究院指导下特色学校建设的成果之一。

2016年3月22日，广东省教育研究院与中山市南头镇签署共建现代化学校实验区协议，整体推进南头镇义务教育优质、均衡、科学发展。作为现代化学校实验区的一员，民安小学以参与广东特色基础教育课程教材改革实验特色学校建设为契机，全面深化基础教育课程教材改革，打造品牌课程、特色学校。"'厚德笃学、崇文尚武'这八个字，我们很早就提出来，但是怎样做实做透彻，尤其是如何进行系统化的凝练，一直是我们的瓶颈所在。这次借助省教育研究院，我们实现了突破。"比如，2019年学校开展了"少年中国说"武术特色大课间和具有中华传统文化的腰鼓操，形成了育德、促智、健体、彰美"武"课程样态，获得了广东省第二届特色学校建设成果一等奖，《"厚德笃学 崇文尚武"特色学校的建设》一书也即将公开出版。

（摘自《厚德笃学 崇文尚武——中山市南头镇民安小学特色办学记》，原载《广东教育》综合版2019年第6期，略有修改）

在绿色教育追求中凸显生态育人

在对汕头市澄海实验高级中学的采访过程中,我们印象最深的是学校教师王绮霞的一段话:"学校带给我最大的影响是让我成为一名有追求的老师,而充满勃勃生机的学校,也让我们教师有了'活到老,学到老,教到老'的信念,学会了主动追求。"而这充满生机与活力的教育追求,早就融入了澄海实验高中校歌之中:

韩江水悠,泽被四方,传承文明是我们共同的理想。
花果山秀,沐浴阳光,报效祖国是我们美好的愿望。
……
在这片智慧的土地上,我们豪情挥洒,青春激扬。
德才兼备,德才兼备,誓作祖国栋梁。

绿色教育把绿色环境、绿色课程、绿色平台、绿色文化、绿色行动融于一体,建构起一个生态育人的优良教育系统,富有时代感、责任感,具有强大的生命力。我们有理由相信,这样一所懂得主动追求的绿色学校,将在未来打造出更富内涵的绿色生态教育,创造出更具传奇色彩的辉煌。

(摘自《汕头市澄海实验高级中学:绿色教育 生态育人》,原载《广东教育》综合版2018年第3期,略有修改)

"诚正教育"的价值思考

诚正，正心诚意，心以至正，行以至诚。

2005年，汕头市澄海隆都中学成立朝阳谜社，定期吸收新社员，利用QQ群长期开展"每日一谜"猜射活动，实行月猜积分制，奖励积分前三名；2014年起，利用学校LED屏开设"每日一谜"专栏，每周5则，及时更新。学校还利用元旦、国庆、校庆等节庆日开展专题灯谜竞猜活动，邀请区谜协好手到校指导学生进行灯谜创作和猜射。灯谜"无文章之用，而撷其精华；无诗词之功，而深其趣味"，因而深受学生喜爱。兼任朝阳迷社社长的黄丹锋对灯谜活动的功能定位有着深入的理解。他认为，灯谜创作和猜射的主要手段是运用汉语言文字的丰富歧义进行"别解"，而"别解"是求异思维的一种具体表现，"因而灯谜课程与丰富多彩的灯谜活动，不仅能深化学生对民俗与乡土文化的认知，也有助于拓展学生的眼界，激发学生的求异思维"。

见微知著。对灯谜这一传统文化活动教育内涵的深刻理解，足以彰显学校对传统文化的创新性传承。

积微成著。诚正学堂旧址的有效保存，历届学生学籍的妥善保管，朝阳读书、书法灯谜等素质教育活动的点点滴滴，这些看似很平常、很微小，但是，正是这些日常微小的行为累积，才成就了隆都中学八十载的教育故事，并让其倡导的"诚正教育"值得期待。而这种期待，在立德树人时代教育精神的引领下，已有了更为体系化的现实规划：隆都中学围绕着至诚至正的"诚正教育"理念，着力打造一支敬业、乐业的诚正教师，培养知书达礼、自强自立、诚实守信、宽容仁爱的诚正学生；着力建立诚正课程，如文学与人生课程、科技与创新课程、运动与健康课程、艺术与审美课程，在这些特色课程的引领下，学校开展丰富多彩、形式多样的校内外活动，丰富校园文化生活。

随着基础教育评价体制改革的发展，当前的教育评价已经呈现出素质取向的良好趋势。一所学校的办学成效，不可能再单纯以分数和升学率来衡量，坚持育人为本、综合发展才是素质教育的应有之义。在这种背景下，如何深化特色办学，彰显办学个性，促进学生的生命成长和终身发展，是许多学校所共同面临的考验。隆都中学的"诚正教育",以文化育人为主要途径,让传统教育智慧扎根于当代校园,把古代书院修身养性的传统与现代教育育人为本的理念相融合,推动了学生综合素养的提升。

(摘自《汕头市澄海隆都中学:至诚至正　积微成著》,原载《广东教育》综合版 2018 年第 4 期,略有修改)

学校，要为文化育人提供文化观照

教育，从本质上说就是文化育人，而学校，理应为文化育人提供一种文化视角与文化观照。

汕头市澄海东里小学，虽然地处粤东乡镇，但是，由于它在实践中找到了一种立于本真、发于和乐的和乐文化理念，梳理出了一个基本成型和相对系统的和乐文化结构，让学校成为每一名师生快乐成长的家园，因此，它不仅在澄海区特色学校建设中脱颖而出——澄海区教育局曾先后两次组织全区各中小学校长在东里小学开展特色学校建设现场会，而且即使是与珠三角地区的一些学校相比较也不逊色。

在和乐文化的影响下，东里小学学生学习的积极性和主动性得到显著提升，切实转变了学生的学习方式，有效地促进了学生情感、态度和价值观的发展。曾获得汕头市优秀少先队员称号的六年级学生黄梓宁说："学校环境很好，老师和蔼可亲，课程有很多选择，例如，仪仗队、打击乐、书法、足球、画画，在学校学习很开心。"另一名六年级学生张佳琳也说："通过参加学校吉他、美术、乒乓球等社团，我认识了很多不同年级的朋友，很有意思。"如今，和乐文化已成为学校的共同愿景与精神家园。在这样的精神家园里，师生能够从校园生活中获得乐趣，体验成功，学校也获得了可持续的健康发展力：自2012年以来，学校每年都荣获澄海区"教育质量综合评估优秀奖"，教师获省、市、区荣誉称号共32人次，学生获省、市、区各级各类比赛奖励达246人次，合唱、田径、足球、表演剧、器乐等各类社团也获奖很多。

（摘自《汕头市澄海东里小学：立于本真 发于和乐》，原载《广东教育》综合版2018年第5期，略有修改）

以棋育人有道

汕头市澄海城南小学国际象棋特色教育的育人之道，不仅仅在于注重棋艺的培养，更重要的是将棋道、棋品等棋文化元素融合到学校办学实践之中，以雅实理念为引领走好每一步，在促进学生特长发展的过程中导向全面发展。如今，在国际象棋特色教育内涵的基础上，城南小学形成了"学会学习，学会自立，学会做人"的校训，"新、实、活、严、奋"的校风，"爱岗敬业，为人师表"的教风以及"爱校尊师，勤学守纪"的学风。学校整体呈现出蓬勃发展的态势，先后荣获全国群众体育先进集体、广东省依法治校达标学校、汕头市第二批知识产权教育试点学校、汕头市德育先进单位、汕头市第五批语言文字规范示范学校等称号。师生参加各级各类比赛，荣获国际级奖7项，国家级奖124项，省级奖260项。一批优秀学生在品德、学业、体育等领域共6次获潮汕星河奖，2次获得宋庆龄基金奖。2009年，学生曾可琪与队友代表广东省参加第一届全国智力运动会，获得象棋比赛青年女子团体冠军。由城南小学输送到广东省帆船队的运动员林纵，参加2017年全国帆船帆板锦标赛获男子470级第三名和第七名，被选送到国家帆船队集训。

城南小学坐落在凤山之南，校园中两棵百年古树格外显眼，特别是校门处的合欢树，被四周的围墙环绕着，穿过上方的墙壁直入云霄。合欢树的树干与校门砌起的高墙交相缠绕、融为一体。"在建造校门时，为了保护古树，才特意这样设计。"陈强介绍道。两棵古树被保护得如此完好，足以看出这所百年老校对传统的坚守，而古树年复一年地生出新芽、开花、落叶，也见证着这所百年老校在开拓创新中走出了一条属于自己的特色发展之路。

采访结束时，我们再次望向城南小学，校门口的百年合欢树已经冒出了嫩绿的新芽，历经时间的沉淀成长得更为挺拔。

（摘自《汕头市澄海城南小学：以棋育才　全面育人》，原载《广东教育》综合版2018年第6期，略有修改）

读书报国育英才

先看澄海中学在三个不同时期的校歌：
抗战时期的校歌：

行远自迩，登高自卑。希贤希圣，任我作为。世界风云万变，国家情势颠危。焚膏继晷兮努力，破浪乘风兮有时。愿我同学，劬勤自励，为澄海向导者，为中华好男儿。

解放战争时期的校歌：

巍巍澄中，鮀海之东，文物所系，启迪洪蒙。礼义廉耻，师生景崇，修齐治平，一道共宗。聚英才兮乐育，促世界兮大同，如日月经天，永垂教育于无穷。

现在的校歌（20世纪80年代至今）：

红色澄中，敲响了阵阵勤学校钟，进此大门，毋辜负他的历史光荣。中华正在崛起，我们致远任重。德智体美样样发展，文科理科都不放松，我们要扫千年污垢，树一代新风，准备着为国家创大业，为人民立新功。

歌以咏志。澄海中学在这三个不同时期的校歌，虽然歌词大有不同，但是其精神实质是极为一致的，那就是，读书报国育英才。正是有了这个核心价值，澄海中学才能在百年的历史沉浮中始终生辉。

（摘自《汕头市澄海中学：读书报国　精致育人》，原载《广东教育》综合版2018年第7期，略有修改）

致力于养成教育的课程建构

关键能力、核心素养和必备品格不可能凭空得来，而必须在严格的课程实施中一点一滴积淀而成。澄海实验学校养成教育引领下的校本课程体系，将课程开发和实施的关注点指向学生自主学习与主动发展的习惯养成，以及良好道德品质的涵养培育，真正做到了让教育的本体回归人，回归学习者。

在开好基础课程的基础上，书法、美术、音乐、舞蹈、武术、主题机器人拼装、仿古文物制作、生物标本制作、天文气象、演讲与口才、文学与写作、物理与生活等校本课程，澄海实验学校都努力通过定人、定时、定点、定内容、定要求等程序严格实施，所有环节均纳入精细化管理流程。这样做的效果显而易见，澄海实验学校校本特色课程得以规范化实行，通过一门门课程的实施以及一个个活动的体悟，为学生成长提供了一个自主选择、内在养成的学习环境，推动学生从被动学习到自主学习的转变。

澄海实验学校校长黄琦瑜说："我国中学生历来受到诟病的一个问题，就是长于应试而拙于社会实践。但是，澄海实验学校的大部分学生不存在这个问题，这在很大程度上得益于丰富多彩的致力于养成教育的课程建构与活动实施。"

（摘自《汕头市澄海实验学校：聚焦课程　致力养成》，原载《广东教育》综合版2018年第8期，略有修改）

给学生创造体验成功、享受快乐的环境

在对汕头市澄海汇璟实验小学的采访中,我们参观了学校的生物园。郁郁葱葱的藤蔓爬满了凉亭,林荫小道蜿蜒曲折,园内植物种类繁多。炎热的天气,坐在石凳上,微风轻轻吹拂,暑热也减退了不少。杜卫群介绍说,这是学生最喜欢的地方之一,下课后,总有学生坐在这里聊天、阅读,这里就像一个清幽又静谧的乐园。

学校不仅注重校园环境的创设,还十分重视校园文化氛围的营造,比如,学校将每个班级的窗台都布置成了图书角,摆满各式各样的图书,学生随时随地都能拿起好书阅读。这样的校园环境设计能让学生沉浸在阅读的世界之中。

走进智慧教室,看着排列整齐的桌椅和电脑,不难想象学生坐在这里,享受着现代化教育教学设施所带来的学习乐趣。为了更好地帮助学生学好英语,学校还邀请外籍教师走进课堂,线上一对一助学,线上线下双师授课,探索快乐英语教学新模式,给学生创造快乐学习英语的氛围。

这些都是汇璟实验小学为学生创设的课内外学习活动场景。在这样的校园里学习丰富多彩的校本课程,足以让学生体验到成长、成功的快乐。正如杜卫群所说:"学生真正的快乐,不在于考了多少分,获得了什么奖,而在于能在和同学的交往中收获友谊,在老师的教导下收获知识,在各种尝试中提高能力,在各种舞台上体验成功。"

(摘自《汕头市澄海汇璟实验小学:体验成功 汇集快乐》,原载《广东教育》综合版2018年第9期,略有修改)

一所乡村小学的"现代教育心"

跨学科整合、项目式学习、融入式学习等融合教育理念，在发达地区的不少城市学校进行得如火如荼，给师生带来了不一样的学习体验。

让我们欣喜的是，这样的融合教育理念也在汕头市澄海莲下中心小学这样一所普通的乡村学校朴素地进行着，尽管他们没有用"跨学科整合""项目式学习""融入式学习"这类"高大上"的词汇。比如，在和美教育理念的引领下，学校把艺术教育与潮汕本土文化，甚至环保、科普等主题相结合。"我们积极挖掘潮汕优秀的艺术资源，比如在音乐教学中引入'潮剧潮曲'和'潮汕歌谣'等潮州音乐，在继承的同时大胆创新，使学校的艺术教育充满浓厚的乡土气息。"校长杜绍义说，学校还把体育教育与美育、智育、德育相结合，如在乒乓球课程中强调"健康第一"的课程理念，并将其中的思想教育、技术技能等内容与语文、数学、英语、美术、音乐等学科整合：习作教学中学习语言、动作、心理描写，均可从乒乓球训练和比赛中取材；英语教学则利用学生在练习球技时涉及的动作进行教学；美术课引导学生发挥想象力，在小小的乒乓球上绘出五彩斑斓的世界。

通过丰富多彩的"潮美"课程，立足于艺体育人的和美教育理念追求与实践活动，莲下中心小学教育人正在粤东乡村为我们描绘出一幅幅朴素的现代化教育图景，展示了乡村教育人在城乡教育一体化进程中的"现代教育心"。

（摘自《汕头市澄海莲下中心小学：和美兴校　艺体育人》，原载《广东教育》综合版2018年第10期，略有修改）

正大教育，让童年奠基未来

在对汕头市澄海华侨小学采访过程中，我们印象较深的是位于教学楼一楼的文化长廊。橱窗里展示的学生优秀书法作品字迹清逸俊秀，版画作品构思奇巧，让人舍不得移开双眼。一旁的柱子上张贴了介绍潮汕的传统文化的宣传画，让人眼界大开。橱窗前还设置了几张长椅，据校长许一宁介绍，下课时、放学后，学生总喜欢在这里坐着，或是欣赏橱窗里的作品，或是和同学聊天，或是翻阅"长廊书吧"里内容丰富的课外读物。这里俨然已经成为学生身体和心灵的休憩之处。

其实，像这样的文化角，在澄海华侨小学校园里经常能看到。在校园里走着，穿过楼梯转角、经过班级外面的走廊，你总能被墙上悬挂的优秀书法、版画作品、习作所惊艳。除了优秀作品展览，墙上、柱子上、展览区等校园显眼处，你还能看到介绍版画艺术特点、我国乒乓球光荣历史的宣传贴画以及随处可见的"阅读角"。此外，学校的红领巾电视台、广播中也会设置专栏，大力宣传版画特色和乒乓球特色对学校的发展意义，对老师、学生发展审美情趣的重要性等，让版画、乒乓球特色理念深入人心。

见微知著，通过这些融入文化环境方方面面的布置和点缀，足以看出学校在通过特色办学促进学生快乐成长方面有着深入的思考与扎实的实践路径。在学校的版画宣传墙上有一句话："用六年影响一生，让童年奠基未来。"我们有理由相信，在拥抱多元发展的教育环境下，澄海华侨小学定能培养出更多拥有"大气"人生的优秀学子。

（摘自《汕头市澄海华侨小学：正大教育　多元发展》，原载《广东教育》综合版2018年第11期，略有修改）

"游于艺"的传承与担当

在参观澄海华侨中学的"校史展厅"时,"志于道,据于德,游于艺"的校训让我们深有感触。在"志于道,据于德,游于艺"的校训中,"游于艺"无疑是其核心实践点与承载点。但是,作为一所以艺术教育见长的学校,能够不局限于艺术一域,而是将传统经典话语为己所用,由此表明学校以艺修德、以艺养心、以艺育人的旨向,从根本上展现了学校不仅仅注重艺术特色教育的升学取向,而且更加注重艺术特色教育作为立德树人载体的责任担当。

"志于道,据于德,游于艺"出自《论语·述而》中的"志于道,据于德,依于仁,游于艺"一语。原文的意思大概是,要做一个有为之人,就要以道为志向,以德为根据,以仁为依托,以礼、乐、射、御、书、数六艺为活动载体。就此而言,澄海华侨中学在"游于艺"这一核心载体上还可以把视野拓展得更宽广一些,而这正是学校在逐步探索的。比如,学校对艺的提法,已开始由"艺术"扩展为"艺体",把体育囊括进来,并且学校在体育教育方面也取得了不错的成绩:学校现为广东省体育特色学校、广东省体育传统项目(篮球)学校,学校男子学生篮球队参加省级比赛屡获佳绩。

更进一步,如果能够超越学科视域,把"艺体"一词定位为"艺术为用,立人为体"并加以系统化实践,或许澄海华侨中学"游于艺"的特色传承将会更具活力,更为丰富,更趋完善。

(摘自《汕头市澄海华侨中学:艺术为用 立人为体》,原载《广东教育》综合版2018年第12期,略有修改)

一所乡镇小学的"书香之道"

在汕头市澄海永新小学的采访中,就读于五年级的舞蹈队成员余梦樘回忆道:"我一年级时还学习过国际象棋。不过,后来我喜欢上了舞蹈,学校经常开展各种各样的活动,让我们有自主选择的空间。"就读于六年级的扬琴爱好者黄妍婷也说:"我以前还学习过书法,现在主要在学习扬琴,学习扬琴可以放松身心。"

永新小学是一所以"书香校园"闻名的乡镇学校,但在"书香校园"的特色塑造中,学校持一种开放的态度,走出了一条跨界的路径,让学生有了更多的选择与发展空间。

当然,这样一条路,需要科研引导,也需要资金支持。这一点,永新这样一所乡镇小学是如何做到的?

就科研引导来说,这些年,学校教育科研工作早已步入"教中求研,研中导教,研教相长"的良好格局,"加强中华诗词教育,提高学生整体素质""书香校园建设与学科课堂阅读指导实践研究""突出学生在课堂教学和课外阅读中自主性的策略研究""诵读国学经典 培植人文素养"等课题都为书香课程的建构发挥了极大的作用。

就资金支持来说,学校所在地永新村有着尊师重教、兴学育才的社会风尚。在学校校史馆,我们被"永新村教育基金"一栏深深吸引:"由原'泰国华侨永远奖助学基金'折合人民币 262654.54 元与 2007 年村拨款人民币 2000000.00 元的'永新村教育基金'启动资金一并作为教育基金的启动基金,并制定《永新村教育基金筹集管理使用办法》,于 2007 年 7 月 19 日由村民代表大会通过实施。"校长余守武说:"每年村里投标池塘等都会按一定比例为基金筹集经费。自永新村教育基金成立以来,旅居在外的侨胞、本村企业家及热心人士踊跃捐资助学成为一种支持乡村教育发展的共识,他们先后总共捐资折合人民币近千万元,大力支持学校教育!"有了教育基金,除了奖教奖学,学校配置专用国际象棋活动室、大型民族乐团训练专用场室以及聘请相关专业教练就有了更好的保障与支持。

这样的"书香之道",其实就是一条有着自身生长方式的"植基·永新"之道。

(摘自《汕头市澄海永新小学:植基于人 为学永新》,原载《广东教育》综合版2019年第1期,略有修改)

让诗教文化植根于学校师生的心魂之中

古有四教,诗书礼乐。《礼记·王制》有言:"乐正崇四术,立四教,顺先王诗、书、礼、乐以造士。春秋教以礼乐,冬夏教以诗书。""诗书礼乐"国学教育的理论依据根植于《周易》,《易传·系辞》:"形而上者谓之道,形而下者谓之器。化而裁之谓之变,推而行之谓之通,举而措之天下之民谓之事业。"它的历史依据源于《史记》。《礼记·经解》篇曰:"入其国,其教可知也;其为人也,温柔敦厚,《诗》教也;疏通知远,《书》教也;广博易良,《乐》教也;洁净精微,《易》教也;恭俭庄敬,《礼》教也;属辞比事,《春秋》教也。故《诗》之失,愚;《书》之失,诬;《乐》之失,奢;《易》之失,贼;《礼》之失,烦;《春秋》之失,乱。"

这段话摘自汕头市澄海塘西小学《创建中华经典诗文诵读特色项目自评报告》。从中,我们可以略窥学校诗教文化之底蕴。

塘西小学的诗教文化,已不仅仅止步于学校诗教文化环境的简单营造,而是通过丰富多彩的课程与活动深深植根于学校师生的心魂之中。

比如,学校以经典诵读为载体,经常性开展经典诗文书法比赛、诗文配画比赛、经典诗文知识比拼活动、经典诗文主题系列艺术活动以及诗歌创作活动等,在经典诗文的涵养中扎实推进养成教育。

诚如校长郑鹏所言:"诗书礼乐这个体系的选择,我们正是从中国传统文化的教育思想中得到启发。诗书礼乐的传承,是中国人精神的体现,也是中国文化自信的一种表现。中华传统文化的教育理念为学校'诗以修身,书以达意,礼以养性,乐以怡情'的文化核心理念提供了理论支撑。因此,我们尝试通过诗书礼乐的传承与教育,探寻对学生进行国学经典教育的最佳方式。"

(摘自《汕头市澄海塘西小学:诗教文化 活色生香》,原载《广东教育》综合版2019年第3期,略有修改)

文化创意让乡村小学"洋气"起来

洋气,意味着充满现代气息,好像与乡村小学的"乡气"不太搭调。

但是,在全面推进教育现代化的语境下,乡村小学不仅能够"乡气盎然",而且可以"洋气十足"。

建阳小学就是其中一个例子。

坐落在汕头市澄海区莲下镇建阳村的建阳小学,是一所非典型的乡村小学。说它是乡村小学,是就其地理位置而言,当然,其校园文化大观园中的"潮州大锣鼓""灯谜""风筝""做粿""剪纸"等潮俗潮风也充满本土气息,展现着美妙的乡村风貌;说它是非典型的乡村小学,则是就其教育理念、文化创意及其校园布置与师生面貌而言,在这里,到处都能看到建阳教育人的创意与巧劲:让厕所内外摇身一变成为多功能的"侨爱文化"教育走廊;创新性地将传统的潮汕大锣鼓与西洋的行进打击乐相结合,开创了潮州大锣鼓的全新表演形式;还有微笑墙、理想墙、文化驿站……他们以"侨爱"文化与精神为主题进行校园文化的系统化创意设计,让学校面貌焕然一新,文化特色内外兼修,不愧为一所具有现代化气息的小学。

正如发表于《南方日报》的《汕头一乡村小学将"侨爱"作为校园文化创建主题》一文所说:"在这一接地气又有寓意的教育理念引领下,这所乡村小学在教育质量上不断升级,在特色教育上丝毫不逊色于城区学校。"

(摘自《汕头市澄海建阳小学:侨爱文化 文化育人》,原载《广东教育》综合版 2019 年第 4 期,略有修改)

以灯谜之面养博学之底

从2006年开展校园灯谜培训教育活动算起,汕头市澄海隆都中心小学开展"校园灯谜"特色教育活动已超过12年;从2015年正式将"校园灯谜"确定为特色项目算起,隆都中心小学的"校园灯谜"也已经走过了4个春秋。

是什么原因让"校园灯谜"在这所乡村小学生生不息?

灯谜,既包括谜面也包括谜底。如果把"校园灯谜"当作谜面,那么它蕴含的则是"博学于行"的谜底。"博学笃志"是学校的办学理念之一,这或许才是学校开展"校园灯谜"特色教育活动的底蕴所在,也是其生生不息的源头活水。正如校长吴仁宇所说:"开展校园灯谜教育,最大的好处应该是能够促进学生的课外阅读,培养良好的读书习惯。因为灯谜的猜射范围涵盖古今中外、天文地理、人文科学。如果一个学生要真正学会猜谜,那么他必须要广泛涉猎各个领域的知识,特别是文学类的知识。这样,学生就会主动去阅读课外书,汲取各种知识,从而在猜谜中提高了能力,提升了素养。"

"校园灯谜",其意义已不仅仅在于猜谜,而在于猜谜所串联起来的一整条学习之旅与教育之链,这里有学,有思,有创。当然,这里还可以有跨界之歌、演、画,也可以融入电脑制作活动、机器人教育、艺术体育等学校校本活动项目之中。

(摘自《汕头市澄海隆都中心小学:灯谜之校 博学于行》,原载《广东教育》综合版2019年第5期,略有修改)

以乡土情呼应现代心

　　由电脑绘画特色项目的确立到雅道育人特色学校的创建，汕头市澄海道南小学在特色发展上正在进行迭代升级。虽然受到学校资源的限制，特色发展之路有着不少的不确定因素，但是，能确定的一点是，学生因特色教育而灵动成长，教师因特色教育而专业成长，学校因特色教育而内涵发展。

　　更为可喜的是，学校在特色发展中发现了一个教育密码——越是乡土的，越是有活力的，越能得到肯定。学校美术教师郑振宏说："无论在创作电脑绘画，还是电子板报、网页设计，我都注意融入乡土文化。组织学生去参观、去采访、去实践，然后再进行创作。我发现，融入乡土文化的作品更受青睐。近年来，以潮汕艺术为题材的《桃花姐过渡》，获得广东省教育厅一等奖；以潮汕物产为题材的《家乡的狮头鹅》《采莲藕》《抓河蛤》也都获得广东省教育厅一等奖，其中，《采莲藕》还被中央电化教育馆评为一等奖。"

　　由此，学校形成了一个教育共识：把现代精神植入乡土基因之中，往往能开拓出一条属于乡村学校自己的现代教育发展之路。

　　正如校长曾玉莲所说："潮汕文化源远流长，既有浓厚的潮汕文化特色的艺术门类，如潮剧、潮州大锣鼓、剪纸、灯谜等，又有丰富的特色物产、美食。可见潮汕地区文化资源之强大、丰富，为我校特色教育的可持续发展提供了丰富的教育素材。我们注重利用本地的自然、人文资源和民俗文化开展教育活动，深化特色实践，教育学生热爱本土文化，传承和弘扬优秀的传统文化。融合潮汕文化特色，引导学生发现美、感受美、欣赏美、创造美，从而让学生学会创新，学会做人，当'和雅'少年，让学校教育更具特色。"

　　（摘自《汕头市澄海道南小学：由画及雅　雅道育人》，原载《广东教育》综合版2019年第6期，略有修改）

一所 "行如其名" 的乡村小学

"我们学校的'崇德'特色不是刻意打造出来的,而是在教育实践与积累中自然而然地形成的。"汕头市澄海崇德小学校长余悦武说。学校以"崇文尚德"为特色追求,不仅仅在于"崇德"之校名,还在于它有着鲜活的历史文化传承,更在于其对学校教书育人现实生态的把握与凝练。

走进崇德小学,你会感受到这里的文化气息扑面而来,这里有"乡村学校少年宫",这里有占地近400平方米的开放读书吧。在读书吧里,"愿吾曹力学,亲爱聚一堂"的校训、校歌都被精心地加以布置,启迪着这里的师生。而那丰富多彩的教育活动,诸如小记者活动、经典诵读活动、"漂流的图书角"活动、校史专题教育活动、读书节活动,更是为校园平添了缕缕校园书香。

走出崇德小学,你会体悟到学校的立德树人就体现在这具体入微的课内课外活动之中。这正适合小学生的特点。教育,不仅在于说,更在于行。"崇德"特色教育的有效之处,就在于通过一个个鲜活的活动,以德入文,以文化人,从而在校园书香中达到立德树人之效。

(摘自《汕头市澄海崇德小学:崇文尚德　书香人生》,原载《广东教育》综合版2019年第7期)

专业引领让师生如凤飞翔

在采访汕头市澄海凤翔中心小学的过程中，给我们留下深刻印象的，是学校对专业引领的重视。而专业引领，也让学校师生得到共同的成长。

比如，学校有全国少先队优秀辅导员1人，省级少先队优秀辅导员3人。这些具有专业特长的教师指导学校开展少先队活动轻车熟路，而且充满创意。

比如，迄今为止，学校有9位教师评上高级职称。这与学校历来重视课题研究紧密相关。如果没有课题研究的推动与引领，要评上高级教师并非易事。

此外，为更好地推动学校各项工作的开展，学校还积极聘请专业人士来学校指导，如聘请艺术教育顾问，聘请省级书法家协会会员为师生授课等。

有了专业的引领，学生出彩也就是自然而然的事了："童彩书画社"被评为广东省优秀红领巾小社团，体操队两次参加汕头市学生广播操比赛均获一等奖；鼓号队参加澄海区少先队仪仗队行巡检比赛、花样操比赛均获第一名；有8位学生被评为广东省优秀队员，其中，许程超作为汕头市唯一代表参加了第七次全国少先队代表大会。

有了专业的引领，学校出彩也就水到渠成了：学校获得全国红旗大队、全国体育群体活动先进单位、广东省红旗大队、汕头市小公民道德建设实践活动先进单位、汕头市文明校园、汕头市语言文字规范化示范学校、汕头市健康教育示范学校、汕头市示范家长学校、汕头市红领巾示范学校等多项荣誉称号，更因教学质量优异，活动成果丰富，赢得了社会的广泛赞誉。

（摘自《汕头市澄海凤翔中心小学：修业润德　和雅发展》，原载《广东教育》综合版2019年第8期，略有修改）

容得进来，融入进去，容融共进

自 1998 年创立以来，澄海实验小学获得"汕头市体育特色学校""广东省现代教育技术实验学校""全国首批中小学体育工作示范单位""广东省体育场地开放示范单位""全国首批中华优秀文化艺术传承学校""全国足球特色学校"等荣誉称号，学校的影响力和社会美誉度得到大幅提升。

在对澄海实验小学的采访中，我们观察到，这些荣誉的取得，与学校在多元化校本课程实践中所逐渐孕育出来的"多元开放，容融共进"教育文化理念密不可分。

在"多元开放，容融共进"的教育理念的引领下，澄海实验小学正致力于培养素质全面、个性突出、有国际视野的学生。当然，要实现这一教育愿景，"容"字还要进一步写好、写大。作为一所冠名"实验"的小学，澄海实验小学从办学伊始就立下"严、全、特、勤、实"的校训，既强调全面发展，又注重个性养成。一门门特色课程的开发，一个个教育特色的生成，让学校不断发展壮大，真可谓"有容乃大"。

容得进来，才能融入进去，才会融会贯通，从而实现融合发展、容融共进。"未来我们的校本课程将更加关注学生核心素养，聚焦精品课程，完善容融文化。"校长王秋喜说，"在开发与核心素养有实质性关联的课程的基础上，形成一批有文化意蕴的精品课程群。如版画、灯谜、潮剧融合潮汕文化，围棋、书法、民乐融合中华文化，小提琴、足球、童话剧、创客教育融合世界文化等，建立个性与共性统一的学生文化，既促进学生在智力、体力、人际沟通及社会交往、精神、道德和审美方面的全面发展，又注重体现特色，使学生具有不同的个性，最大限度地促进学生各方面的发展，实现学生的素养提升。"

一言以蔽之，澄海实验小学在包括校本课程、艺术教育、科技教育等在内的教育教学各领域都勇于开拓，无愧于"实验"二字，是一所极具探索精神与包容品质的现代化小学。

（摘自《汕头市澄海实验小学：开放包容　容融共进》，原载《广东教育》综合版 2019 年第 9 期，略有修改）

第九章　成人之美

"足"以树人

在对中山市的实地采访中,我们发现了两个有趣的现象。

一个是社会各界尤其是家长最担心的安全问题,其实在校园足球运动开展的过程中并没有成为大问题。这是如何做到的?我们了解到,为解决安全问题,中山市统一为自愿参保的学生购买了运动意外伤害险,在原有的校方责任险上又多一层保险,在一定程度上为这一问题提供有效保障。除了保险,更为重要的是,各学校通过优秀师资确保学生做到科学、合规则地踢球,并在平时的足球训练与竞赛中做好了安全教育与准备运动,从而有效地解决了安全问题。

另一个有趣的现象是,中山市校园足球的优秀运动员不再是我们传统印象中的学习后进生,他们往往多才多艺,或者品学兼优。究其根源,这与中山市校园足球运动的"文化味"与"教体合一体制"息息相关。

2017年3月7日,教育部体育卫生与艺术教育司司长、全国青少年校园足球工作领导小组办公室主任王登峰在中国教育报刊社2017年两会E政录中接受网络直播访谈,重点提出"推动校园足球是落实立德树人的教育使命所在"。中山市在总结推进校园足球发展的经验时,曾提出了"七个破解",即聘请外教吸引退役运动员任教,破解"师资"难题;设立专项基金引导社会资金投入,破解"经费"难题;改造场地完善设施,破解"场地"难题;完善特长生招生制度,破解"观念"难题;为学生购买意外险,破解"安全"难题;举办"4+2级"联赛,破解"氛围"难题;定期开展足球文化活动,破解"文化"难题。在我们看来,这"七个破解"就是中山市校园足球的"七巧板",有了它们,才建构起了中山校园足球的美丽图景。

这,"足"以树人!

(摘自《"足"以树人:引领校园足球发展的"中山旗帜"》,原载《广东教育》综合版2017年第4期,略有修改)

"足" 以载道

"我一看到足球，就感觉自己充满了活力，好想让它听我的脚的指挥。"在深圳市盐田区梅沙小学的足球社团课上，正准备运球训练的二年级学生成睿兴奋地说。在梅沙小学，学生们对校园足球有着十足的热爱。学生们说，游戏化的足球课堂，让他们非常喜欢足球课。

2017年，梅沙小学与盐田区教育局、青少年体育俱乐部共同举办足球进校园公益活动，让更多学生享受足球运动带来的快乐，构建积极健康的足球文化氛围。在校园足球公益活动中，采用穿插游戏、小比赛、擂台以及足球海报和征文比赛等形式，很好地吸引了全校学生参与足球运动，了解足球知识。

这些活动形式，彰显了梅沙小学在校园足球发展思路上的转变。由精英化走向大众化的梅沙小学校园足球，不仅仅聚焦于足球运动本身，更致力于通过足球运动课程潜移默化地让学生形成运动精神和健康意识，养成良好的生活习惯，促进德智体美全面、和谐发展。

如今，走向大众化、普及化的梅沙小学校园足球不再局限于个别特长生，校园足球文化氛围日益浓郁，并在各种校园足球交流活动中获得成就感和前行动力。

时代的发展，呼唤学生综合素养的提升。发展校园足球，不仅仅止于足球运动一域，更为重要的是，通过发展校园足球促进学生身心健康发展，培养学生团队合作的精神，由此进一步促进校园文化建设、学生素养提升。

铸魂校园，"足"以载道。

（摘自《"足"以载道：深圳市盐田区梅沙小学校园足球路》，原载《广东教育》综合版2018年第8期，略有修改）

"年度教师"的教育担当

2016年深圳市基础教育系统"年度教师"总决赛一开始，主持人就抛出这样的问题："什么样的老师才称得上是'年度教师'呢？"

换句话说："我们需要什么样的'年度教师'？"

在总决赛的演讲环节，有两位"年度教师"候选人以自身的思考回应了这个问题。一位是肖晨老师："我的寻找之路还很漫长，深圳教育之路正高举着改革的旗帜，我的角色何在？我将去往何处？我又能有何作为？'年度教师'候选人当然有义务回答。我深感责任与压力，但我必须时刻提醒自己，今天之后只有更朴实、更执着、更智慧地寻找才能不辜负站在这个舞台上的荣光，不辜负教育的担当与使命，不辜负深圳教育美好的明天。"另一位是尹庆华老师："（2016年）6月30日，我成为龙岗区年度教师。有记者问我：尹老师，这个暑假你是不是要忙着准备市里的评选呢？我说：'年度教师'不是舞台秀，而是要用行动去践行，用一辈子去准备。这个暑假我还有很多事情要做，要回老家看望父母，要为新教材录制随教参发行的示范课，要去四川凉山州培训乡村教师……"

2015年深圳"年度教师"王雪娟在现场这样分享道："2015年，就在这个舞台上，我和5位同伴一起接受了深圳首届'年度教师'赋予我们的职责。在这一年之中，我们结成一个团队，走遍深圳各区，还远赴河源、汕尾。在宣讲过程中，我们审视自己的职业，向外传播信念。在这个过程中，我们在成长，而又特别高兴地看到，有很多的教师跟随着我们一同进步。2016年新一届'年度教师'也已经站在深圳教育的前台上，我觉得我们这些人是在做一场永不停歇的接力跑。"

在赛后接受采访时，2016年深圳"年度教师"孙立春说她是深圳市十几万教师的一个缩影，她的身边有许许多多榜样都是她成长的助推者。开学后，按照南山区的"精英人才共享"计划，她将前往南山区中科实验学校支教，帮助中科实验学校创建科学课程体系，开展科技活动、搭建创客平台等。

深圳市教育局师资管理处处长王水发曾这样解读"年度教师"："我们的共同期待是，'年度教师'不是单一的劳动模范，但必须有劳模的精神境界；不是单一的师德标兵，但必须是师德高尚的教师；不是单一的教学专家，但必须在教学中独树一帜；不是单一的科研能手，但必须有相当的科研能力与科研成果；不是单一的教书育人楷模，但必须有突出的教育教学业绩；不是单一的优秀班主任，但必须有很多感人至深的教育故事；更不是单一的演讲高手，但必须有很好的表达能力。总之，'年度教师'必须是全面的、综合的、立体的、近乎完美的教师，一个集众多优秀品质于一身的教师。因为，一年只评选出一次深圳市'年度教师'，十万分之一的评选，就是要树标杆、立榜样，明确教师的发展导向，激励教师们奋发有为。当然，我们也知道并不存在绝对的完美，但只有不断地追求完美，才能更加接近完美！"

……

"年度教师"，是一种教育担当，是一次教育引领。我们有理由相信，在"年度教师"的引领下，深圳会涌现出越来越多既有个性教育理念，又能共享教育行动的极具风格的特色教师，共同彰显为师者于教育、于生活的创新风范，担当精神与人性光辉！

（摘自《"年度教师"的深圳风范》，原载《广东教育》综合版 2016 年第 10 期，略有修改）

因教育个性而出彩，因教育情怀而卓越

  作为连续三届都以媒体评审团成员方式在场参与的教育媒体记者，我们发现，深圳市评选出来的三届"年度教师"，他们虽然各有各的特色、各有各的精彩，但从他们的表现与经历中，也可以找寻到这些"年度教师"共同的指标特征：他们因教育个性而出彩，因教育情怀而卓越。也由此，我们可以进一步发现，深圳"年度教师"，不唯荣誉、不唯资历、不唯付出，甚至不唯教育，它似乎在倡导教师成为一个多样化的综合性存在，它引领着教师们以担当者的胸怀诠释教师的风格，并以前行者的姿态追寻教育的真谛。

  深圳"年度教师"的出彩源于特色鲜明却同样优良的教育个性。个性，彰显着风格，优良的教育个性是优秀教师教育生命与教学风格的核心呈现。通过多层次的展示，我们深刻感受到深圳"年度教师"优良的教育个性。

  2017年深圳"年度教师"特色鲜明：深圳外国语学校英语教师甘磊站在个性化的"win－win"双赢教学理念层面实践"无边界"教学，"从微信语音教学培养学生的英语演讲能力，到QQ直播课堂提升学生的英语口语表达能力"，线上线下教学互动；福田区天健小学语文教师曾海玲对学生的写作之惑感同身受，以写作问题为导向，她从语言发展和思维发展两个维度"梳理小学六个年级12个专题共94个单元的专题习作内容架构"，主持编写主题习作教材，逐渐走向"建课程之师"；南山区前海港湾小学数学教师杨征积极拓展小学数学课堂视野，把股票、保险、众筹统统搬进课堂，在校内发行"港湾币"，给孩子们建构了一种鲜活的"财商课堂"，开启了趣味的生活化数学之旅；龙岗区龙城高级中学英语教师方静十年如一日，"开创'悦读悦写'模式，和同事们组织英语报刊阅读、外语艺术节"，致力于具有国际视野、中国情怀的"实心人"培育；坪山区坪山实验学校语文教师庄泳程以"主题式教研"为切入点，从语文教学的智慧迈向语文教育的智慧，最后形成"智慧语文"体系。

  2016年深圳"年度教师"孙立春是一位具有"理趣"的理性之师。她善于将教学内容分解为一个个研究性课题，鼓励学生开展自主加合作的探究式学习，形成了"以培养学生的创新能力为导向，以开展探究活动为主线，以学科统整为特色"的"3A"教学模式。

2015年深圳"年度教师"王雪娟是一位热爱教育、热爱生活的丰富之师。她积极构建"原创式备课"新路子，通过"原创式备课"引导学生思考课文文本所体现的思维方式、表达方式，提升他们的思考能力与语言能力；她爱阅读、爱写作，也爱电影、爱旅行，经常在讲课时联系到自己的旅行见闻，常用自己读到的优质文本为学生进行阅读拓展……

深圳"年度教师"的卓越基于爱与使命担当的教育情怀。情怀，蕴含的是对教育使命的责任担当。只有基于爱与使命担当的教育情怀，才能让教师的教育生命真正丰满。在一次次的现场聆听"年度教师"候选人的演讲中，我们能够发现在这7位"年度教师"的教育个性与风格中蕴含着其脱颖而出、成就卓越的最核心的教育情怀基因，那就是爱与使命担当。

一位教师生命中最大的幸运，莫过于在平凡的工作中发现了自己的使命。我真有这样的幸运！当学生说，喜欢我的课堂总是充满惊喜时；当学生说，希望成为像我一样的语文老师时；当毕业的学生说，总能在失落的时候想起我给过的力量时……这些话语，激起了我内心超越平凡的高大。我深刻地认识到，去唤起他们对语文学科的热爱，去陪伴他们共同的成长，这就是我作为教师最朴素的使命。

——2015年深圳"年度教师"王雪娟

在一声声求真、求是的问道中，我发现作为一个平凡的理科老师，我的教育使命就是孩子心中播下科学的种子，植入创新的基因，让深圳这座传奇的城市充满理性、专业和现代的科学气象。

——2016年深圳"年度教师"孙立春

回首16年来在这条教育教学的路上，一路奔跑向前的我从没有忘记当初为什么出发，初心依旧，热爱依旧。总有一种梦想任时光流逝，不忘初心；总有一种力量驱动着未来，傲然绽放。

——2017年深圳"年度教师"甘磊

优秀的教师就是心中有大爱，不放弃任何一个生命，让孩子们离开教室时都迈着春天一样的步子的灵魂医者。

——2017年深圳"年度教师"曾海玲

若有微光，必有远方。我有幸引领价值，亲手打造共同体，为未来而教，为梦想而教。我常问自己，一名教师的深圳梦是什么？就如每个清晨我充满欣喜与骄傲，身披城市霞光，吸收教师的力量，为特区的未来教育领航。

——2017年深圳"年度教师"杨征

捧着一颗干干净净的心，用智慧和巧劲，安安静静地教书，尽心尽力地育人。

——2017年深圳"年度教师"方静

实践研究，智慧提升，让我逐渐触摸到一个先生的内核，那是一种修养，更是一种修为，在不懈的努力与追求中，托着一个个学生幸福而坚定地走向未来。

——2017年深圳"年度教师"庄泳程

这些，不是说说而已，不是评完即止。前两届的深圳"年度教师"已开展了一系列巡回分享活动，并建立年度教师工作室。第三届的"年度教师"也即将开展系列巡回分享活动，建立年度教师工作室。这些，终将更好地促进年度教师的持续成长并促使其发挥辐射带头作用。他们，如同过去一样努力着，而因有了"年度教师"这一荣誉称号与影响平台，他们有了一个更具责任担当的使命与定位——引领者。

（摘自《深圳"年度教师"：因教育个性而出彩，因教育情怀而卓越》，原载《广东教育》综合版2017年第10期，略有修改）

中小学班主任工作的 "粤式" 智慧

班主任队伍建设关系到千家万户的切身利益，关系到能否办好人民满意的教育。基于此，关注中小学班主任队伍建设意义重大。广东省积极建立教育行政主管与专家专业指导相结合的工作机制，完善班主任队伍建设的顶层设计，通过名班主任的辐射作用推动中小学班主任在创新中立德树人，彰显了中小学班主任工作的"粤式"智慧。

在省教育厅和思政处的领导与指导下，2006年7月，以广东第二师范学院（原广东教育学院）为依托，成立了"广东省中小学德育研究与指导中心"。该中心开展了内容丰富和形式多样的班主任队伍建设的创新工作，如实行省班主任全员培训、组建省班主任讲师团、举办省班主任专业能力大赛、实施省名班主任培养工程、组建省名班主任工作室、开展省中小学德育课题等，在加强班主任队伍建设方面发挥了不可忽视的重要作用。

其中，2006年开始启动的省中小学名班主任培养工程和2012年开始启动的省中小学名班主任工作室建设工程，更是起到了辐射示范作用，通过培养一大批师德高尚、专业能力强、富有教育智慧、在省内外有较高知名度和影响力的班主任工作带头人，引领全省中小学班主任整体工作水平提升。

（摘自《名班主任引领：中小学班主任工作的"粤式"智慧》，原载《广东教育》综合版2017年第11期，略有修改）

红心赞：一种源于内心、乐于担当的教育关怀

梳理"朝阳读书"活动的品牌化之路，可以发现"朝阳读书"活动的深入开展与广东省教育系统关心下一代工作委员会（简称"省教育关工委"）对下一代青少年健康成长的关爱之情与责任之心密不可分。这是一种源于内心的责任担当与教育关怀，这是一份"夕阳情"走出的"朝阳路"。

人老，心不老

采访中，对"朝阳读书"活动细节的津津乐道，足见省教育关工委老同志对"朝阳读书"品牌的珍视之情。按照常理，到了六七十岁这样的高龄，该是放下所有重担、安心养老的时候，何必为了一件对自己并无益处的麻烦事四处奔波？然而，省教育关工委的老同志们并不这么想。他们虽已过了最意气风发的年龄，但那颗对下一代人的关爱之心，依旧紧紧系在需要用心浇灌培育的青少年身上。

有情，更有道

"朝阳读书"活动并不是仅凭一腔热血就可以成功开展并维持了16年之久的，这其中既包含着省教育关工委老同志对青少年的关心与呵护，更凝聚着他们为此所付出的心血与开拓的道路。

好的想法是成功的前提，为了能让好想法顺利实施而铺设的道路是成功的基石。16年来，省教育关工委不断总结推广交流经验，积极寻找更合适、更有效的方法将"朝阳读书"活动更好地传承下去。"朝阳读书"活动能走过这么远的路，主要原因为：其一，在于依托教育行政部门，善于与学校工作相结合，与学校提升教育教学质量相联系，从而让"朝阳读书"活动成为学校育人的重要平台；其二，在于省教育关工委老同志亲力亲为，勇于创新，真抓实干；其三，在于从实际出发，通过建章立制、经验展示，引导各地各校结合自身特色与资源优势开展活动；其四，在于能够与时俱进，以主流价值观、社会正能量引导学生。

盘点"朝阳读书"活动的品牌化历程，省教育关工委主任王玉学这样总

结:"既有创新之胆识,又有融合之胸怀;既有展示推广之方法,又有读书育人之担当。"在老当益壮的省教育关工委的组织下,"朝阳读书"活动势必还会继续传承下去,续写新的辉煌篇章,一如它所面向的青少年一般,像早上八九点钟的太阳,朝气蓬勃。

(摘自《夕阳红了朝阳——广东省教育关工委"朝阳读书"品牌纪实》,原载《广东教育》综合版2017年第6期,略有修改)

一个校长的文化习性

作为深圳市坪山区一所现代化公办小学，中山小学是由习性教育创立者、深圳市十佳优秀校长、坪山区首批高层次人才曾宇宁带领一批优秀教师筹办的。在短短两年时间里，该校编织出一幅锦绣华章。这骄人成绩与全校师生的精诚进取密不可分，尤其与曾宇宁的习性教育理念密不可分。他身先士卒，带领团队砥砺十年探索习性教育的真谛。在习性教育理念的引领下，学生综合素养高，得到社会各界的好评。

曾宇宁认为："人有三种状态，首先是自然人，应该有天性；其次是社会人，应该有习性；最后是精神人，应该有人性。天性本真，习性向善，人性求美。教育应当注重培养人的各类良好习性，在课堂上学知识，在游历中长见识，做事有胆识，工作有担当，方是栋梁材。"喜好楹联文化的他将这一想法写成对联悬挂在教学楼前与全校师生共勉——"天性习性人性性性兼修是骐骥，知识见识胆识识识皆备成栋梁"。

"中涵智慧事事着手宜从小，山育英豪人人放眼皆可学"，这是中山小学的藏头嵌尾联。"不偏不倚谓之中，大中至正。在合适的时间做合适的事情并达到合适的效果，这是中国人的最高智慧。事事从小着手，有两层意思。首先天下大事必作于细，天下难事必作于易，一切事情要从小事做起。勿以善小而不为，勿以恶小而为之。其次则是做任何事情要从小学起，比如习惯的养成就应该从孩子抓起。"曾宇宁如是说。

习性教育强调要培养学生的良好习惯，完善自身性格，塑造健全人格，夯实人生基础，同时还强调定性而习，因材施教。"习性是根骉骉骉马尽骐骥，育人为本森森林木皆栋梁"——学校中庭悬挂的这副形意联正是喻指每个学生都能够在习性教育的浸润下成为千里马，成为创造奇迹的人，成为国家的栋梁。漫步于中山小学校园内，这样蕴含习性教育思想的楹联比比皆是，均出自曾宇宁之手。

"教育是一棵树摇动一棵树，一朵云推动一朵云，一个灵魂唤醒另一个灵魂。我们要创设有韵味的高雅的文化环境，让孩子们熏陶出一种独特的气质，一种专属自己的味道。"老师们说，这就是曾宇宁教育理念的一种体现。

（摘自《习性现场话习性》，原载广东教育杂志社微信公众号"广东教育传媒"2018年1月13日，略有修改）

一群学生的良好习性

阿浩，深圳市坪山区中山小学五年级学生。调皮任性、邋遢散漫曾是他给人的印象，但在习性教育的熏陶下，在学校多项特色课程的培育下，他逐渐成长蜕变。现在的他既是学校小主持人社团的成员，又是国旗队队长，并且担任班上的学习委员，深受老师与同学的喜欢。在2017年坪山区教师节展演活动上，他还作为小主持人在大型舞台上大放异彩。曾经的顽皮少年，如今已风度翩翩。

习性教育认为，教育应"顺应天性，培养习性，彰显人性"，关注不同学生的多元智能组合，探索并构建起适合学生实际的习性课堂教学模式。全校教师在深入研究学生习惯与性格的前提下，转变教学方式，以"习性准备—习性助学—多维习得"的模式展开课堂教学，关注学生习惯与性格在学习过程中的组合状态，以良好习性促进学生有效学习。

习性教育还关注每一个孩子的特长发展。基于此，学校充分利用社团建设平台，全面丰富课程体系。面向全校学生设置了健美操、篮球、小主持礼仪队等48个社团，达到课程的多样化、个性化、特色化，做到项项有成果，班班有特色，人人学艺术，促进学生"健康、文明、智慧、高雅"习性的养成。

小静，中山小学三年级学生，她曾经是个娇气、无礼的学生。在习性教育的洗礼下，现在的她不仅摘下了之前的负面标签，还转变成了老师口中的优秀小助手。看到孩子的蜕变，小静家长感慨道："吾家有女初长成。以前刘静在家不爱参加家庭活动，但是在接受习性教育后，孩子的变化越来越大了，每天都特别期待在V屏上看到老师对自己的表扬，在家做家务也更勤快了，还带动弟弟一起完成，成为弟弟的好榜样。"

中山小学以"积习成性，知行合一"为办学策略，重视学生日常行为习惯的养成，关注学生的非智力因素。在每周一的习性课上，教师们利用学校自主开发的《习性》校本教材帮助学生培养良好的行为习惯。在整个小学阶段，习性课的教学内容呈现循序渐进又反复、螺旋式上升的状态，最后达到巩固学生良好习惯的作用。学校还开发了"习性教育"评价体系，制成《习性评价手册》，注重对学生各方面的综合评价，注重个体评价与集体评价相结合的过程性评价，注重亲子互评、师生互评、生生互评的多元交互式评价，使学生受到启发和鼓舞，在习性上表现得更加优异。

（摘自《习性现场话习性》，原载广东教育杂志社微信公众号"广东教育传媒"2018年1月13日，略有修改）

一个也不能少，全员育人

时下，有些教师在育人方面当上了"甩手掌柜"：只教书不育人，有问题找班主任、找辅导员，甚至课堂纪律的维持也需要班主任参与。

全员育人的提出与实践，诠释了立德树人的教职员工整体责任担当，而不是班主任或辅导员或思想政治课教师某一群体的"独角戏"。

在全员育人这一点上，广东率先在全省高校试行高校党委书记、校长上第一堂思想政治理论课（以下简称"第一课"），起到了良好的示范带头成效。

"诸君立志，是要做大事，不可要做大官。"在为全校大一学生上"中山大学文化血脉中的红色基因"这堂"第一课"时，中山大学党委书记陈春声用孙中山先生的训诫，勉励学生继承学校的红色传统，培育家国情怀，将自己的理想信念植根于国家民族的命运。

在华南理工大学的"第一课"上，校长王迎军结合党的十九大精神和国内外形势展望学校未来，向学生提出了成长成才的期望和要求，并与学生现场互动答疑，解答学生关心的问题，被在场学生称为"干货充足""正能量满满"。

和陈春声、王迎军一样，从2015年春季学期开始，广东已经有2100多人次的高校党委书记和校长走上讲台，为大学生讲授第一堂思想政治理论课。2017年秋季起，省教育厅将每学期上"第一课"的范围拓展到高校院（系）党组织书记、院长（系主任），深受大学生的欢迎和好评，被学生亲切地称为"营养丰富、美味可口的精神食粮"。

全员育人不是高校的专属，广东中小学也在积极推进之中。佛山市南海区作为"全国中小学心理健康教育示范区"，建立健全"宿舍信息员—宿管员—班级心理委员—班主任—专职心理老师—全体教师"自下而上的危机预防、预警和干预网络，并实行升学交换特殊个案制度，为全区学生的健康成长保驾护航。

（摘自《粤奋进·粤精彩①丨在立德树人中构建"三全育人"新格局》，原载广东省教育厅微信公众号"广东教育"2018年9月14日，略有修改）

一处也不能空，全方位育人

进入网络信息时代，无处不在的网络、学生"低头族"的出现，曾让一部分人惊呼"狼来了"。如何将网络这个"最大变量"，化为学校育人工作的"最大增量"，是新时代广东学校德育、思政工作的着力点和创新点。

华南师范大学积极探索"互联网+"大学生思想政治教育新路径，建立了网络大数据，把握学生思想新动态，持续对全校学生政治观点、思想动态、心理健康、学习状况、生活需求等方面进行大数据分析。10年来，华师整合"榜样华师"等思政教育项目，共计开发建设了500多门优质网络思政课资源，还利用手机直播为入学前新生解读资助政策，以学生喜闻乐见的方式有效开展思政工作。

不仅仅是华南师范大学，广东各高校也都深刻把握当代大学生"无人不网""无时不网""无处不网"的特点，创新网络思想政治教育和网络德育，把网络这个"最大变量"变成育人工作的"最大增量"。

佛山科学技术学院受省教育厅委托，牵头建设"粤易班"网络平台，全省高校分批有序进驻，目前已进驻四批，共计75所高校、43万师生，第五批54所高校正陆续进驻。"粤易班"平台集思想教育、教育教学、学习交流、共享互助为一体，通过全口径校园生活服务集成，把师生"黏"在平台上，又通过设置思政园地、粤易文化、微课专区、青春在线、品牌活动等版块，用喜闻乐见的教育形式吸引学生、感染学生，实现对师生的有效教育。

创新性的网络德育让网络不再是育人的空白点，反而成了生长点。也正因为创新实践，常规德育也彰显了不一样的育人格局。

以学生为中心，围绕学生、贴近学生创新，就能把德育做进学生心坎里。暨南大学开设激发学生兴趣的《走近马克思》等微课，开通联结共鸣点的微信公众号"微言国是""吴昱则刚"，还发放近2000本微书，开设70多场微坛，每年组织开展微践行活动100多场，真正让学生入脑入心；南方医科大学积极创新思想政治理论课教育教学，将叙事教学、对话互动、情景表演融入课堂教学之中，在互动体验中求实效，有效激发了学生的学习热情；在珠海市香洲区第十九小学，"竹君子成长教育"校本课程受到学生们的热烈欢迎，每个月围绕慈孝、正直、担当等主题进行教育，实现家校合力，全方位育人。

（摘自《粤奋进·粤精彩①｜在立德树人中构建"三全育人"新格局》，原载广东省教育厅微信公众号"广东教育"2018年9月14日，略有修改）

引领学员成长的教师培训

直抵学员心灵、引领学员成长的教师培训需要培训者的制度建设、组织筹划与精心实施,任何一个环节都不能疏忽。而这正是肇庆学院省级中小学教师发展中心得以迅速成长的关键因素。

作为后起之秀,肇庆学院省级中小学教师发展中心通过两年多的运行与摸索,在项目实施过程的主要环节都建立了相应的过程跟进管理制度,如《教学辅导管理制度》《咨询服务管理制度》《技术保障管理制度》《考核评价制度》等。尤其是《考核评价制度》,采用过程性评价和终结性评价相结合的方式,让学员学习的路径极为明晰。

培训前需要提交两项思考

"一个最想解决的问题",即自己在教学或管理中存在的、对教学或管理影响较大而自己又不能完全解决的问题。

"一个教学或管理过程中最精彩的片段",即在自己的教学或管理过程中最精彩或最满意的一节课或者一个片段,可以是教学案例,也可以是教案(教学设计)等。

集中理论培训中要完成三项作业

每人完成一份教师发展管理提升作业"我校师资情况与教师队伍建设报告(2000字以上)"。

每人完成一份"我的管理问题诊断与解决方案(1500字以上)"。

结合培训感悟和体会,完成一份3000字左右的培训总结与反思。

跟岗期间要完成三项作业

每天发表跟岗收获和心得。

完成一份不少于2000字的跟岗总结。

一个名校长访谈记录表。

培训后要留下两项成效

"一段真实的培训感受""一次真我的发展构想",描述个人专业成长发展构想。

规范化的过程跟进管理,让很多学员交口称赞。正是由于发自心底的满意,中山市第一中学副校长林婉燕、刘小碧、王学成,中山市濠头中学副校长谢石祥在完成第一阶段的培训后,就紧锣密鼓地策划和组织自己所在学校的骨干教师来肇庆学院教师发展中心接受培训。

(摘自《粤奋进·粤精彩㉕丨重特色!省级中小学教师发展中心这样助力教师继续教育》,原载广东省教育厅微信公号"广东教育"2019年3月9日,略有修改)

广东省新一轮工作室新在何处

新一轮（2018—2020年）工作室与前三轮（2009—2011年、2012—2014年、2015—2017年）工作室的不同，不仅仅在于名字的变化：广东省新一轮名教师、名校（园）长工作室，在前三轮工作室前面加上了一个"名"字。这种变化，既是对以往教师、校（园）长工作室建设成果的认可，也是对今后名教师、名校（园）长工作室建设的创新性诠释。

新在何处？从本质上说，新在协同育人机制：名教师、名校（园）长工作室成了省、市、县、校、工作室"五位一体"教师培训体系中的基础性一环，在省级中小学教师发展中心指导下，以师带徒为主要的培养形式，共同开展基于线上和线下的学科研究、教改探索和教学磨炼、学校管理实践与研究的实体与网络相结合的新型工作室。

[摘自《粤奋进·粤精彩㉖ | 有新意！看广东名教师、名校（园）长如何发挥示范引领作用》，原载广东省教育厅微信公众号"广东教育"2019年3月10日，略有修改]

教育创新需要责任担当

我们正处在一个创新型的社会之中，创新型的社会呼唤创新型的教育，创新型的教育需要创新型的行动。在 2019 年 6 月 29 日以 "高品质教育创新行动" 为主题的粤港澳中小学校长论坛上，我们不仅了解了粤港澳中小学校长的一些创新方略，更通过他们分享的实际案例感受到了他们对高品质教育创新的责任担当。

在这次论坛上，我们可以大致观察到粤港澳中小学校长对教育创新的共识与追求：

一是要敢于创新。高品质教育是需要创新追求的，创新是需要勇气的。不管是 "创想城" 课程理念的创新实践，还是 "创客梦工厂" 在学校教育中的创新融入，抑或是 "学生校长助理" 的创新设置，没有对高品质教育的追求，没有教育创新的勇气，是难以付诸实践的。

二是要理念引领。在粤港澳中小学校长们分享的教育创新案例中，我们发现，他们的教育创新既有理念引领，又有行动方略。比如 "三高四优" 人才培养理念、全人教育理念、融合教育理念、现代教育理念、文化养人教育理念、自然生长教育理念等，在这些适合各自学校特色的教育理念引领下，学校创新呈现出更加理性、更为丰富的实践样态。

三是要立足于人。教育创新，不能为创新而创新；教育创新的立足点与支撑点是人，为促进人的发展的创新才是高品质的教育创新。

以 "高品质教育创新行动" 为主题的粤港澳中小学校长论坛，搭建了一个行业交流、资源合作的平台，有助于促进高校、科研院所、中小学校、教育培训机构、教育信息化企业、产业投资及相关服务机构之间的相互赋能，有利于构建教育行业可持续发展的创新生态，推进教育高品质、现代化发展。

（摘自《高品质教育创新，重在行动》，原载《广东教育》综合版 2019 年第 8 期，略有修改）

点灯人的责任担当

在卢春梅的阳光育人体系中,有一个同心圆,这个同心圆是由阳光校长、阳光校园、阳光教师、阳光少年、阳光家长所组成的。在这个同心圆中,卢春梅把阳光校长放在了首位,体现了一位教育人的责任担当。

作为创生阳光育人理念的教育人,本身就应该是阳光、积极、创新的,不仅要做一个创立者,还要做一个传导者、传承者。基于此,卢春梅一次次创新自己的教育教学成果,不仅在理念体系上不断丰富阳光育人的内涵与形式,还在实际中不断拓展阳光育人的教育版图,相继主持成立了潮州市阳光教育协会、潮人阳光教育集团,并且借助广东省名校长工作室这个平台不断提炼并推广阳光育人成果,在此过程中引导集团内教师做学生成长的点灯人。

"以阳光之心育中国栋梁好少年。"这是阳光育人点灯人的不懈追求。

(摘自《卢春梅:阳光育人点灯人》,原载《广东教育》综合版2019年第10期)

因为行走，所以鲜活

我曾多次走进华南师范大学附属小学，不管是之前对学校"美好教育"的专题采访，还是 2019 年对学校"非遗进校园"主题的采访，都深刻感受到学校无处不在的"非遗"氛围。因为，通过"一班一特色、一班一非遗"的班级"非遗"环境的创意布置以及校园文化中对"非遗"文化元素的巧妙融入，整个校园就是一座"非遗博物馆"。

而学生这一"种子"，又让"非遗博物馆"行走起来，时时处处彰显着学校"非遗"文化陶铸美好未来的育人魅力。

化为学生言行而行走的"非遗博物馆"，让华南师范大学附属小学无愧于这些荣誉，也担当得起这份使命：2018 年 2 月，华南师范大学附属小学被教育部评为全国中小学中华优秀文化艺术传承学校，传承项目为"传统民间艺术"；2019 年 3 月，华南师范大学附属小学"传承非遗，推进优秀传统文化教育"项目，在广东省第二届中小学特色学校建设成果评选中荣获一等奖；2019 年 5 月，华师范大学附属小学被广东省文化和旅游厅评为"广东省非物质文化遗产进校园示范学校"，并被列为广东省"非遗"文化融入小学课程学习的重要实践基地。

（摘自《行走的"非遗博物馆"——华南师范大学附属小学"非遗进校园"特色探寻》，原载《广东教育》综合版 2019 年第 12 期，略有修改）

后　记

　　我现在从事的教育编辑行业，是我的第二份职业。在教育宣传期刊从事编辑工作，不仅仅要编辑，还得采访，从这个角度上说，对于教育宣传，我是"半路出家"。但是，从另一个角度或另一种意义上说，也算是"科班出身"。因为，我大学所学专业为思想政治教育，我的第一份职业是教师，这二者，都与教育宣传有着千丝万缕的联系。

　　我曾对编辑与教师做过小小的对比式感悟：

　　从表面上看，编辑与教师一样，似乎都是成全他人的职业，"苦恨年年压金线，为他人作嫁衣裳"。"嫁衣裳心态"会让你的职业获得感很低。从实质上说，这二者都不只是成全他人，更是成就自己。请记住：你一定不是在"牺牲"，也不仅是在"奉献"；其实，你是在生活，积极一点说，你是在"立己达人"，你是在"成人成己"。所以，编辑与教师一样，获得感不能仅仅依赖于他人的成长，而一定要有来自自身的专业成长与生活体验。

　　"立己达人"，既是我对编辑与教师成长之路的共同定义，也是我在教育宣传中所要传达的价值导向。之所以有这样的共同定义与价值导向，就是因为我对这二者都有着切身的体悟。2002年，从华南师范大学本科毕业后，我来到台山市台山师范任思想政治课教师，这时的台山师范已名不副实了，因为它主要开展的是高中教育，几年后就自然而然改名为台山市台师高级中学了。我在台山市台师高级中学整整待了5个年头。这5年里，我且行且思且作，随着思考的深入，逐渐由教育教学专业论文写作走向教育评论与随笔写作，开始在文章中展现出对教育实践生活进行观察、定位与评价的特色。

　　由于经常写教育教学论文、评论与随笔，我逐渐发表了一些文章，也开始关注了解编辑这一行业。2007年，通过网络途径看到广东教育杂志社招聘文字编辑人员，抱着试一试的态度，不曾想从此走上了教育采编之路。一开始，基于《广东教育》（综合）杂志的定位，主要是编发教育教学论文，间或接触一点采访报道。这期间，我还不时就教育教学、教育现象、高考命题发表一些粗浅的看法。2014 年，《广东教育》（综合）杂志在定位上更加聚焦教育宣传报道，尤其是 2017 年开始我作为《广东教育》（综合）A 版的统筹策划，所负责的宣传报道明显多了起来，整个采编节奏明显加快。2018 年，我担任广东教育杂志社总编室副主任，依然兼任《广东教育》（综合）A 版的统筹策划，任务日渐增多。于是，单独成篇的教育评论写作少了，更多的教育看法往往融入教育正面宣传的写作之中。

不管是单独成篇的教育评论、教育随笔，还是融于教育宣传报道稿件中的记者观察、采访手记，由于曾为教师，我的教育宣传自觉或不自觉地有一种基于"立己达人"的责任担当的导向视角。正如我在《我当教师时的读书生活》一文中所说："教师生命，一经融入你的人生，苦也好，乐也好，那种体验与经历你就再也挥之不去，即使你不再是一位教师。"所以，虽然离开了"冷暖自知"的教师行业，但心中仍会有牵挂，这种牵挂，慢慢转化为教育宣传报道稿件中或隐于叙述中，或显于观察中的教育评价元素。这就是我的宣传报道稿件中展现的"导向"色彩。

在我看来，宣传与导向是密不可分的，这就是我常常称"教育宣传"为"教育宣导"的原因之所在。宣传是有导向的宣传，这个导向就是马克思主义新闻观；导向是为了更好地宣传，甚至通过宣传成就更美好的实践，须知，指导实践是马克思主义新闻观的核心要义。

作为来自教育一线的教育采编工作者，我深知教育实践生活的重要性，而教育实践生活的精彩与亮色，正需要我们教育采编工作者的宣传挖掘与传播导向。二者理应是相辅相成的正向度的良性教育生态。

这是我的第一本专著，所以格外珍视，并极力让这本书披上一丝融媒体出版的新形式，这一点，大家通过书中的"扫一扫"标识应该会有所体察。就内容而言，在这一本教育评论专著里，我把我这十多年的教育评论、观察与随笔做一梳理，也正是希望起到这么一个正向度的作用。这其中，绝大部分文章是我转型成为教育采编工作者后的职业本分，尤其是摘录于我的教育采访稿中的教育观察；还有一部分是我主动对教育生活的远观近察；另外，还编选了一小部分我当教师时对教育教学生活的自觉反思。

梳理着这一篇篇或长或短，或在传统媒体上发表过或在新媒体上公开过的文章，想象着它们归集到一起的样子，突然有一种莫名的感触，化为一行行跳跃的诗句：

行进于

鲜活的教育现场

以体验者的身姿

践行着

观察着

感悟着

教育田园发生的

万千故事

历历足迹

以文字开启

追寻教育的吉光片羽

见证不一样的美与力

  待平静，此刻，唯有感谢！感谢所有让这本书得以出版的亲朋好友，感谢中山大学出版社的精心编排。

黄日暖写于广州

2020 年春